人大重阳
RDCY
【RDCY Academic Series】
人大重阳学术作品系列

【美】谭中 著

简明中国文明史

China: A 5,000-Year Odyssey

新世界出版社
NEW WORLD PRESS

图书在版编目（CIP）数据

简明中国文明史 /（美）谭中著 .—北京：新世界出版社，2017.10（2019.7 重印）
ISBN 978-7-5104-6361-7

Ⅰ .①简… Ⅱ .①谭… Ⅲ .①文化史—中国 Ⅳ .
① K203

中国版本图书馆 CIP 数据核字 (2017) 第 192099 号

简明中国文明史

作　　者：【美】谭中
责任编辑：李晨曦
责任校对：宣　慧
责任印制：王宝根
出版发行：新世界出版社
社　　址：北京西城区百万庄大街 24 号 (100037)
发 行 部：(010)6899 5968　(010)6899 8705（传真）
总 编 室：(010)6899 5424　(010)6832 6679（传真）
http://www.nwp.cn
http://www.nwp.com.cn
版 权 部：+8610 6899 6306
版权部电子信箱：nwpcd@sina.com
印　　刷：三河市紫恒印装有限公司
经　　销：新华书店
开　　本：880mm*1230mm　1/16
字　　数：300 千字　印张：20
版　　次：2017 年 10 月第 1 版　2019 年 7 月第 2 次印刷
书　　号：ISBN 978-7-5104-6361-7
定　　价：68.00 元

序 言

警惕“中国中心论”重读中国文明史

过去十多年，我曾在近50个国家访学或调研，每每与当地学者、媒体、官员或青年人交流，几句话后常会陷入某种相似的尴尬：我需要从最基础的知识开始，重新向对方介绍中国，比如，中国是全球民族最复杂、各地文化差异最大的国家之一，五千年来中国文明在本土从未中断，人口总数相当于西方30多个国家总和的两倍，中国是过去30年从未发动或参与战争的和平大国，等等，不一而足。但即便如此苦口婆心，也很难完全消除对方对中国发展的不解、困惑、误会乃至恐慌！

类似的尴尬实际上折射了长期以来全球知识界、舆论界、政策界没有全面、客观地理解中国的残酷现实。非但如此，在一些国家，“中国威胁论”还此起彼伏、甚嚣尘上。这其中的根本原因，正如谭中先生在《简明中国文明史》的导论中即指出的，“在国际上只有外国人在讲中国的故事”，造成了中国形象经常被歪曲。

从1883年美国传教士卫三畏（Samuel Wells Williams）所著的《中央的王国》一书开始，整个世界对中国的认识都被西方学术界“中国=中央王国”的民族主义帝国式的深层叙事逻辑垄断。这种潜在逻辑的阐述在20世纪中叶被视为西方头号“中国通”的哈佛大学教授费正清（John King Fairbank）的论述中得以强化。他在代表作《中国：传统与变迁》第一章就写道：“他们自称‘中国’，意即‘中央国家’，这种称呼一直沿用至今。所谓‘天下’，不过是隶属并服务于中国的其他地区罢了。”在谭中先生看来，费正清的“中国中心论”是当今国外害怕中国崛起的主要理论根源。而写“一本清晰地、客观地、正确地介绍中国五千年文明发展的好书”，正是谭中先生的宏愿。

这也是我翻看导论后立刻答应该为这本书写一篇长书评，并愿意尽我所能全力向各界推荐此书的初衷。为此，我要特别感谢谭中先生的信任，让我有幸提前拜读书稿。2017年春节，在他人过年的爆竹喧闹声中，我躲在东南亚某个小岛上静静地精读完谭中先生的大作，坚定了我先前做决定的正确性。

这不是一本普通的历史读物，而是一部重新评述中国文明史的传世之作，更可能是在费正清的《中国：传统与变迁》和黄仁宇的《中国大历史》之后能影响全球中国观的代表作。

该书的经典之处不只是源于谭中先生志在讲好中国故事的学术理想，更在于谭中先生学贯中西的深厚学术功力，以及传承于其父谭云山先生致力于推进中印友好、重塑东方文明的家学渊源。诚如许多读者所熟知的，中印当代文化交流史是绕不开谭云山、谭中两位先生的名字的，而现在我敢说，未来中国文明史的学术文献或许也绕不开这本《简明中国文明史》。

该书最大的思想贡献在于，以一种久违的中国情怀告诉世人，中国故事要从中国历史的起源重新开始讲述。如果连“中国是怎么来的”的基本认识都错了，那么就会一错百错，最后掉到西方话语的陷阱里。

在世界上，大量对中国的讲述，无论是教科书还是大学课堂，都是从China的中文含义“中国”，即等于“中央王国”或“中央帝国”甚至“世界中心”开始的。这不只是对“中国”两个汉字的望文生义，更是1644年《威斯特伐利亚条约》奠定了民族国家体系以来西方地缘政治学对东方文明史的话语误导。

事实上，当今的“中国”二字是指“中华人民共和国”的简称。若从“中国”一词的溯源看，“中国”一词最早出现在西周初期，指的是天子所住的“国”，即“京师”之意，所谓“惠此中国，以绥四方”。公元前771年，周平王迁都洛邑，原来的京师丰镐就丧失了“中国”的地位。

葛兆光、曾亦等多位知名学者都曾考据过“中国”一词的来历，即“中国”的自称，是地理认识未达全球化之前的方位所指。100多年前，康有为曾解释道：“吾国本为亚东至大之国，当时地球未辟，环立四裔，皆小蛮夷，故就地言之，自称中国。”章太炎则指出，就地理方位而言，自称“中国”的还有印度摩伽陀、日本山阳。有类似这样的方位中心意识的还有古巴比伦人、古埃及人、古雅典人。

中国人对“中国”地理方位的认知理解与西方学术界的中国研究著作对“中央王国”的认定是迥异的。西方学术界往往把中国人认定为民族国家世界里的种族中心论者，认定中国骨子里就自以为“高人一等”。一旦产生了对“中央王国”先入为主的中国观，在即便最平和的叙事中也会将中国往“种族主义优越感十足的国家”方向去引。比如，费正清认为，中国历史的叙述就是一个中华帝国从治到乱、从乱到治的过程，“中国自古就有以本民族为世界中心的传统”，“拥有一种文化和种族上的民族主义情感”。按这样的逻辑推演下去，就很容易把当下的“中华民族伟大复兴”引导到“中华帝国主义”的威胁感中！

谭中先生看透了这个叙事陷阱。《简明中国文明史》自始至终都贯穿着他要把中国从民族国家（nation state）的概念认定中择出来的努力。谭中先生认为，民族国家的发展是“崛起—鼎盛—衰退”三部曲，中国则是一个例外，是基于地理共同体之上孕育出的中国文明共同体。从考古的诸多遗址看，“喜马拉雅圈”是中国文明诞生的摇篮。长江、黄河两大文明河划出了中国的“地理共同体”。基于共同的经济生活与“天下为公”式的共同文化，中国数千年的发展呈现出了“文明共同体”的形态，而随着政体的统一，中国版的“命运共同体”逐渐形成并升级。

谭中先生认为，从尧舜禹的禅让开始，中国就不是“民族国家”那般的历史起源。秦国统一中国，恰恰是消除了古代部族的差异。秦汉时期大一统的中国社会政治经济文化形成了“命运共同体1.0”，而隋唐宋时期打造出“命运共同体2.0”版，元朝改造了中国命运体，而明清时期使中国“文明道路”与西方的“民族国家”发展轨迹出现了交叉运行。1901年的《辛丑条约》则标志着中国“文明型发展道路”走到了尽头。不过，经过了19世纪、20世纪初的曲折，中国已凤凰涅槃、浴火重生，再次呼吁要在全世界构建“命运共同体”。未来的最理想状态，就是所有的邻国和中国携手走“文明道路”，把中国周边的“民族国”沙漠变成“文明国”绿洲。

在谭中先生看来，民族国家是战争与动荡的根源。他时不时都将中国与西方的民族国家发展历史进行穿叉比较论述。比如，在秦汉隋唐宋民族之间文明融合的差不多同一时期，欧洲却发生着罗马帝国下的民族大迁徙。斯拉夫族、哥特人、汪达尔人、勃艮第人、伦巴底人、法兰克人及其他民族大量进入欧洲，使得罗马帝国崩溃，接着欧洲大陆千百年民族国家化的进程使欧洲大陆变成了“战争大陆”。

针对未来，谭中先生预测，“民族国家”的世界情况不妙，强权更替，美国衰败。虽有鼎盛时期的狂欢，却时常有动荡的痛苦。相比之下，基于文明轨迹之上的“世界命运共同体”才是未来民族国家发展的替代道路。先试点建立“上合命运共同体”“中印命运共同体”“中国—南亚命运共同体”“东亚命运共同体”……然后推广到全世界，在21～22世纪实现“大道之行也，天下为公”，那样，地球无疑于重获新生。

说实在的，作为该书的第一位读者（作者与编辑除外），我担心，这样的“叙事革命”会被人视为是某种“学术探险”。毕竟，在当下中国的学术氛围里，段段有引注，句句有出处，才是所谓“最规范”的研究方式。但正如美国学者沃勒斯坦在《否思社会科学》中所说的，“先前被认定的思想解放，到今天往往被视为对历史、社会研究的核心障碍”。过于学术规范的叙述，反而形成了当下对中国故事讲述的表达困难，对于读者而言，也是一种知识的折磨。

在阅读中，我时常感受到谭中先生对中国史评述的文字激荡情怀，以及带来的心灵愉悦与思想震撼。他是以一位穿梭在中国、印度、美国这三个最有代表性的文明大国之间的长者，在评述与比较着中国文明史的发展得失，以及其他国家发展的历史借鉴。无论读者是否认同这个观点，该书都不只是探险，而是久违的创新。

它是对长期垄断着中国历史叙述的“民族国家论”的重大批判，是从源头上消除“中国中心论”带来的“中国威胁论”的艰难探索，是对当下中国提出打造“人类命运共同体”的溯源式阐述。

尼采曾说，历史并非已然消逝了的东西，它具有一跃而成为现实的无限潜能还有塑造未来的无穷潜力。谭中先生的这本新著就具有这个功能。它让尼采之言成真。

是不为书序，而为一位晚辈读者的学习感言。

中国人民大学重阳金融研究院执行院长、教授

王　文

简明中国文明史

China: A 5,000-Year Odyssey

目　录

导 论

亲爱的读者，感谢你打开这本书。我的童年和青年时代在中国度过，接受了中国文明智慧的熏陶。后来又在印度教学45年，把我所继承的一份中国文明遗产传授给印度青年朋友，并把它运用到增进中印文化交流上。退休后到了美国，继续探寻中国文明发展的来龙去脉。数十年在各国生活的经历以及和中外专家直接与间接的对话中，我看到了一些问题，产生了一些想法，因此萌发了写这本书的念头。让我先把写书的目的向读者们汇报一下。

自美国传教士、外交家兼学者卫三畏（1812—1884）于1883年写出《中央的王国：调查中国帝国与人民的地理、政府、教育、社会生活、艺术与历史》（*The Middle Kingdom : a survey of the geography, government, education, social life, arts, and history of the Chinese Empire and its inhabitants*）这本名著以来，西方世界已经出了不少有质量、有分量、有影响的从整体介绍中国的英文书，其中除了已故哥伦比亚大学胡昌度（CT Hu，1920—2014）教授的英文书《中国：它的人民、它的社会、它的文化》（*China: Its People, Its Society, Its Culture*）［我没包括林语堂那本《吾国与吾民》（*My Country and My People*），对最近20年年轻中国学者的外文著述可能缺乏了解]，都是外国朋友写的。胡昌度的书知名度不高，在世界学术界几乎没有影响。这样看来，在国际上只有外国人在讲中国的故事，外国人读不懂中国，中国在国际上的形象经常受到歪曲是不奇怪的。

2015年11月22日，上海报刊报道了我在第六届世界中国学论坛（上海）开幕式上讲的几句话：

……在座的学者都对中国学做出了杰出的贡献。所以，我今天上台是代表大家来领奖的。在海外参与中国学的研究我有一种感觉，如在美国，研究俄国的主要看俄国人写的书，研究法国的主要看法国人写的书，研究印度的主要看印度人写的书，但奇怪的是，研究中国的竟然不看中国人写的书，却去看美国人写的书。比方说，看美国已故哈佛大学教授费正清的书，他的著作是全世界有名的。如果他今天还在世的话，我想这个论坛一定会给他一个杰出贡献奖。

可是，因为没有中国学者是中国学的权威，广大的外国学生看不到中国学者的理论，所以国际上对中国存在误解。例如，现在有很多评论，中国是不是和平崛起？很多人就引了费正清的话。费正清写过一本很有名的书，介绍中国的世界秩序，就是中国中心论。但是我们现在看到国际上有很多对中国的误解，中国的形象受到歪曲。不能怪费正清，只能怪在某些方面我们没有做好，我们中国的学者不能很好地用英文跟其他外国语言，写出像费正清那样受全世界欢迎的关于中国的书。中国人能够出色地举办2008年北京奥运会，2010年上海世博会，2014年北京APEC峰会，2016年9月中国还要在杭州举办G20峰会。我相信在不久的将来，一定会有中国的学者用英文或者其他外国语言写出能够受全世界欢迎的关于中国的书，那才是对中国学真正的贡献。①

① 参见上海《社会科学报》2015年11月23日第1版。

由于只给三分钟时间，我不能念预先准备的八分钟讲稿，于是即兴说了几句。上面的报道应该是准确的，但不完全是我心里想说的意思。我一直认为费正清（John King Fairbank，1907—1991）的“中国中心论”（Sinocentrism）是当今国外害怕中国崛起的主要理论根源。对于这一点，中国学术界可能有人看不清楚。更有甚者，中国国内舆论（包括许多权威性理论）都好像在帮费正清的“中国中心论”提供旁证，使人感到崛起以后的中国又会是像美国那样的世界霸权，甚至会取代美国而成为世界头号超级大国。这是一个很严重的问题。这个问题不解决，中国和美国是不可能建立起“新型大国关系”的，中国的邻国是会感到中国发展对它们的安全形成“威胁”的，中国在世界上只能受人“敬畏”而不受人“敬爱”。因此，应该多出些驳斥“中国中心论”的书，清晰地、客观地、正确地介绍中国五千年的“文明”发展，让外国朋友消除对中国崛起的害怕。

我认为中国出版界罕见能够清晰地、客观地、正确地介绍中国五千年“文明”发展的好书。有些书夸耀的成分太多，并且带着井蛙“坐井观天曰天小者”的思维，另一些书聚焦于国际舆论的主要关注而从中国的角度与外国舆论对话，变成论坛答辩，说服力大打折扣。再有，中国学者常常感觉外国朋友没有读懂中国，中国学者自己就读懂它了吗？这是一个大问号！因此，我们要写的关于中国五千年“文明”发展的书不但要让外国朋友读，也要面对中国的广大读者（包括中国的知识精英在内）。中国知识精英先要读懂中国文明，才能把中国的故事讲好。亲爱的读者，我说要把中国的故事讲好，指的是要使人看到庐山的真面貌，不是只说好的不说坏的，更不是把坏的也说成好的。

费正清“中国中心论”的主要论点可以用另外一位美国学者的话来概括：

“中国人大概是世界上最把自己摆在中心地位的人种。把自己的国土看成宇宙的中心——中央之国（Middle Kingdom）。他们把所有不同文化看成卑下的标志。很明显，凡是非中国人都是蛮夷。欧美的人不同于亚洲内部的部落主要在于他们是从东边的海上来的，不是来自北部草原。中国人习惯于蛮夷向中国要求文明恩赐，乐于慷慨接待——只要外来者表现出恰当的驯服。”①

这段话是我摘引并翻译了美国马里兰大学著名历史学家兼中美关系专家孔华润（Warren I. Cohen）的名著《美国对中国的回应：中美关系历史阐述》（*America's Response to China: An Interpretative History of Sino-American Relations*，1971年初版，现在出到第五版了）。孔华润在这段话里提到“来自北部草原的亚洲内部的部落向中国要求文明恩赐”，说得多么轻松呀！他完全忘记了两千多年来从匈奴频繁侵犯中原到元朝与清朝统治中国，以及千万人丧生与亿万财产被掠夺的惨痛经历。中国人的“乐于慷慨接待”不但在于对这种野蛮行径的容忍，而且在于他们完全原谅了“从东边的海上来的”欧美人士在现代带给中国的苦痛。然而，在指出孔华润对中国文明的遭遇不够“将心比心”（empathetic）以外，我们平心静气来看，他这段话虽然有点夸张，但并不失真，反映出19世纪清朝统治者与西方使者打交道时的傲慢态度。既然这样，为什么我们还要驳斥“中国中心论”呢？

问题的症结在于孔华润及许多西方学者思维的出发点。原文说，中国人是世界上最“ethnocentric/有种族中心倾向”的。他说的这种倾向在“民族国”世界常见，欧洲几百年来都有，美国现代也有。在“民族国”世界的“种族中心倾向”中，把别的国家当作“蛮夷”也是家常便饭。孔华润的原文中用了“barbarian/蛮夷”的字眼，这是罗马帝国时对“外国人”的称呼。其实两千多年来，中国人称外国人“胡”或“夷”，并不像罗马人说的barbarian那样带侮辱性。唐宋政府盛情

① 这段话的原文出自孔华润《美国对中国的回应：中美关系历史阐述》，1971年纽约出版，2–3页。参见谭中《海神与龙》（*Triton and Dragon: Studies on Nineteenth Century China and Imperialism*），1986年，德里：智慧出版社（Gisn Publishing House），337–338页。

招待外国人的宾馆叫作“夷馆”，清朝两广总督琦善（1786—1854）于1843年访问香港，香港的英国总督设宴招待，他后来向皇帝报告自己吃了“夷宴”，他怎么会用“夷”来侮辱自己呢？！这就说明外国人读不懂中国历史。中国从来不是什么“民族”，因此中国人根本不会有“ethnocentric/种族中心倾向”（说中国人有“civilizational-centric/文明中心倾向”是可以的）。更重要的是：有“ethnocentric/种族中心倾向”的“民族国”是不安分的，它们动不动使用武力去征服、主宰或影响“barbarian/蛮夷”，但是中国从来不这样做。这一点，许多外国专家都看得清楚，只不过很少人会用这一点来帮助中国洗掉“中国中心论”的臭名而已。

在今天互联互通的世界，如果仍然有人相信“中国中心论”，他们就不会信任中国，对中国人甚至中国货物的到来都会神经过敏，害怕有损他们的利益与安全。我所熟悉的印度与美国都存在这种情绪。“中国中心论”是一种把中国“中心化”、别国“边缘化”的逻辑，使得“中国”名号得了放射性，别国不敢碰。这对当今中国的国际交往是很不利的。正是因为“中国中心论”作祟，某些已经与中国达成的协议忽然取消。由于“中国中心论”作祟，别的国家对吸引外资与考虑外国公司投标时，不纯粹从经济效益出发，而是对中国政府与私人公司多加一番莫须有的政治疑虑。世界上许多大公司都和本国政府有密切联系而到处受到欢迎，唯有中国的华为公司例外。这并不是因为华为公司真有什么“军队背景”，而是“中国中心论”从中搅局。总之，目前的形势是中国天真地接受“民族国”的全球化而无所保留，可是这“民族国”世界上却有许多人对中国有所保留，完全因为中国背上了“中国中心论”的包袱。

我要写这本书，把中国文明五千年来超越“民族国”发展的“文明道路”展示出来，我认为这是头等重要的。翻开世界历史，人类从一开始至今到处都是按照“民族国”的旋律发展的。在远古时期，那些欣欣向荣的民族好比搭台唱戏，唱得越好听众越多，地盘越大，发展成强大的“民族国”。它们十个有九个是侵略成性、爱动干戈、向外扩张、压迫邻国的。它们之间战争不断，胜者发展成帝国，最后毁灭。

“民族国”概念是1648年欧洲《威斯特伐利亚和约》(*Peace of Westphalia*)的产物，想通过“外交”(公开友善宴请、碰杯、伴舞，私下窃取情报、收买奸细、搞颠覆活动)把臭名昭著的“战争大陆”欧洲变成笑里藏刀的“和平”世界。开明进步的国际专家称这种国际秩序为“威斯特伐利亚统治/Westphalian Regime”。当今世界各国(中国除外)发展走的都是欧洲遗传的“民族国”道路。

“民族国”道路的基本特点是鼓励个人英雄主义，文化从属于市场规律、自由竞争优胜劣汰，国民经济蛋糕越大贫富悬殊就越严重；对外耀武扬威，横向发展，争夺领土，视别国(特别是邻国)为竞争对手与潜在敌人。

“民族国”大国发展的突出特点是演奏“崛起—鼎盛—衰退”三部曲，大英帝国曾经有过“日不落”(星条旗在地球上东方不亮西方亮、没有一刻不飘扬在白日阳光下)的辉煌鼎盛，如今隐居三岛。独立初怕设总统的“自由”美国继承大英衣钵不可一世，如今太阳开始西斜，进入弧形轨道后半段。从世界无产阶级革命运动脱壳而生的苏联也走上“民族国”道路，结果黄粱一梦。一百多年前如日初升的黄皮白心“民族国”日本曾经令中国仁人志士(包括孙中山、鲁迅在内)尽折腰，把东亚变成焦土后剖腹自杀，如今又有卷土重来的野心，令人不寒而栗。走“民族国”道路崛起最终是不会有好下场的。亲爱的读者们，你们同意吗?

前面谈到人类从一开始至今几十万年来到处都按照“民族国”的旋律发展，中国却是例外。

人类文明首先在河流旁边兴起。世界上最长的河流是尼罗河，发源于非洲中南部，向北流入地中海。由于上游水量充足，下游经常泛滥，使得两岸土地肥沃，埃及文明应运而生，发展出世界上最早的小麦农业，又从亚洲引进水牛。其文字、建筑、雕塑都比中国早得多，是人类文明在地球上最早的一颗明星。古希腊人垂涎埃及繁荣。希腊历史学家希罗多德（公元前484 ？—前425年）形容埃及是“尼罗河赠送的礼物”。可惜后来埃及屡屡遭受欧洲民族国征服，以后就一蹶不振了。

世界上五条最长的大河，除了排名第一的非洲尼罗河，美洲的亚马孙河与密西西比河分别排名第二与第四，中国的长江与黄河分别排名第三与第五。中国文明是世界第三大河长江与第五大河黄河赠送的礼物，发展出世界最早的稻米农业，五千年越来越发展兴盛。现在中国和埃及在世界的地位简直是天壤之别。这两种不同的发展结果，就是因为埃及是“民族国”世界的弱者，中国却从古到今超越了“民族国”的发展旋律而走“文明道路”。为什么会这样呢？这和长江与黄河的特殊性有关。

地球上十条大河都有许多支流，每条河都像一棵棵独立的大树，独有长江与黄河例外。长江与黄河发源于青藏高原的同一地带，在地球上画出一个不规则的圆圈以后又形成一个花环。这个花环成为一个“地理共同体”（这是尼罗河与其他世界大河所没有的现象）。中国先有了这样一个“地理共同体”，然后人们在这个“地理共同体”内创造出一个“文明共同体”来。这就是中国文明从一开始就不走“民族国”道路而走“文明道路”的主要原因。中国发展“文明共同体”经过两三千年以后就更进一步成为大一统的“命运共同体”，完全与“民族国”分道扬镳。这个中国本土创立的大一统的“命运共同体”内完全没有“民族”的标志、分歧、压迫与矛盾，一直到宋朝为止。

宋朝的灭亡象征着中国本土创立的大一统的“命运共同体”告一段落。与宋朝同时存在的辽、金，以及宋朝以后的元、清四朝引进了“民族”的标志、分歧、压迫与矛盾，中国虽然仍旧继续走“文明道路”，但是那个“文明道路”却是一条狭窄的岔路，不是秦汉隋唐宋大一统“命运共同体”的康庄大道的逻辑性的发展。到了清朝末期，中国遭到西方帝国主义的侵略，清朝被推翻后建立的中华民国又经历了军阀统治期与日本军国主义的猖狂侵略，最后是中华人民共和国的成立结束了所有这一切干扰。今天，中国的和平繁荣又像回到千年前的唐宋时代了。中国又呈现出过去那种文明大道上车轮滚滚的现象。我们中国人和外国朋友必须从上述的经历与转变来分析，才能读懂中国，才能把中国的故事讲好。

我们必须让外国朋友明白过去中国曾经表现出的夜郎自大并不是“ethnocentric/种族中心倾向”而是“civilizational-centric/文明中心倾向”，因为中国文明几千年来不但不发展“民族主义”，反而一直不断地消除中国境内的民族标志与差异。在西方，因为是“民族国”的天下，大家都有“民族国”的思维，因此“国家”（country）与“民族”（nation）的词汇彼此通用。中国现在和世界接轨，也跟着把“国家/country”与“民族/nation”混淆起来，成了习惯。我们也不必吹毛求疵，只要思想上把中国与“民族国”划清界限就行。如果不划清这一界限，我们现在提出的“振兴中华民族”的口号就会给“中国中心论”提供旁证。外国朋友就会说：“你看，中国现在一股子劲‘振兴中华民族’，这不是‘ethnocentric/种族中心倾向’吗？！”

前面说的“civilizational-centric/文明中心倾向”也应该受到批评。中国几千年来的“天下”局限于黄河长江流域，看不见真正的广阔世界却又自以为是。“坐井观天，曰天小者，非天小也，其所见小也。”（韩愈《原道》）这种井蛙见识在中国人头脑里可谓根深蒂固，一直妨碍着中国虚心向外国学习。我写这本书，一方面是想要把中国在国际上被歪曲的形象纠正过来，另一方面也想邀请读者们和我一道像海蛙一样来看中国。优点应该指出，缺点也应该指出。中国文明五千年越来越发展是世界鲜有的，值得称道，但这五千年的“文明道路”是走得很辛苦的。中国文明由于自身的弱点，也不知多少次走到了毁灭的边缘，现在特别需要谨慎，不要一失足而成千古恨。

从上面的讨论可以看出，要读懂中国，要把中国的故事讲好，必须丢掉“民族国”的透镜而拿起文明透镜来看问题。要做到这点其实不难。中国自古以来就没有“民族”的观念。古时所谓“东夷”“西戎”“南蛮”“北狄”只是形容中国的四邻有不同的民族标志。这“夷”“戎”“蛮”“狄”指的都不是具体的民族。中国自己更没有民族的标志。所谓“唐尧、虞舜、夏禹、商汤”，尧、舜、禹、汤是著名人物，唐、虞、夏、商是文明符号而不是民族符号。即使有人硬要把这四个名称当作民族的符号，也建立不起中国“民族国”的轮廓。唐尧让位给虞舜，虞舜让位给夏禹，世界上哪里有这样的“民族国”发展的历史呢？！在“民族国”的发展史上，哪里会有一个民族的首领把自己的王位让给另外一个民族的首领呢？！这都是讲不通的。这就证明了用“民族国”的透镜读不懂中国，讲不好中国的故事。秦朝是秦国建立起来的，所以称“秦”。秦国只是消除了民族标志与差异的“中国文明圈”中的一个国家，起初弱小落后，后来强大起来而统一了中国。“秦”根本不是民族的标志。同样的，秦朝以后的汉朝、晋朝、隋朝、唐朝、宋朝与明朝都没有民族的标志。蒙古族统治中国使中国文明发展中有了“民族国”因素的干扰，但蒙古族在中国的统治也没有用蒙古族的民族标志，而是从中国古典中找出一个文明符号“元”来命名自己的朝代，说明它也有意扬弃“民族国”因素。就连元朝的统治者都懂得“文明道路”与“民族国”旋律大不相同，难道我们今天不能丢掉“民族国”的透镜而拿起文明透镜来读懂中国，要把中国的故事讲好吗？

当今国际形势有三大特点。

第一，“民族国”世界的情况大好而不妙。大英帝国倒台以后，苏联又垮了，美国虽然取代了大英帝国的世界霸权，又在冷战中挤垮了苏联，它自己却陷入哈佛大学教授亨廷顿（Samuel Huntington，1927—2008）设置的“文明冲突”（clash of civilizations）陷阱。先是小布什总统发起两大战争（阿富汗战争与伊拉克战争）炸醒了潜在的伊斯兰反美“圣战”仇恨，粉碎了中东与北非社会政治的稳定，继而奥巴马总统插手埃及、利比亚、叙利亚等国的政权争夺使得大量难民涌入欧洲。现在美国不但无法收拾自己造成的国际烂摊子，而且国内治安越来越难控制，枪击惨案层出不迭，“国产”反美“圣战”恐怖祸苗潜伏，令人防不胜防。

第二，信息技术使得整个世界互通有无，四海知己、天涯比邻。第二次世界大战后，“民族国”的故乡欧洲如今不断加强联合，德法两个世仇宿敌现在成为“欧盟”的支柱，欧洲成为世界建立“命运共同体”的试点区域。亚洲受到欧洲的榜样鼓舞，先后出现“东盟”（东南亚国家联盟）、“上合”（上海合作组织）等组织。这一切说明人们正在把“民族国”的沙漠变成“共同体”的绿洲。

第三，中国自从改革开放以来，国民经济发展进入了快速道，并且成为世界经济增长的强大引擎。国际政治界与企业界都把注意力聚焦于中国发展，中国发展前哨的吉凶兆头成为纽约、伦敦、东京等股票市场的晴雨表。中国发展本身出现两大趋势。第一趋势是继续“醒狮怒吼”，好像要参加到“民族国”世界的争雄行列，夺取盟主的宝座。这是背离中国五千年的“文明道路”的，到世界舞台上去演奏崛起—鼎盛—衰退三部曲，是把平静的中国大船驶进台风的中央。虽然会在“鼎盛”时期狂欢，却会在随后的“衰退”时期痛苦。况且在登上宝座以前，还得和武装到了牙齿的美国真刀真枪地较量，风险极为巨大（还可能引起亨廷顿曾经预言会在2010年爆发的“断层线战争/fault line war”），使中国重受1900年“八国联军”入侵的二遍苦。第二趋势是坚持中国五千年发展的“文明道路”，彻底清除当今中国发展中的“民族国”思维，把建立“世界命运共同体”当作中心任务（“一带一路”等倡议都纳入这一任务），先试点建立“上合命运共同体”“中印命运共同体”“中国—南亚命运共同体”“中国—东南亚命运共同体”“东亚命运共同体”“金砖五国命运共同体”等，然后推广到全世界，在21～22世纪实现“大道之行也，天下为公”，使我们这个苦难的地球获得新生，繁荣昌盛，抹干全球人民眼角的泪水，使天涯海角桃花笑春风。

这些就是我要写本书的意图。请各位读者阅读与指正。

第一章
从“地理共同体”走向“政治共同体”

宇宙中的星球都不息地转动，地球不但自转，而且围着太阳公转，所以地球上所有看起来固定的东西实际上都处于动态。运动是地球上的人类、文明、国家、社会、群体、个人生存的基本规律。中国就是在这一基本规律中诞生并发展起来的。这是一个值得探讨、内容丰富、过程曲折、问题复杂、饶有特色且对整个世界发展具有参考性与启示性的故事。关于这个故事，有人夸耀，有人贬低，有人疑虑重重，看样子许多人没有读懂。现在让我来好好讲一讲，请读者在我的导游下巡视一下中国五千年的发展。

一、中国文明诞生于“喜马拉雅圈”摇篮

传统智慧总是把中国的诞生与中原连接在一起，这是错觉。实际上，中国故事的特殊性是由于远离中原的喜马拉雅，是那里地壳的运动旋律将中国的故事动人心弦地演绎出来。地球是太阳系中唯一蓄水

（有水才有生物）的星球，它的自转与公转合奏出地壳沧海桑田的变迁旋律，喜马拉雅的形成是这一变迁旋律的高潮。

“喜马拉雅圈”是人类摇篮

我们知道亿万年前，地球上只有两块大陆，一块叫“劳亚古陆”（Laurasia），就是当今欧亚大陆与北美洲的前身；另一块叫“冈瓦纳古陆”（Gondwana），它分裂成非洲、大洋洲、南美洲三大块。后来南美洲和北美洲连接，非洲和欧亚大陆西段连接。印度板块原来是非洲的一部分，后来脱离非洲，游过“古特提斯海”（Paleo-Tethys Ocean）而和中国板块拥抱。印度板块的前部钻到中国板块的底部而把中国地壳抬高，创造出三个新的地势：云贵高原、喜马拉雅山脉与青藏高原。喜马拉雅山脉与青藏高原是一而二、二而一的整体，中国地质学家把这三个新地势的诞生统称为“喜马拉雅造山运动”。

如果我们以喜马拉雅山的中心为中心，用想象的圆规在地图上画一个圆圈，这个圆圈的南部包括整个南亚次大陆，东南部把东南亚都画进去了，东部和北部包括长江与黄河流域大部分地区，西部包括现今中亚、中东很大一部分，其中有“肥沃新月地带”（the Fertile Crescent，西亚的古文化发源地）。我们知道，这样一个“喜马拉雅圈”覆盖的地区是地球上一半的动植物的故乡，也是人类的发祥地。印度就是9万种植物与4.5万种动物的故乡，北半球的大部分植物都可以在中国找到。与人类生存息息相关的动植物文化（如大米文化、小麦文化、棉布文化、丝绸文化、牛文化、猪文化等）都分布在“喜马拉雅圈”内。中国文明和印度文明是“喜马拉雅圈”的两大孪生文明。

国际学术舆论认为人类最先诞生于非洲。我对此缺乏研究，不敢赞同或驳斥。但我根据中国和其他国家的考古学家在“喜马拉雅圈”的发现，自然而然地认为这里是人类与文明的摇篮。“猴子变人”已经是社会进化论的定论，但在其他地区看不到具体的例证，“喜马拉雅圈”为我们提供了清楚的认识。长期以来，人们叫这种“猴子”为“腊玛古猿”（Ramapithecus），因为它骨头的化石最早是在尼泊尔的腊玛村（Rama）被发现的。最近几十年，考古学家又为它取了新名字，叫“湿婆古猿”（Sivapithecus）。这“湿婆”（Siva）是印度教大神的名字。不管它叫“腊玛古猿”也好，“湿婆古猿”也好，都说明“猴子变人”不是在非洲，而是在“喜马拉雅圈”内发生的。

著名考古学家吴汝康（1916—2006）进一步肯定了中华人种的祖先是比“腊玛古猿”或者“湿婆古猿”更进化的落根于云南的“开远禄丰古猿”（Lufengpithecus Kaiyuansis），生存在1000万至800万年以前。云南的开远市、禄丰县、元谋县都有关于人类祖先的许多考古发现。在隶属于楚雄彝族自治州的元谋县既发现了中国最早的直立人之一的遗迹，即学名叫“元谋直立人”（Homo erectus yuanmouensis）的“元谋猿人”，又发现了它的“猴子”祖先“元谋古猿”。换句话说，元谋县就是地球上发生“猴子变人”的确切地点之一。

我们当今所知道的地球上最早的三大“猿人”，第一是在重庆市内长江巫山峡发现的生活在200万年前的“巫山猿人”，第二是在印度中央邦侯尚格巴德县（Hoshangabad）发现的“侯尚格巴德猿人”，生活在180万年前。[①]第三就是“元谋猿人”，生活在170万年前。我们注意到：首先，这是地球上迄今所发现的人类最早的三位有名有姓的祖先（早于“爪哇人”“北京人”“蓝田人”等），为非洲及其他地区考古发现所未有；其次，这三位地球上最早的人类祖先在“喜马拉雅圈”内形成鼎足之势。这就证明“喜马拉雅圈”是人类的摇篮。

---

① 参见谭中与耿引曾合著*India and China: Twenty Centuries of Civilizational Interaction and Vibrations*（《印度与中国：20个世纪的文明交往与激荡》），新德里：文明研究中心（Centre for Studies in Civilizations）出版，2005年，37页。

这三位人类祖先差不多同时涌现，两位在现今中国国土，一位在现今印度国土，三者都靠近喜马拉雅山与青藏高原，都属于“喜马拉雅圈”。我相信将来还会有更多的考古发现夺取这“巫山猿人”“侯尚格巴德猿人”与“元谋猿人”的领先地位。我也相信将来出现的最早的人类祖先多半会出自“喜马拉雅圈”内。这是因为“喜马拉雅圈”不但提供了关于人类摇篮的最丰富的信息，而且具有提供更多信息的潜力。从这三位最古猿人的分布来看，他们只是“喜马拉雅圈”作为人类摇篮的零星代表，随着考古的进一步发展，一幅更全面、更完整的图景一定会出现的。

与非洲猿人化石的发现相比，这“巫山猿人”“侯尚格巴德猿人”与“元谋猿人”和现今中国与印度文明直接相连。换句话说，我们可以肯定这三大古猿人的后裔世代相传至今不断，非洲那些古猿人的后裔如何发展却弄不清楚。在前面说的人类三大祖先中，“巫山猿人”的后裔表现突出。近年来，轰动中国及世界的四川成都三星堆古文明的遗址发掘是个突出例子。考古学家对三星堆遗址群年代的考证是：上起新石器时代晚期（公元前2800年），下至公元前1000年，上下延续近2000年——是5000至3000年前的古文明。三星堆考古发掘工作还远远没有结束。现在有两大场地，一个场地在离四川省会成都40千米的广汉市境内的三星堆，另外一个场地在成都市内的金沙。金沙只发掘了1/10，已经有许多惊人的发现，将来发掘完毕一定会有更想象不到的收获。

三星堆文明也是一种比中原仰韶、龙山农业文明进步的铜器时代文明，最近发现了单体建筑基址，有可能是宫殿建筑的遗迹。三星堆还发现了被称为“仓包包城墙”和“真武宫城墙”的遗址，人们期望将来能发掘出高等级墓地或者王陵。

四川省社会科学院历史所所长、四川师范大学巴蜀文化研究中心主任段渝教授是从1983年开始研究这一课题的，他的《酋邦与国家起源：长江流域文明起源比较研究》一书[①]，从“巫山猿人”开始到三星堆文明，再结合长江三峡地区存在于7400—4500年前的“城背溪文化”与“大溪文化”来探讨长江流域古文明的发展，纠正了中国学术界与文化界忽略了长江流域对中华文明发展的重要性的问题。

三星堆古文明之谜

2012年，我到成都参加第三届“中国—南亚文化论坛”。举办论坛的四川大学南亚研究所组织与会的中印代表参观三星堆考古文物展览馆。文物中有很多铜塑人像。当馆内讲解员介绍一个铜面具时，我请在场的来自印度驻华大使馆的文化参赞沙霍（R. Sahu）先生站到面具的旁边，人们不觉莞尔，因为那具面具好像正是大眼、高鼻的沙霍先生的写照。馆内展出的所有人像都这样，都像现在的印度人，和现在的中国人没有半点相似。这怎么解释呢？

口若悬河的年轻讲解员向我们介绍一件直径85厘米的轮形“太阳形器”时说了一番有趣但荒唐的话。她说，这件文物代表太阳，你们一定会觉得奇怪，太阳怎么会长刺（她指的是轮子的五根轮辐）呢？她说她也一直觉得费解。恰好前一天晚上一位老师上课时对此做了解释。这位老师说，人们在沙漠中痛恨太阳，所以这件铜塑让太阳长刺，代表人们对太阳的诅咒。

我和同行的印度朋友们没有驳斥她这种谬论，却知道这“太阳形器”代表古印度“日轮”（surya-cakra）的概念，那五根轮辐并不是描写太阳长刺。讲解员的“老师”怎么不好好想想，这三星堆文明的亮点是太阳崇拜，这些铜塑（包括这“太阳形器”）都是太阳崇拜的产物，三星堆崇拜太阳神的人们怎么会“对太阳诅咒”呢？再有，成都一带不但从来就不是沙漠，而且每年只有不多的日子能看见太阳，人们见

---

① 段渝：《酋邦与国家起源：长江流域文明起源比较研究》，2007年，北京：中华书局。

到太阳欢迎都来不及，怎么会诅咒它呢？！

看来当代中国人对日神崇拜比较陌生，印度却有数千年来太阳崇拜的文明。其实古印度“日轮”（surya-cakra）的概念早就传到中国。唐朝宰相兼文人韩愈《送惠师》诗有“夜半起下视，溟波衔日轮”。9世纪唐朝诗人独孤铉的《日南长至》诗有“轮辉犹惜短，圭影此偏长”，把阳光形容为“轮辉”。宋太祖赵匡胤《咏初日》有“一轮顷刻上天衢”。今人经常描写“一轮红日冉冉升起”。当今中国人（包括那位考古专家“老师”）看到三星堆“太阳形器”产生的思想混乱也反映出他们对中国文明历史的淡忘。

我参观三星堆展览印象最深刻的就是铜器中鸟的形象特别突出，其鸟的形象往往和兽形结合，有兽头鸟身与人头鸟身的铜塑。展览馆的宣传品中对这种突出的现象没有做解释，却使我想起印度神话中的“大鹏金翅鸟”（garuda）。这“大鹏金翅鸟”在印度神话中和“龙蛇”（naga）是共生的，佛教神话把它们形容为护法神，它们就是作为“天龙八众”的神（naga作“龙众”，garuda作“迦楼罗”）传入中国的。在印度教神话中，这“大鹏金翅鸟”是“偏天神”（Vishnu）的坐骑，也是“日鸟”。这“日鸟”的形象在三星堆考古文物中很突出。我的总印象是：“大鹏金翅鸟”简直是三星堆文物艺术的灵魂。再有，表达“大鹏金翅鸟”形象的文物在印度各博物馆虽然很多，但时期比起三星堆来却晚了两三千年。换句话说，三星堆文物中保存了全世界最古老的“大鹏金翅鸟”神话的艺术品文物。这一点印度考古学家根本不知道，四川省考古研究机关应该多请些印度考古专家来交流交流，互通有无。

其实在中国远古时代，太阳神崇拜一定很普遍。《尚书·尧典》有“羲和沐日”。中国传说中的“炎帝”这个“炎”（火上加火）就是太阳的符号。传说中的“炎帝”属于长江流域文化，很可能与三星堆古文明攀亲。我的祖籍湖南省茶陵县是远近知名的“炎帝”故乡（“茶陵”

古名“茶王城”，“茶王”神农就是“炎帝”），还有“炎帝墓”遗址。

20世纪70年代初出土的“长沙马王堆一号墓”文物中的长205厘米、上部宽92厘米、下部宽47.7厘米的T字形帛画（图一），上部右角有日鸟，中央有被称为“神禽飞廉”的兽头长翅鸟，至今没有人辨认出（郭沫若说它代表死神）那就是“大鹏金翅鸟”的另一种形式。这幅图案中的太阳神崇拜是非常明显的。我相信，随着考古发掘不断展现的新发现，我们对中国古代的太阳神崇拜会有更清楚的认识。

图一　长沙马王堆一号墓出土的帛画

这样看来，三星堆考古发现也展现了“巫山猿人”与“侯尚格巴德猿人”之间的亲属关系。存在于5000—3000年前的三星堆古文明远远早于中国和印度标志的出现，那时“喜马拉雅圈”内从中国四川到印度之间存在着共同的日神崇拜文化是极可能的。三星堆古文明的发掘也发掘出我们对远古文明发展的许多盲点。我刚才提到三星堆文明存在的时代既没有中国，也没有印度（我指的是：中国和印度的标志比三星堆文明晚得多）。如果三星堆文明是印度土地上的发现，那印度学术界一定会把它当作印度古文明的遗迹而大做文章的。但三星堆古文明在中国四川，很难想象四川会产生印度古文明的遗迹，中国学术界与知识界却还没有热情地把三星堆古文明看成中国文明的发源（只有以段渝为首的一些四川省历史学家把它当作“古蜀国”文明来宣扬）。这样看来，我说的“喜马拉雅圈”的发展历史是值得认真研究的。我想，将来研究的结果会引导我们得出一个肯定的结论：远在中国文明与印度文明发迹以前是一个漫长的“喜马拉雅圈”文明发展时期，是中国文明的启蒙阶段。总而言之，我们现在就应该肯定：“喜马拉雅圈”是中国文明诞生的摇篮。

值得一提的是，位于湖南省长沙市宁乡县黄材镇的曾经被兴修公路破坏而最近受到重视、开发工作仍在进行的“炭河里遗址”是像三星堆古文明一样的商周时期长江流域的文明中心。已经陆续出土（有一件是洪水送来）的300余件青铜器，其中有世上鲜见的珍宝（如四羊方尊与人面纹方鼎等）。这个人面纹方鼎高38.5厘米，重12.85千克，方鼎的四面都有同样的人脸，使人想起印度常见的四头神像。印度教的“创造神”梵天（Brahma）整个身体都有四个方面同样的形象，从不背对任何人。“炭河里遗址”的人面纹方鼎正像是这样的设计（有可能是中国古代的梵天神）。这里将要展现的古文明已经有了宫殿与铜器时代的经济。这炭河里和三星堆两大谜团将会改写中国历史，使传统的头脑翻新。

二、“地理共同体”孕育出中国“文明共同体”

亲爱的读者们，为什么外国朋友读不懂中国历史而中国人自己讲不好中国的故事呢？这是因为大家没有认识到世界上所有的国家都是按照“民族国”规律发展起来的，独有中国和印度例外。既然中国不是按照“民族国”规律发展起来的，人们按照“民族国”规律来看中国文明的发展自然就看不懂了。我们运用“喜马拉雅圈”的透镜可以清楚地看到四条文明长河（印度河、恒河、长江、黄河）对印度与中国文明的塑造。喜马拉雅（兼青藏高原）孕育出恒河入孟加拉湾，印度河入阿拉伯海，它们与印度洋一道在地球上划出印度“地理共同体”，然后让印度次大陆的不同部落与民族共同来创造印度“文明共同体”。印度次大陆从文明的启蒙时期一直到英国殖民主义统治的前夕从来没有走“民族国”发展道路，就是因为印度次大陆的“文明共同体”不允许某一个民族横向扩张来建立“民族国”，直到英国殖民者统治前夕。

两条大河划出的中国“地理共同体”

中国也和印度一样经历了先有“地理共同体”再由次大陆不同民族语群体建立“文明共同体”的两道程序。中国的两大文明河流——长江与黄河同出一源。黄河发源地巴颜喀拉山和长江发源地唐古拉山近在咫尺。它们流出以后马上分手，黄河向北，流经四川、甘肃、宁夏、内蒙古、陕西、山西、河南、山东入海；长江向南，流经青海、西藏、四川、云南、湖北、湖南、江西、安徽、江苏、上海入海。奇特的是，它们在入海前又被淮河流域连接起来。这两条大河先是分道扬镳、一南一北，在欧亚大陆东端画出一个不那么整齐的椭圆圈，然后在中国沿海合拢。就这样，一个中国“地理共同体”形成，和印度河与恒河加海岸线形成的印度“地理共同体”有异曲同工之妙。也像印度一样，住在长江黄河流域的不同部落与民族在这个中国“地理共同体”内把一个中国“文明共同体”打造出来。

请读者们重视这个中国“地理共同体”的文明功能。首先应当看到，这个“地理共同体”是在人类出现以前产生的，不是出自人的意愿，而是天造地设，等于说，在中国的人类问世以前，地球已经授意人们必须把一个“共同体”建设起来。换句话说，中国这个“地理共同体”是不以人们的意志为转移的，是任何人无法破坏的。认识了这个前提以后，我们才懂得为什么在长江黄河流域有了人类以后没有出现任何强大的“民族国”，而是不同部落与民族在这个“地理共同体”内把一个中国“文明共同体”打造出来。地理环境就是经济生活环境。中国“地理共同体”创造的是一个适宜于经济共同发展的环境，人们在这个经济共同发展的大环境中自然而然地产生文明的共鸣。这是上面探讨过的三星堆、炭河里、马王堆的例子所证明的。

河流都有缔造生命的功能，长江黄河对中国生命的缔造更是伟大。地球上有了人类以后，长江黄河流域成为宜居之地，人口一直是地球上最多的。再有，住在长江黄河流域的人们很早就脱离了游牧时代而从事种植与畜牧业。我们从中国文字中看到“穴”占有一定的位置，证明穴居是中国古人的特点。他们发明了“穽”字（“穽”字的图形是描写捕捉野兽的陷阱——“穽”字上边“穴”是洞，下边“井”画出洞上用几根树枝交叉，再在上边铺点草，避免野兽发觉）。中国古人避免了游牧民族的经历，也就断绝了产生“民族国”的根源。

我们看不到早期古人生活的描写，但可以从中国文字的图形中窥测其端倪。中国文字中有大量“犭”（犬）的偏旁，说明古人养狗帮助狩猎。中国文字中又有大量“牛”“马”“羊”“豕”“隹”“鱼”的偏旁，说明古人畜养了马、牛、羊、猪等家畜，以及鸡、鸭、鹅等家禽，并且养鱼。中国文字中又有大量“禾”的偏旁与“草”字头，说明古人致力于种植业。甲骨文的“土”字作“”的图形，描写地上长出植物。甲骨文的“生”字作“”的图形，也是同样的意思。两者都

说明古人在长江黄河流域发展农业。“天地之大德曰生”(《周易·系辞传》)更说明种植业是中国两河流域文明的灵魂。这一切清楚地显示出长江黄河创造出的“地理共同体”孕育出一个没有“民族国”发展旋律的“文明共同体”。

顾名思义,“地理共同体”是地理因素孕育出共同的经济生活与“天下为公”式的共同文化。它摒弃了“民族国”发展规律而成为中国“文明共同体”。关于这一点,我们可以从古人“五服”的概念来证明。这“五服”的概念很古老,在《书经》《荀子》《国语》等典籍中有不同的诠释,后来又发展成五种等级不同的仪礼服装,越扯越远离原来的思维。“五服”包括五个概念:“甸服”“侯服”“绥(宾)服”“要服”“荒服”。这五个名称是三千年前(也许更早)的思维,我们不能用现代的文字知识来准确解读。我们只能从两个方面来认识。第一,“五服”是从一个中心出发把“天下”分成由内向外的五个圆圈,每个圆圈代表一个地带。中央的圆圈“甸服”代表的是中国文明的核心,最外边的圆圈“荒服”似乎含有文明影响力鞭长莫及的意思。读者千万别把这“五服”和“民族国”地缘政治的“中心/宗主”与“边缘”混淆起来。无论谁怎样歪曲都无法把这“五服”描写成殖民主义的概念。远古中国哪有殖民地呀?!那时都是在一个“地理共同体”内发展文明。可以肯定的是:“五服”是中原的古人在中国“地理共同体”内发展文明的具体思维。第二,我们从“五服”的逻辑来推论,虽然中原文明已经自以为中心,但人们心目中有一个牢固的“地理共同体”的概念,他们也想把这个“地理共同体”演变成“文明共同体”,所以把最外边的一圈叫作“荒服”。

从上面的讨论可以肯定中国文明是从一个“地理共同体”中孕育出来的“文明共同体”,可是一般中外学术界很难看出中国早期文明这样的发展,他们所看到的古文明发展模式是:先有一个核心民族向周围扩张,而最后画出国家的版图。下面引的话就是例子:

> 中国文明的发源地是在黄河流域，之后绵延到长江流域，也就是我们所说的中原地区。这一地区的地缘极为奇特：从中原往北走，是冬季气候十分严寒的草原不适宜人类耕种。往西北走，又是茫茫大漠和戈壁滩。往西走，会遇见无法逾越的喜马拉雅山。往西南走，又是极其潮湿、闷热，蚊虫和疟疾肆虐的亚热带丛林，更不适合建立文明。往东南以及东走则是一眼望不到边的茫茫大海。因为这些特殊的地缘现象，所以当时的中国人自然得出了“中原是世界的中心，其他地区是世界的边缘，越往中心走就越富饶，越往边缘走就越苦困”的世界观。①

这段话和本书前面谈到的“喜马拉雅圈”概念及“地理共同体”孕育出“文明共同体”的理论是水火不相容的。第一，“中国文明的发源地是在黄河流域，之后绵延到长江流域”等于否定了中国人的最早祖先“巫山猿人”与“元谋猿人”的存在（三星堆文明更不可能在它的视野之内）。第二，它描写的中原地区“地缘极为奇特”也是很难理解的。人们读不懂它说的“中原”究竟是怎么回事。“中原”这个地理概念怎么会“往北走”“往西北走”“往西走”“往西南走”“往东南以及东走”呢？它说的“中原”是不是指文明或文化的发展与蔓延呢？恐怕也不是，因为文明与文化的发展与蔓延是不会因为寒冷、沙漠、喜马拉雅山及其他自然环境因素而受阻的。那就是说，它这个“中原”是像“民族国”那样横向扩张的政治势力，只不过没有加以描写而已。从本书的观点来看，这样的政治势力并不存在。第三，它说“中原是世界的中心，其他地区是世界的边缘”，这岂不是帮助“中国中心论”宣传中国人是世界上最“ethnocentric/有种族中心倾向”的吗？

当然，如果这段话句句是历史真情，把它写出来帮助美国友人孔华润自圆其说也是无可厚非的，但这段话根本没有历史根据。试问中

① 周小平：《梦碎美利坚》。这篇闻名全国的文章在网上许多地方都能查到。

国文明什么时候从中原“往西南走”，碰到“潮湿、闷热、蚊虫和疟疾”而又折回呢？这是从什么历史文献或考古发现中得出的结论呢？这里说的中原的西南不正是四川与云南吗？很明显，这段话的作者根本就不知道“巫山猿人”与“元谋猿人”，更不必说三星堆了！我想，在当今中国思维中，这种受到“民族国”发展模式误导的例子是很多的，这样的误解应该及早消除。

前面导论中提到埃及是尼罗河赠送的礼物，中国是长江黄河赠送的礼物，两者相比，差别很大。尼罗河只是一条带子，在它下游建立起来的埃及地盘很小，没有回旋的余地，受到外来侵略或特大自然灾害时无法退避。长江与黄河在地球上划出偌大的被中国人视为“天下”的空间，把“地理共同体”发展成一个人们共同生存的领域。在这样一个偌大的“天下”空间，人们共同生存就不害怕特大自然灾害。俗话说“东边不亮西边亮”，这边有自然灾害那边却是丰收，回旋的余地大。中国文明早期有了共同生存的意识就会联合起来共同对付外来侵略。这些都是像古埃及、古巴比伦那样的古文明所没有的优越条件。

读者们请注意，我说的中国早期文明能够战胜外来侵略，并不排除中国“地理共同体”以外的民族或群体来参加中国“文明共同体”。事实上，人类一开始就不断有游牧民族从远近各地来到长江黄河流域，他们和本地的居民共同把中国“文明共同体”建设起来。换句话说，中国“文明共同体”是共同体内和周边的民族与群体共同打造成的。这个发展规律和前面所引的那段话说的“从中原走出去”的模式完全相反，是一个由外到内与内外结合的综合发展规律。

三、中国文明圈早期的百花齐放

世界上没有任何国家有中国那么多考古发现。这是因为：一方面，中国文明有五千年连续不断的历史发展；另一方面，“中国地理共同体”是长江黄河组成的花环，因而这个共同体内河流众多，分布于天涯地角，因此中国早期的旧石器与新石器时代的文明也到处开花。我们可以突出中原文化的贡献而把这一百花齐放现象归纳成“中原”与“非中原”两大类来讨论。

中原文化蓓蕾初放

为什么人们会有“中国文明的发源地是在黄河流域”的错觉呢？这和中原文化对中国文明发展的特殊贡献是分不开的。这一特殊贡献主要在于文字的发明。中国最早的文字体系以河南安阳发现的“甲骨文”为主体，秦朝李斯（约公元前284—前208）制定小篆来贯彻秦始皇的“书同文”政策，使得汉字进一步完善。汉朝许慎（58？—147？）出的《说文解字》，把小篆提高到中国文明基础体制的地位。许慎是古代的中国学大师，他的《说文解字》对奠定中国文明的贡献不亚于四书五经。《说文解字》“序”中说“盖文字者，经艺之本，王政之始。前人所以垂后，后人所以识古”，把文字的文明功能说得十分透彻。

正像中国不属于“民族国”世界那样，中国文字是世界上独特的没有拼音符号的图形。

文字为文明奠基是世界学术界所公认的，但中国文字传播文明的功能非常特殊，西方语言学家往往很难理解。他们认为，语言是人们当面沟通所用的听觉符号，古时没有录音设备，在人们不能当面沟通的情况下就使用文字这种视觉符号，对方看到以后，视觉符号起了听觉符号的作用。除此以外，文字不能有其他功能。他们这种观点适合于世界通行的各种不同的拼音文字，但中国文字是一种独特的非拼音文字，它作为语言的视觉符号可能不如拼音文字那么便利，却有拼音文字所不具备的帮助文明发展的思维符号。比方说，孔孟的基本教义

“仁”（左边是“人”，右边是“二”）是一个把群体分析成“己”和“人”两个人的组合，人们一看到它就懂得“推己及人”的道理。中文字“王”（三横分别代表天、地、人，一竖表示出一种人为的因素把天、地、人融合为一）形象地为“王者”的任务下了定义。古文写法把一横摆在“大”（人）的头顶就是“天”字，摆在它脚下就是“立”字（甲骨文“天”的图形是，“立”的图形是）。中国传统称这种文字为“会意文字”。许多西方语言学家不同意这种定义，硬把中文形容为“符号文字”（logographic script）。

许慎说文字是“经艺之本”，是“后人所以识古”的工具。由于没有文字，要了解三星堆古文明就存在很大的困难。中原有了文字，使得中原早期的发展更容易被后人认识。前面谈到的我们至今所知道的中国人最早的祖先“巫山猿人”与“元谋猿人”除发现他们的不完整遗迹外没有太多信息，但是比他们晚了几十万年（生存于115万—70万年前）的发现于陕西省蓝田县公王岭的“蓝田人”却比较有声有色。考古学家发现他们生活的地区，草木茂盛，有大熊猫、东方剑齿象、葛氏斑鹿与剑齿虎。他们已经能制造粗糙的石器，捕猎野兽，采集果实、种子和块茎等为食物。“蓝田人”的发现揭开了黄河流域旧石器文化的新篇章。到了新石器时代，中原古文明的发展已经形成布局在黄河中下游的持续发展的从“仰韶文化”到“龙山文化”再到“安阳文化”的整个历史进程，这也是引起人们形成“中国文明的发源地是在黄河流域”错觉的原因。

“仰韶文化”是公元前5000年至3000年期间分布在从甘肃省到河南省之间的整个黄河中游的新石器时代文明，已经发现的上千处遗址多半在河南、陕西两省。这个文明显示出相当发达的以粟和黍为主要农作物的农业及以养猪为主的畜牧业。

“龙山文化”是大约4350年至3950年前分布于黄河中下游的陕西、河南、山西、山东等省的新石器时代晚期的文明。它是在山东省济南市首先发现的，把中原古文明推进到沿海。考古工作者在山东泰安城南30千米处的大汶河畔又发现了5000年至4000年前的“大汶口文化”，它的特点是古人掌握了快轮制陶技术。我们看到“龙山文化”的所有遗址都普遍采用这种技术，能制出磨光薄壳的黑色陶器。

考古学的习惯是以历史古迹首次发掘发现的地址来命名古文明，所谓“仰韶文化”就是它首先是在河南省三门峡市渑池县仰韶村被发现的，所谓“龙山文化”就是它首先是在山东省济南市章丘县龙山街道办事处（原济南市历城县龙山镇）被发现的，并不是说河南的仰韶村是“仰韶文化”的中心，山东的龙山镇是“龙山文化”的中心。如果我们不遵守考古学的框框条条而把“仰韶文化”与“龙山文化”看成一个统一的中原古文明也是符合逻辑的。

“安阳文化”从三方面奠定了中国古文明发展的里程碑。第一，它继承了“仰韶文化”与“龙山文化”而结束了石器时代，进入更先进的铜器与铁器时代。第二，它发现了文献记载的中原文化传统从黄帝到唐虞夏商周这段历史的殷商都城，使中国文献记载与实证的考古发现汇合，这是人类文化史上的佳话，也增加了文献记载的中国传统的可靠性。第三，它是“甲骨文”的故乡——中国文字的摇篮。

长江流域古文化的雪泥鸿爪

长江流域的特点是：支流多、覆盖面广，流域总面积180万平方千米，是现今中国总面积的18.8%。它从湖北开始到沿海基本上是一条笔直的水道，河宽水深，水上交通运输方便，有“黄金水道”的美誉。我们从文明发源于河流的逻辑推想，长江流域的新旧石器时代古文明一定会大大超过黄河流域和其他地区。可是人们如果不仔细翻阅中国考古学的报告是得不到这种印象的。

长江流域在新石器时代的比重就大得多了。但考古学研究报告是：中国新石器时代早期主要只有江西万年仙人洞第一期文化、湖南道县玉蟾岩遗址、湖北的彭头山文化与城背溪文化，以及长江下游的河姆渡文化和马家浜文化等，中期与晚期只有大溪文化、马家浜文化等。然而，考古历史学家也承认，长江流域从新石器时代中期开始已经普遍种植稻谷，已经进入灌溉农业阶段，畜牧业已经相当发达，太湖流域可能已经进入犁耕农业阶段。

长江流域虽然出了比黄河流域“蓝田人”早几十万年的中国最早祖先“巫山猿人”和“元谋猿人”，却没有黄河流域考古研究的仰韶—龙山—安阳那么集中、连续与强劲地从石器时代到铜器时代的发展，没有产生“甲骨文”那样的文字系统，客观地使得当今人们淡忘了它作为中国文明摇篮的重要性。

也要看到，中国考古历史研究曾经走过忽略长江流域重要性的弯路。具有“黄金水道”美誉的长江水上交通运输发达，使得古代长江流域文明普遍化，这是不便利通航的黄河流域所没有的。中国考古承继了西方蜻蜓点水式的研究方法，只看到点，看不到面。中原文化由于仰韶—龙山—安阳古迹的紧密联结，点和面都展现出来，但考古学家发掘出的长江流域新石器时代遗迹的点多半孤立地出现，看不出面，反映不出长江流域文明进化的脉搏跳动。曾经一度，考古学家把长江下游新发现的“良渚文化”与“青莲岗文化”视为“龙山文化”的延伸。1977年，著名考古学家夏鼐（1910—1985）指出，南京北阴阳营下层墓葬和太湖周围的“良渚文化”与“青莲岗文化”和中原新石器时期文化没有直接关系，在他的倡议下，把“青莲岗文化”的江南类型改名为“马家浜文化”，结束了“龙山文化”伸延到长江流域的议论。

写到这里，我高兴地看到考古历史学界开始宏观地分析长江流域历史古迹的分布，突出了属于长江流域文化的“江汉地区”，阐明它覆盖江汉平原、湖南、湖北两省全部，以及四川、陕西、河南的小部，以“大溪文化”“屈家岭文化”“石家河文化”等为标本。

1993年在南京汤山发现“南京猿人”的化石，证明50万年前长江下游就有了人类活动，“南京猿人”比78万—68万年前的“北京猿人”只晚了20万年，也和长江中上游的200万年前的“巫山猿人”和170万年前的“元谋猿人”相呼应。“南京猿人”的出现使中国早期文明分布于西南（“巫山猿人”与“元谋猿人”）、西北（“蓝田猿人”）、东北（“北京猿人”）和东南（“南京猿人”）四角，平衡了黄河与长江流域对中国古文明发展的贡献。

长江流域古文明最主要的成就之一就是充当人类“大米文化”发展的急先锋。反映1.3万年前人类生活的湘南道县“玉蟾岩洞穴”遗存展现出人们从采集野生稻谷到种植稻谷的过渡，证明了1万年以前在中国湖南揭开了“大米文化”的新篇章。从古到今，人类的一半是靠大米养活的。长江流域所有新石器时代的考古发现都证明它是中国（也是世界）最重要的稻米产地。今天，中国是全世界头号大米生产与消费国，总量占全球1/3。这是一项保持了1万多年的传统遗产。以稻谷为主的长江流域农业从新石器时代晚期就开始了犁耕与灌溉，创造了深耕细作的中国农业模式。

顺便谈一谈长江流域突出的“猪文化”。中国是当今世界上最大的猪肉生产消费大国（猪肉消费量占全球一半），猪是中国文明中与人类最亲密的动物。甲骨文最早的“家”字（见图二）就是屋子里有一头猪的图案。

图二　甲骨文的“家”字

后来小篆把这个图案简化为“/家”（是上边有屋顶“宀”、下边有“豕/猪”的会意字）。这一切说明3000多年前中国古人“家”的观念是有了农业与以猪为主的畜牧业的安居生活。然而，中国最早的“猪文化”是从长江流域开始的。这点可以从下面的图案（图三）得到证明。

图三　9000至7000年前的浙江“河姆渡文化”黑陶器上的猪图案

多么漂亮的一头猪呀！这漂亮的图案生动地说明了长江流域新石器时代人们对猪的特殊感情，和甲骨文最早的“家”字具有相同的感情。当然，“仰韶文化”与“龙山文化”都养猪，是从长江流域传播到黄河流域的。

“大米文化”与“猪文化”结合起来形成古代农业兼畜牧业的自给自足，使得长江流域文化相对“安土重迁”，不如黄河流域能动性强。米饭与猪肉滋养出来的人们长期脱离游牧部落式的群居而结成人烟稠密的村落。这样的倾向也使中国“文明共同体”内没有横向扩张的“民族国”滋长的肥沃土壤。人类进入现代文明以前（在受到西方洗礼的日本军国主义崛起以前），从来没有哪个吃米饭与猪肉成长的人群变成扩张主义的国际侵略者。

四、中国早期文明的政治发展

中国文明以猪成“家”分外特殊。还有一个“室”字，甲骨文的图形是“”（上边是“”，是屋子的象形符号，中间及下边是“”，是画一只鸟下降，鸟头着地）。这个会意字描写的景致是春天到来，燕子进屋（在屋檐下或大堂梁上筑巢）。人们意识到应该娶媳妇了，得预备一间新房了。因此“室”字既有房间的意思，也有媳妇的意思（“妻室”）。我们看到这“家”和“室”两个文化符号栩栩如生地描绘出古代中国文明农业兼畜牧业的特色，结合天时、地利、人和的情调，以及人畜两旺、人丁兴旺的诉求。

四川羌族大禹是两大运动的纽带

中国文明进化是从“喜马拉雅圈”中心地带向东北方向推进的运动，中国政治整合是从黄河流域中下游的中原向西南推进的运动。夏朝的始祖大禹是这两大运动之间的纽带。这是一个几千年来很少人知道，直到最近才被正式确认的奇特故事。

印度史诗《罗摩衍那》（*Ramayana*）虽然是神话，却记载了古代一个国王的事迹。罗摩（Rama）既是神，又是古代历史人物。大禹的传说和罗摩非常相似。印度文化对神虔诚，对神话也不想打破砂锅问到底。中国人却不这样，在古代就对大禹有异议。《史记·六国年表序》有“东方物所始生，西方物之成熟。夫作事者必于东南，收功实者常于西北。故禹兴于西羌，汤起于亳，周之王以丰镐伐殷，秦之帝，用雍州兴，汉之兴自蜀汉”的记载，《新语》有“文王生于东夷，大禹生于西羌”的记载。可惜两千年来，人们都没有很好地注意这些线索而传统地继承“禹生中原”的思维。

从古到今，中原文明对远古文化英雄大禹的传说就和四川羌族的有所差别。20世纪80年代，我到成都考察少数民族风土人情，从四川省民族研究所所长周锡银教授那里得知大禹是四川羌族人并承他赠送著作《羌族》[1]，后来我在国际学术讨论会上讲大禹出生于四川，是羌族人，遭到海外华人学者感情激动地驳斥。

多年熟悉羌族民间风情的周锡银的“大禹是羌族祖先”的观点在国内久久得不到学者的普遍认同。2008年汶川大地震把人们从中原梦中震醒。各地去支援汶川震后重建的人们向全国反馈了羌族人民对大禹的特别感情，一时很多人很难接受，几千年好好的“河南人”大禹怎么一夜之间变成四川人了呢？！

与此同时，四川省绵阳市下辖的北川羌族自治县近30年来大力利用本县作为大禹故乡的历史资本，学术研究与旅游开发双管齐下，认定哈尔滨医科大学教授姒元翼为“大禹142代孙”。1991年，中共北川县委宣传部、北川县政府旅游办联合出版了《大禹故里——北川》。1991年11月，北川县政府正式成立史无先例的“四川省大禹研究会”，确立了“大禹羌族”理论的合法地位，同时也公开指出“禹生中原”的传统观点没有科学根据。2000年11月巴蜀书社出版了李绍明、汤建斌、谭继和、王纯主编的《夏禹文化研究》论文集，更加权威地肯定“大禹羌族”的理论。

由于大地震使得羌族历史文物严重受损，中央政府特别重视羌族文化，帮助纠正了中原成见。现在全国各地基本上口径一致，认为中国古文化遗迹有两大“禹穴”：一是四川北川县九龙山下的大禹降生地；另一是浙江绍兴的会稽山麓的大禹葬地禹陵。2007年北川被中国民间文艺家协会评为“大禹文化之乡”。2011年“禹的传说”被列为国家级非物质文化遗产。

诞生于中原的中国政治史的始祖大禹却是出生于离中原千里以外的羌族家庭，这对“民族国”发展思维的人们是不可思议的。这就证明中国政治发展从一开始就和世界“民族国”发展旋律分道扬镳。前

① 周锡银、刘志荣合著：《羌族》，1993年，北京：民族出版社。

面我谈到中国文明进化是从“喜马拉雅圈”中心地带向东北方向推进，而中国政治整合却是从黄河流域中下游的中原向西南推进的两大双向运动，但两者被大禹这一黄金纽带串连起来了。是靠近“喜马拉雅圈”中心的“巫山人”的后裔大禹到中原首创中国政治史，这一奇特的历史说明了三点。第一点，中国的文明发展也好，大一统的政治发展也好，都牵涉到大禹，牵涉到“巫山人”，牵涉到“喜马拉雅圈”。我们讨论中国的政治发展一定不要忘记“喜马拉雅圈”。第二点，大禹是以一种“五湖四海”精神来把中国“地理共同体”内四面八方建设中国“文明共同体”的零星运动整合起来，使中国“文明共同体”朝“政治共同体”的方向发展。第三点，大禹是中国首位水利工程师，出生于水利资源丰富的长江中游四川，去缺乏治理的黄河流域把自然灾害地区改变为农牧业区。可以想象，这样做的绝对不会只有大禹一个人，一定有许许多多同样的无名英雄。不然的话，地处咆哮黄河中下游的中原地区是不会成为两河流域最发达、最繁荣的地带而成为中国发展的带头羊的。

以文明为凝聚力化零为整

长江黄河缔造的中国“地理共同体”划出了一个共同发展的“圈”。圈内的人们以文明建设逐渐发展出中国的“文明共同体”。在旧石器与新石器时代，许许多多零星的“文明共同体”整合成一个大“中国文明圈”。这个“文明圈”概念的两个元素——一是“文明”，二是“圈”。“文明”是和平与温和的精神暖流唤醒冬寒的大地，催生万物化育。“圈”是平面空间的极限。换句话说，中国文明只在长江与黄河在地球上划出的轮廓内发展，不进行无限制的殖民扩张。当然，两大文明河划出的“圈”本身就是一大片空间。我们现在知道，长江流域总面积有180万平方千米，黄河流域总面积有79.5万平方千米，两者加起来就是259.5万平方千米。这两河流域轮廓所覆盖的面积大概有

300万平方千米，是非常大的一片空间。在没有现代交通工具的时代简直是无边无际的“天下”。

这个“中国文明圈”具体的组合过程现在还看不太清楚，下面我引一位学者的话来展示这一发展的轮廓：

> 从中国古史文献资料看，在三代以前，中国就已部落众多。甲骨文中反复出现“方”字，并呈多种写法。“方”即小“邦”也，被学者认定这是氏族的代称。较早的古籍《尚书·尧典》讲“协和万邦”；《左传·哀公七年》说“禹合诸侯于涂山，执玉帛者万国”；《战国策·齐策四》云“古大禹之时，诸侯万国……及汤之时，诸侯三千”；《吕氏春秋·用民》云“当禹之时，天下万国，至于汤而三千余国”；《新书》说“大禹之治天下也，诸侯万人”。对于“万邦”“万国”字样，我们当然不可过于拘泥，不能将“万”视为实数。但既言“万”而不言“千”“百”，则其时部落之数当亦在数千之上。①

我同意这位学者不拘泥于古典说的数字，所谓大禹的夏朝初期中国有“万国”而到商汤时代中国只有三千余国，只不过说明在中国“文明共同体”内化零为整的政治发展趋势。

前面引文中引的《吕氏春秋》的话还少了几个字，应该是：“当禹之时，天下万国，至于汤而三千余国，今无存者矣。”这“天下”指的就是长江与黄河在地球上划出的“中国地理共同体”，以及前面讨论过的黄河流域与长江流域新石器时代的文化与政治发展。我们把吕不韦这句话和上面引文中提到的其他文献提供的信息结合起来，可以加深对中国文明发展的认识。吕不韦是秦国的宰相，参加到秦国统一中国

---

① 萧延中：《中国上古时代的“共同体”意识积淀》，2009年7月13日天益网，参见《凤凰网》news.ifeng.com，2014年7月10日查阅。

“天下”的过程中去。他说的“天下”千万个国“今无存者矣”，指的是中国已经从“地理共同体”与“文明共同体”进一步发展成“政治共同体”。这是秦国的功劳。但是，中国从“文明共同体”发展成“政治共同体”是一个漫长的过程，是从大禹时代就开始了的。

我们要深入探讨的是：大禹在这一过程中的地位。关于上面引的“禹合诸侯于涂山，执玉帛者万国”这样一桩重要的历史事件，除了《左传》，没有其他春秋战国的文献提到。《史记》也没有提到。当然，我们不能因为缺乏旁证而怀疑这一历史事实。可是读者从上面的引文中可能会得到一种印象，就是大禹似乎已经成为当时“天下万国”的元首，如果再加上他当时在涂山召集“天下万国”的首领开会，那当时中国已经成为“政治共同体”了。前面我们已经肯定了大禹是从四川去中原治水，使得中原开始兴旺。因为他毕生治水的功绩，他在老年得到王位，做了10年国王就逝世了。那时还只是新石器时代的后期，他怎么能有这样大的本领在短期内在涂山把“天下”万国的诸侯都召集起来呢？因此，涂山历史事件是值得怀疑的。如果大禹真的有过涂山的聚会，那可能只是小范围内一些小部落、小群体的首领，不会是黄河长江“地理/文明共同体”内所有（或大多数）首领。前面我们把大禹形容为从“喜马拉雅圈”中心地带朝东北方向推进的文明发展与从黄河流域中下游的中原向西南推进中国政治整合两大双向运动的黄金纽带，并不是说从中原向西南推进的中国政治整合运动在大禹的时代已经取得了辉煌成就，更不必说大功告成了（大功告成是秦始皇才实现的）。

《吕氏春秋》的“当禹之时，天下万国”的提法，并不等于大禹是“天下万国”的首领。同样地，它说“至于汤而三千余国”也不意味着汤是中国“天下”的领袖。这些话反映出中国两个基本历史现实。第一，所谓夏商周三代中国在政治上只是一个松散的联盟，夏朝和商朝（及以后的周朝）的“天子”（禹和汤的继承者）只不过是盟主，加盟的是许多自主的“国”。第二，夏商周三代的中国在政治上呈化零为整的趋势直到秦朝“一统天下”为止。这些“国”到了《吕氏春秋》成书的秦朝都没有了（“今无存者矣”）是因为秦始皇统一了中国。中国政治整合是经过了两千年才完成的。

应该指出，在夏商周三代并不是长江与黄河两河流域所有的自主的“国”都加入了松散的“中国”联盟，甚至到“一统天下”以后的秦汉与隋唐宋等朝仍然有很多长江与黄河两河流域的散落在“中国”范围以外的自主的“国”。比方说，前面我们讨论的“人类与中国的祖先”的心脏地带云南到了汉朝魏晋时代仍然没有纳入“中国”的版图，《史记》把它列入“西南夷”区域内，分“夜郎、滇、邛、嶲、昆明、徙、筰都、冉駹、白马”等九个区域来介绍。这样看来，作为中国早期文明西南角两大祖先之一的“元谋猿人”的故乡就散落在中国政治共同体第一阶段之外了。更重要的，前面我们强调“喜马拉雅圈”是中国文明诞生的摇篮，可是喜马拉雅—青藏高原上的西藏却长期被搁置在中国之外（直到现在国际上许多人都这样看）。中国本土统治的王朝，从秦汉一直到宋朝，都没有纠正这一错位。本书以后会谈到，是西藏民族本身主动，再加蒙古与满族对中国的统治促进，才使西藏回到中国命运共同体，才使中国拥有文明母亲河（长江与黄河）的发源地。

前面说的大禹既代表了由西南向东北发展的文化运动，又代表了由中原向边缘发展的政治运动。他担任国王时国家的体制怎么样及当时整个中国“天下”的形势怎么样，都是我们现在还不清楚的。我们根据传说及古籍透露的片段可以摸索出两个情况。

第一，当时中原推行禅让制度。唐尧把王位让给虞舜，虞舜把王位让给禹。据说在舜逝世后，禹要把王位让给舜的儿子商均，但因诸侯不同意而作罢。禹在逝世前属意禅让，但他死后诸侯却拥戴他的儿子启继位，这样中原政治才开始世袭的朝代体制。这样的政治发展很特殊，为“民族国”世界所罕见。

第二，西方社会进化理论的一条直线是：原始人类先由母系社会转入父系社会，再发展成氏族，再发展成“民族国”。现在我们看到中原政治发展史是先有从尧到禹的禅让，然后在禹死后出现世袭的朝代，再加上禹从四川羌族到中原开启夏商周三代政治发展，使我们看不到西方社会进化理论的那条直线了，“民族国”在中国发展的线索失踪了。民族标志在中国古代失踪了。很明显，在大禹的统治时代，中国已经是“天子”之下有各路诸侯，中国已经是个多民族但又避免“民族”标志的大家庭了。

夏商周三代奠定中国政治基础

从互联网上寻找“华夏”称呼的来源，越找越糊涂。有一则信息说，“夏”是山鸡。①一般的理论是：“华夏”是中国最早的民族称呼（中国人最早称自己是“华夏人”），后来被“汉人”取代。关于“汉人”，本书第二章将会探讨。这“华夏人”的理论可以姑妄言之与姑妄听之。中国从来没有一个核心民族出来统治全国，当然不会有一个确定的民族称呼。但是可以确定的是，“华夏”称呼的“夏”和夏商周三代的“夏”同源。夏朝是现在我们可以肯定的中国第一个政体的名字。前面已经提到两种不同说法：一种说法是大禹起了“协和万邦”的作用，把黄河长江流域的千万个“国”团结成松散的联盟；另一种说法是没有这样的联盟。无论如何，我们可以确定大禹创立的夏朝是“中国文明圈”中一个显著的政体，但是不能说这个夏朝就是整个“中国文明圈”的政治形式。同样地，汤建立的商朝也不能代表整个“中国文明圈”。

夏朝存在的证据零零碎碎地散布在古代文献中，这些文献出自夏朝两千年以后，其真实性大打折扣。但是从1952年发现的与以后不断开发的河南登封县（现在是河南省会郑州市辖下的县级市）的“二里头文化”

① 参见《华夏民族–百度百科》，*baike.baidu.com/view/51845.htm*，2016年3月15日查阅。

遗址中可以获得很多有关夏朝（以及商朝）的信息。已经开发出将近200处遗址，散布在山西南部到河南西部，以郑州、洛阳两地为重点。二里头文化经过四期开发，第一、第二期考证出的时间是公元前2080至公元前1590年。第三、第四期考证出的时间是公元前1590至公元前1300年。这700年时期当然可能包括夏朝。考古学家们有的放矢地对它进行深入开发，想获得有关夏朝的信息。可惜没有发现文字，不能做出肯定的结论。

前面已经提到，西方传来中国的考古学的蜻蜓点水研究方法，有只看到点、看不到面的缺点。二里头文化和仰韶、龙山文化关系密切。从整体来看，就是中国文明越过部落小国阶段而进入松散联盟式的共同体阶段，这就和文字传统记载的夏商周三代对上号了。河南省偃师市大概是夏朝都会所在地，已经有了宫殿式建筑。二里头文化发掘出大量木制、骨制与石制兵器，说明当时战事频繁。二里头文化也发现乐器与礼器，中国“仪礼之邦”的轮廓初现。考古学家认为二里头文化是东亚进入铜器时代的最早地点。这个观点可能没有考虑到三星堆文化的存在。二里头文化与三星堆文化的差异在于：前者凸显出一个不断进化的进程，后者好似天外飞来的“世外桃源”现象，看不到它在中国文明发展中的来龙去脉。

中国文字记载的许多战争（如黄帝与炎帝之间的战争、黄帝与蚩尤之间的战争）都属于传说，缺乏详细信息。“商汤伐桀”虽然见不到实物证据，但信息比较具体。因此商朝取代夏朝而成为中国松散联盟的盟主已经不是疑团了。关于商汤，我们还有“汤之盘铭”的典故（《大学》引了《汤之盘铭》“苟日新、日日新、又日新”的话），虽然“汤盘”失传，物质证据丧失，却没人敢说这是后人捏造。“汤之盘铭”的典故更说明商朝已经有了文字。商朝初期经常迁都，直到盘庚（商朝第20位君主，于公元前1300年前后在位28年）统治时代于公元前1300年前后定都于殷（现在的河南省安阳市），因此人们称商朝为“商殷”（或

“殷商”）。殷墟及甲骨文的发现，使得公元前1300年以后的中国文明历史有根有据。大约公元前1046年，周武王（公元前1087—前1042）讨伐商殷最后的君主纣（公元前1075—前1046年在位），灭了商殷，建立周朝（公元前1046—前256）。周朝君主仍然是中国松散联盟的盟主（周朝君主称“天子”，属下的诸侯称“公”或“王”），但到了末期的春秋战国时代（公元前770—前221），周朝“天子”的盟主地位名存实亡。

夏商周三代的重要性在于它形成了一个松散的政治联盟，在中国“地理共同圈”内发展出一个政治共同体。这个政治共同体是建筑在文明共同体的基础上的，不是“民族国”发展的结果。我们必须这样来认识中国的发展才不会出差错。可惜这并不是人们的共识。不但外国朋友读不懂它，就是中国的历史专家认识也很模糊。我想从一本书中引出几句话来讨论：

> 中华文明由中国历史的主人——中国人、中华民族创造的。……从远古时代到公元前20世纪左右，是中华族群、中华酋邦、中华文明的孕育与萌芽阶段。在今日中国版图内的广袤大地上，由血缘性原始群团、氏族、部落逐步组合成一批较大的族群，相当于古代传说中的华夏集团、东夷集团、西戎集团、三苗集团、南蛮集团等，开始形成了具有政治管理性质的酋邦。……从公元前20世纪前后到公元前3世纪中期，是中华群族、中华早期国家、中华文明基本架构形成阶段。夏族、商族、周族相继崛起……[①]

这段话用了西方人类学理论，把民族的发展追溯到“血缘性原始

① 姜义华：《中华文明的根柢：民族复兴的核心价值》，2012年，上海：上海人民出版社，11-12页。

群团”却不指出这是中国古文明最不提倡的。在古代文献中出现的用来区别“夷”（外国/外国人）的“华”或“夏”都是对中国本身的泛称，不是任何“原始群团”的名字。现在人们认为“华夏”的名称最早出现在《尚书·周书·武成》中谈到的“华夏蛮貊，罔不率俾”（意思是中国国内国外都尊周武王为领袖）。我们一看就知道这“华夏蛮貊”是四个不同的泛泛形容词，不是说有个特别的群体叫作“华夏”，另一个特别的群体叫作“蛮貊”。前面已经谈到，这泛指中国自己的“夏”出自大禹的“夏”的国号。至于“华”是怎么变成中国的代号的，至今还弄不清楚。我们可以肯定地说，“华”或“夏”不是任何“原始群团”的名字，“华夏”当然更不是了。当然，这段引语也不是说“华夏”是“原始群团”，而是说它是许多“原始群团”组合成的“较大的族群”。但是这种分析并不符合中国文明发展的事实，前面已经讨论了。特别是大禹既属于“羌”族，又成为“华夏”的始祖，就更使得这段引文显得不符合事实了。

再有，这段话中有许多新名词，如“华夏集团”“东夷集团”“西戎集团”“三苗集团”“南蛮集团”（好像远古人们竞相创办现代企业），甚至“夏族”“商族”“周族”也是一般史书所不见的。很明显，这本书主要的目的是发挥“民族复兴”课题，需要给古代事物统统穿上“民族”外衣。有了这样的外衣，中国历史就难读得懂了。夏、商、周三个朝代是商朝灭了夏朝，周朝灭了商朝而中国政体性质不变。现在变成“商族”灭了“夏族”，“周族”灭了“商族”，不但不符合历史事实，也和引文本身的“华夏集团”逻辑抵触。既然有了“华夏（民族）集团”，夏、商、周三朝都在同一“集团”之内，怎么会发生一个民族把另一个民族灭了呢？前面已经谈到，夏朝始祖大禹出自四川羌族，他的子孙建立世袭制度命名为“夏”，这个“夏”不是种族的名字而是文明的符号。同样地，商朝的“商”与周朝的“周”都是文明符号而不是民族的标志。把“夏朝”改成“夏族”，“商朝”改成“商族”，

“周朝”改成“周族”，看起来是细节，实际上把夏商周三代走文明道路的重要情节掩盖了，代之以莫须有的“民族国”的发展，这是很重大的历史歪曲。由此可见，用“民族国”的思维和词汇来讲中国历史故事是讲不好的！

“天下”与“中国”

有人听说我提倡中国发展走“文明道路”有别于“民族国”旋律的观点，劝我参考中国学者赵汀阳关于“天下”的理论。我早就听说西方学者既欣赏又批评赵汀阳的“天下”观，也从网上看过一些讨论。人们认为这是现在中国学术研究和世界接轨，产生了“英语/Anglophone”与“华语/Sinophone”学派争鸣的现象，我不以为然。我并不急切地要求与西方“民族国”世界接轨（更不愿意以“接轨”之名行“西化”之实），而且认为这种“英语/Anglophone”学派与“华语/Sinophone”学派的争鸣仅仅局限于西方“国际关系学”（studies of international relations，IR）的范畴。赵汀阳的“古代天下体系”的理论一定要把英国人托马斯·霍布斯（Thomas Hobbes，1588—1679）扯进来，好像没有西方学术权威作为拐杖自己就站不稳了。我也不同意他把中国的“天下”观念说成“无外”（inclusive），好像是为世界秩序树立榜样。我想强调前面已经谈到的中国“天下”是有“边界”的，是在长江黄河划出的轮廓之内发展出来的。一方面，它承认“天下”以外还有别的世界空间；另一方面，它也不想去当世界的模范或领导，更没有任何侵入、干扰或改造其他国家的生存空间的企图。也许，我和赵汀阳的共同点并不是什么“英语/Anglophone”学派与“华语/Sinophone”学派的争鸣，而是我们都反对“民族国”世界的“英语全球化/Anglobophone”学派对世界学术研究（包括中国研究）的蛮横主宰。我想，赵汀阳的思维是并没有在中国发展的“文明道路”与“民族国”旋律中间划清界限的。

前面曾经提到中国文字既是语言视觉符号，又是文明思维符号，具有文明建设的功能。中国之所以能围绕中原文化形成大一统的政治体系，是因为文字起了很大作用。前面已经举出甲骨文“天”字的两个图形和“立”字图形的区别，“立”是在人的脚下画一根代表“地”的横线，“天”是在人的头上画一根或两根横线，代表“天”。这就是中国古人的世界观的精髓，可以从三方面来理解。

第一方面，这个世界观看到的是“天地人”的整体概念，古人重视“天地人”的整体。《易经·说卦》说：“立天之道，曰阴曰阳；立地之道，曰柔曰刚；立人之道，曰仁曰义；兼三才而两之，故《易》六画而成卦。”古代的“八卦”画的是一个千变万化的宇宙。这八卦图中的长横代表“阳”，短横代表“阴”，三叠长短横为一组，两组合起来为一卦。《易经·说卦》清楚地解释了为什么把三叠阴阳长短横作为一组，因为“天地人”是三个因素，把它们称为“三才”（三个能动的因素）。换句话说，“八卦”中所画的有关过去、现在与未来的转变与凶吉兆基本上是“天地人”三者之间磨合的千变万化。

第二方面，在“天地人”的宇宙整体中，人是不能离开天地而独立生存的。《孟子》进一步诠释“三才”，把它们定位为“天时”“地利”“人和”，也就是说人在宇宙中要竭力把“天地人”这三个能动的因素变成良性的和谐互动。我们从另一个角度来看，前面《易经·说卦》的话如果去掉三个“立”字就变成“天之道曰阴曰阳，地之道曰柔曰刚，人之道曰仁曰义”，看起来更符合逻辑。我们用印度文明的理念来比较就可以认识得更清楚。

印度文明传统认为宇宙间最重要的是“梵/至上天理”（brahman），一切宇宙现象与规律都属于它的范畴，可以称为印度的“天之道”。印度的做人之道叫作“tapasya”，可以译成“自律”，是一种使得人的思维与行为无时无刻不背离或超越“梵/至上天理”（brahman）的功夫。印度文明也认为宇宙的、无限的“神我”（paramatman）包含与覆盖个体的“我”(atman)。这一思维同时贯彻“天之道”与“人之道”(印度文明没有相应的“地之道”)。很明显，在印度文明的价值体系中只有“天之道”，没有“立天之道”。换句话说，中国古文明没有绝对的“天之道”，只有人的能动因素参与的“立天之道”。如果我们用甲骨文的“立”字图形来展现《易经·说卦》中提到的“立天”“立地”“立人”之道，就能看到：“天”、“地”、“人”，就突出了“人()”是中国古文明世界观中最最能动的因素。如果把甲骨文的“天”字图形也用上，那“立天之道”就变成“之道”，更凸显出双人图像。甲骨文的“天”字图形()与“立”字图形()就是中国俗话说的：“顶天立地”的人。

第三方面，我们用甲骨文的“天”字图形()与“立”字图形()作为钥匙可以打开中国古人“天下”的迷宫之门。我们清楚地看到：甲骨文的“天”字图形()画的是“人在天下”。刚才我们比较了中国古文明与印度文明价值体系的异同，得出了中国的“人在天下”与印度的“人在天下”都有“人”与“天”保持和谐的共同点，印度叫作“梵我一如”(brahmatmakya)，中国叫作“天人合一”。中国古文明的“天命”可以与前面谈到的印度“梵/至上天理”(brahman)和“神我”(paramatman)相呼应。可是印度文明却只有这两种可以称为“天之道”的理念，没有中国的“立天之道”。这“立天之道”的观念更可以用《老子》的话来发挥。

《老子·四十二》说：“道生一，一生二，二生三，三生万物。”这话有点玄，但到了我们探讨的范围中就能一目了然。道所生的“一”就是宇宙，一所生的“二”就是阴阳，二所生的“三”就是天地人。《老子》这句“道生一(宇宙)，一(宇宙)生二(阴阳)，二(阴阳)生三(天地人)，三(天地人)生万物”的话就是对《易经·说卦》“立天”“立地”“立人”之道的进一步诠释。对于中国古人来说，“天下”就是天、地、人的“共同体”。这个“共同体”的概念使得黄河长江流域的数不清的不同部落、种族与群体把自己的人种、语言与文化的特性融合而形成同一个文明，进而从属于同一个政治体制。就这样，中国“天下”的观念大大超越了“民族”与“民族国”的发展。毋庸讳言，这样一个“天下”共同体把中国文明的全部精力都吸引到在共同体内实现“汤之盘铭”的“苟日新、日日新、又日新”上。可以这样说，中国文明接受了“天命”来把全部精力放到长江黄河划出的、从“地理共同体”发展出的“政治共同体”以内的“阴与阳，天、地、人以及万物”上来。我们这样来理解“天下”，是与赵汀阳的学说有很大出入的。

以已故美国中国学泰斗、哈佛大学费正清（John King Fairbank）教授为首的西方学者喜欢用“天下”“天子”“天命”等来了解中国，甚至把“中国”的名字也扯进去了（说什么中国古人的“中国”概念是认为它是世界的中心），发展出“中国中心论”（Sinocentrism）。许多中国学者（特别是中国台湾与海外的华人学者）也随声附和。这个“中国中心论”（Sinocentrism）是当今世界对中国认识的盲点的最根深蒂固的理论根据，很难以辩论来清除。读者看完我这本书以后，就会知道费正清等人对中国认识的失误与歪曲，“中国中心论”也不会再有立锥之地。

前面谈到，在夏商周三代已经形成了一个松散的“中国”联盟，联盟的领袖称为“天子”。今人对这个名称的来源与理论说不出所以然来，费正清等人也只是想当然地把它和“天下”联系起来。唐朝大师孔颖达（574—648）的《五经正义》把“天子”诠释为“父天母地，子养下民”，是一种新意，不能作为“天子”的原意。

甲骨文的“或”字图形（左边是“口”，右边是“戈”），有了用武器保卫人口的概念。后来“或”又发展成两个图形不同而意思相似的文明符号：“域”和“國”（“国”的繁体字），前者加了土，后者加了围墙。用现代的术语来说，“域”是“地区”的概念，“国”是“国家”的概念。古代要修筑围墙把一个国家围起来是很费劲的，那个

国家一定很重要，面积也不会太大。中国最早的这种修了围墙的“国”大概是周朝初期天子直接统治的领土，那当然是“中国”了。当时根本不会有“世界中心”的概念。

“中国”这个名词和“中土”“中原”有亲属关系。这些名词最早出现于周朝文献，是突出“天子”所在地“周”的政治中心地位的。[①] 1963年于陕西出土的西周铜器何尊铭文说“惟武王既克大邑商，则廷告于天，曰：‘余其宅兹中国，自兹乂民。’”。周武王宣布自己为“天子”，形容自己“宅兹中国”（意思是“以中国为住宅”），这与“中国中心论”风马牛不相及。另外，我们翻阅古代中国文献发现，“中国”这个名词多半是佛教学者用来翻译印度名词“Madhyadesa/中天竺”，如唐朝佛学大师道宣（596—667）的《释迦方志》说“雪山（喜马拉雅）以南名为中国”。过去中国每个朝代都只用朝代名称而不用“中国”，这是众所周知的。“中国”是自鸦片战争中国变成受辱的国家以后才成为中国人通用的名词，怎么谈得上“中国是世界的中心”呢？！

我们可以原谅费正清和其他外国朋友误读“中国”的意思。现在中国也有人认为或希望中国成为世界的中心——神经枢纽、文明中心、经济中心、发展模式等。这一方面是受到“中国中心论”的毒害，另一方面也是没有读懂中国文明发展的历史。从上面的讨论看到，“中国”“中土”“中原”这些古人的概念都是中国“共同体”内部发展的一些细枝末节，并不成为中国世界观的组成部分。中国能够有道宣那样的知识精英把印度定位为“中国”，就说明中国文明没有“中国中心”的观念。这“中国中心论”是外国学者硬塞进中国人脑子里的。

---

① 20世纪70年代我撰文批评费正清的“中国中心论”（Sinocentrism）时发现，周朝文献把商殷时期的“周”定位为“西土”，而到周朝建立以后，“周”作为“天子”的地盘就变成“中土”了。这不是地理上的改变，而是政治上的改变。参看谭中：《海神与龙：探讨19世纪中国与帝国主义》（*Triton and Dragon: Studies on Nineteenth Century China and Imperialism*），1986年，德里：智慧出版社（Gian Publishing House），45-109页。

孔孟之道值得深刻理解

前面说的“国”的古字，甲骨文的“或”字图形  所展示的用武器保卫人口的概念告诉我们：《吕氏春秋》所说的中国共同体内的“天下”国家数目日益减少并不完全是同和平与文明的进程相悖的，动用武力的政治兼并是少不了的。最后发展到像欧洲中世纪那样的“春秋战国”时期。这个经历了500多年（公元前770—前221）的“春秋战国”时期非常特殊，一方面，它是中国政治大一统的前夕；另一方面，它展现出一个像欧洲的“文艺复兴”那样的思想活跃局面——中国历史上绝无仅有的“诸子百家”时代。对中国文明有特大贡献的孔子（公元前551—前479）、老子（约公元前571—前471）、孟子（公元前372—前289）都是这一时期的代表。

我在前面举出具有宣扬文明功能的会意文字时，着重提到孔孟的基本教义“仁”。我们看到甲骨文已经有了“仁”字，它的图形是，说明这“仁（）”的概念不是孔孟的发明，是在商殷时代甚至更早以前就有的。这个“仁（）”的概念把群体生活归纳为两个人之间的相处，强调了在某一特定时间与空间做人基本上是把“己”（自己）与“人”（另外一个人）的关系搞得融洽。《论语·里仁》记载了孔子给学生讲课时说“吾道一以贯之”，下课后没听明白的学生问孔子的得意门生曾参这“一”指的是什么，曾子却回答说：“夫子之道，忠恕而已矣。”现在人们对这一典故的解释见仁见智。有人说，“吾道一以贯之”的“一”指的是“天地万物的开始”，我认为比较离谱。孔子的教导以“仁”为本，“仁”是孔子教义的精髓，这是尽人皆知的。“吾道一以贯之”明显说明孔子的理念是以“仁”来贯穿社会的秩序与做人的道理，曾子进一步用“忠恕”来诠释“仁”，就是现在大家所说的“忠恕之道”。关于“忠”与“恕”的解释，现在人们也是见仁见智。有人说“忠”是从积极的方面探讨人际关系，“恕”是从消极的方面探讨人际关系，我认为这也太离谱了。“忠”是对自己而言，是自己端正行为的学问；“恕”是自己和别人之间的“恕”道，和西方文化的“empathy”相似——“设身处地/推己及人”与“己所不欲勿施于人”是中国和西方道德的共同之处。

孔子是古代了不起的思想家，又是诲人不倦的模范教师。“四书”（《大学》《中庸》《论语》《孟子》）除了《孟子》都是孔子的语录；“五经”（《诗经》《书经》《易经》《礼记》《春秋》）都是有孔子参与而编成的重要文献。研究中国文明撇开了孔子就会一事无成。“文革”中“四人帮”做过这样的尝试，使中国精神文明伤害惨重，至今没有痊愈。

换一个角度来看，中国两千多年来并没有好好发扬光大孔子的思想。第一，孔子这样的大思想家呕心沥血为学生讲课，他的言论并没有比较完整地发表，人们两千多年来鹦鹉学舌似的断章取义地引他的语录并没有弄懂他的思想。我刚才已经两处涉及，下面再举一个例子。《论语·里仁》中孔子说“朝闻道夕死可矣”，很多人从字面上肤浅地把它解释为“早晨听到了真理‘道’，晚上死也无遗憾”，这样的理解显然不得要领。孔子天天讲“道”，三句不离“道”，怎么会说出这样的话来呢？！要真正了解这句至理名言，只能认真思索他话中的“道”究竟指的是什么。比方说，《论语·雍也》中孔子说“齐一变至于鲁，鲁一变至于道”；《礼记·礼运·大同》篇中孔子说：“大道之行也，天下为公。”如果我们从“鲁一变至于道”的“道”与“大道之行”的“道”去琢磨“朝闻道夕死可矣”，就会感觉到孔子是向往着一种理想境界，也是间接地感叹他所处的境遇远离理想。

孔子对中国文化发展的最大贡献就是他在《大学》中制定了“修身”“齐家”“治国”“平天下”的指导个人与集体的发展准则。他的这个准则鼓励个人上进、发展，但是要求个人的发展促进家庭的幸福，而不是忽视家庭或超脱家庭。一个家庭至少有两代人——父母与子女。他们之间必须有恩爱与温馨。孔子又认为“家”与“国”是同一性质的集体。“家”是个小集体，“国”是个大集体。个人要依靠这两个集体才有前途，才有幸福。个人对这两个集体起着建设、巩固、维护的作用。孔子又更进一步着眼于“天下”，也就是本书说的“地理共同体”。孔子说的“平天下”就是把长江黄河创造的这个“地理共同体”发展成“文明共同体”与“命运共同体”。我认为孔子的这番道理是很容易理解的，偏偏很多中国知识分子不去这样理解它。有的学者把孔子的语录背得烂熟却不从深层理解，因此把孔子引导中国文明向“命运共同体”目标发展的重要指示忽略了。

第二，我们今天提倡“儒学”可能达不到把孔子的思想发扬光大的目的。春秋战国时期有所谓“诸子百家”，只不过是形容当时人们能充分发挥自由思想，并不是鼓励大家把中国古文明割裂得支离破碎。东方文明与西方文明最基本的一大区别就是前者重视整体观念而后者忽视整体观念，习惯于解剖人体与核裂变的西方头脑最喜欢中国的所谓“诸子百家”与“儒”“道”“释”三家演义。我在海外经常遇到自我标榜的“道学”（Taoism）专家，他们清一色地钻牛角尖，把一些中国民间的信息当作“道学”古董来推销他们可居的奇货。我在中国道教网上看到一篇袁清湘写的《道士李白所属道派探析》①，感到啼笑皆非。不知是不是抢购之风吹进了中国文化市场了？今天李白被“中国道教”抢走，明天孔子被“中国儒教”抢走，这样发展下去，中国广大不信教的人就变成中国文化遗产的穷光蛋了。

有位中国著名儒学大师，我在印度和中国都听过他讲演，我两次向他提出“儒家文化有没有受到印度文化影响”的问题，得不到答复。我看他的著作大量引用宋明朱熹、王阳明等人的理论与语录。我可以证明朱熹、王阳明的思维都是“中印合璧”，“理学”与“心学”的名字从儒家传统的渊源中是找不到的。孔孟时代没有“理/理论”这个概念，它似乎是印度文化的“yukta”在中国的化身。孔孟从来没有像宋明学者那样突出“心”的重要性，“心/菩提心”（bodhicitta）更是印度

① 参见*www.chinataoism.org/showtopic.php?id=9216*，2015年12月8日查看。

舶来品无疑。顺便介绍一下，李白自称“青莲居士”，他的《答湖州迦叶司马问白是何人》诗说：

青莲居士谪仙人，酒肆藏名三十春；
湖州司马何须问，金粟如来是后身。

“金粟如来”是印度佛教神话英雄“Vimalakirti/维摩诘”的美称。李白的友人王维的另一个名字就是“摩诘”，把王维两个名字合起来，他是“王维摩诘”，是名符其实的“金粟如来”的化身。我不知道中国道教网上有没有人把这一切都归于“道教”？“儒学”也好，“道学”也好，这样的抄袭西方解剖人体与核裂变的研究方法不应该用到中国学上来，会把中国文明弄得支离破碎。

孔子也好，李白也好，应该属于中国文明而其成果为不同信仰、不同理念的广大中国人民所享有。我们要从不同信仰与不同理念的角度来研究孔子，从中国文明整体的角度来把孔子的学说发扬光大。可惜的是，古人没有能够好好保存孔子所有的言论，没有把它完整地记录下来。我们现在看到的“孔子曰”与“子曰”都是支离破碎的语录，不能把它们编辑成整篇文章。更可惜的是，两千多年来的中国知识精英对孔子的学习形成一种不注意整体学说的“语录文化”，不能使得孔子的学说“日日新，又日新”。我们应该尽快走出学术界的“语录文化”牢笼，用新的发展式、繁衍式、酿蜜式的方法把孔子的学说发扬光大。

孔子说的“齐一变至于鲁，鲁一变至于道”这句话中包含了政治社会进化论，及穷兵黩武、逞强称霸的国际倾向不会有好的下场，必然会被热爱和平的文明道路取代的含义。这句话中的“齐”与“鲁”代表了两个现实与两条发展道路。“齐”代表的是强凌弱、众暴寡的战争、侵略、征服、兼并的现实，以及穷兵黩武、逞强称霸的“民族国”发展道路；“鲁”代表的是和平、亲善、共处的现实，以及“文明道路”。这句话也反映出孔子预见到“鲁”不会是稳定、持久的状态，还必须进一步向“道”的理想境界发展。现在我们看到，这句话等于对孔子死后中国政治命运的经历进行了预判。春秋战国时期象征着以“齐”为代表的“民族国”发展道路，被秦始皇画上句号，建立起秦朝。秦朝昙花一现，由汉朝承继，没有在这一“民族国”的发展道路上继续向前，而是转向以“鲁”为代表的和平、亲善、共处的现实，以及“文明道路”。400年后，汉朝又受到紧邻的域外民族的冲击，中国出现五胡十六国（304—439）与南北朝（420—589）的分裂局面。隋唐再度统一中国以后，仍然走在以“鲁”为代表的文明道路上，宋朝接棒以后又受到北方域外民族契丹“辽”、女真“金”与蒙古“元”的冲击而被灭亡。一统中国并且扩大了中国版图的元朝由于变成了中国文明的一部分而无法偏离以“鲁”为代表的文明道路，其后的把明朝灭亡的清朝也是如此。一直到鸦片战争以后中国沦为“半殖民地”，中国仍然处在不能稳定、持久的“鲁”的状态。

中国以文明为国而不以民族为国

亲爱的读者们，你们现在已经熟悉了本书的两个核心论点：一是强调中国这个“国”是从文明中发展出来，以文明为灵魂；二是强调中国这个“国”的立国之道从来不和“民族国”搅在一起。我想再进一步从理论上区别作为中国灵魂的“文明”和与国家概念紧密联系的“民族”这两大概念，分三点来谈。

第一点，人们平常谈论的国家是“民族”造成的。英国是盎格鲁—撒克逊民族强大起来而形成的。德国是德意志民族经过许多周折而形成的。俄国是俄罗斯民族的产物，甚至在提倡国际主义与共产主义的苏联时代，俄罗斯民族仍然占有核心地位。中国的起源完全不一样，这是因为有了“地理共同体”以后，本土和外来的不同“民族”都受到共同体的向心力影响而放弃各自“民族”的发展，从而孕育出一个共同的“文明”。换句话说，“民族国”是一个“民族”发展起来成为一个政治体的“国”，再向外扩张形成多民族的整体。中国是数不清的许多民族融合成一个“文明”而把没有“民族”标志的“国”打造出来。在“民族国”是某个“民族”高于“国”，在中国是“文明”高于“国”而不让任何“民族”占有统治地位。平常人们说的“汉族”根本不是“民族”。这一点，本书后面会具体解释。

第二，西方有“血浓于水”（blood is thicker than water）的俗话，强调血缘亲属关系。它一方面凝聚同一血缘的意志，另一方面在待人处世上形成不平等的文化。在“国”内提倡“民族”免不了造成民族冲突与民族压迫，深受其苦的许多美国开明人士因此极力避免民族的标志。美国传媒在报道持枪行凶的罪犯时极力隐瞒他的种族，害怕加剧民族冲突。在中国，长江黄河的水把“民族”的标志淹没了（可以说是“水浓于血”了）。以“文明”为灵魂的中国从一开始就避免了这一祸害。孔孟提倡的“仁”“义”道德就是去“民族”概念而永葆“文明”的文化力量。

第三，“民族国”总是提倡“民族主义”的。“民族主义”是一种逞强的文化。在抵御外侮时，这种文化帮助“民族国”自卫，但在国家强盛时，它就会侵略与威胁别国。中国的灵魂不是“民族”而是“文明”，一方面不去侵略别国，另一方面在抵御外侮时也显得软弱。这一点本书以后会重点说明。

在夏、商、周时代，中国选择了“文明道路”，选择了文明共同体的社会、政治架构，邻近最发达的文明（即印度文明）不来挑战中国的发展，北方侵略成性的民族部落只是进行小型与暂时的骚扰，成不了气候。这种环境促进“中国文明圈”继续向前发展，使得中国和“民族主义”断交，热情拥抱“文明”。

中国热情拥抱“文明”，并不是为文明而文明，而是接受天时与地利，把长江与黄河那滋养生命的水用来帮助居住在两河流域的人民发展农业与畜牧业。前面说“文明”是中国的灵魂，实际上是说中国人民爱好生活，致力于经济繁荣而丰富生活享受。中国人民的本性是“安土重迁”与“安居乐业”。发家致富是中国的灵魂，歌舞升平也是中国的灵魂。

还要看到，“民族国”的发展道路往往和一种宗教意识形态结合起来，但是在“中国文明圈”内却没有宗教意识形态的发展。中国最早的诗歌大概是《击壤歌》(据说是“尧”的时代人们唱的)：

> 日出而作，日入而息
> 凿井而饮，耕田而食。
> 帝力于我何有哉！

这最后一句“帝力于我何有哉”就是说“我不靠神力帮助”，是古代中国文明积极发展农业因而发展出“自力更生”的思维。孔子说“未知生焉知死”(《论语·先进》)，又说“敬鬼神而远之”(《论语·雍也》)，说明他是个无神论者。国外有人想把孔子的学说说成“孔教”(Confucianism)而和宗教混为一谈(亨廷顿的“文明冲突论”就是一例)，这显然是用“民族国”的思维来探讨中国“文明道路”的发展，那是徒劳无功的。

前面已经提到，现在再强调一下：在这个“中国文明圈”内没有一个主宰的核心民族。现在所谓“炎黄子孙”(奉“炎帝”与“黄帝”为共同祖先)的概念是很抽象的。第一，“炎帝”和“黄帝”都是传说，他们出自何地现在还没有弄清楚，还找不到考古证据。前面已经谈到“炎帝”，现在有两个“炎帝陵”，一个在湖南，一个在陕西，使人有真真假假的感觉。黄帝陵虽然只有一个，但“黄帝”是怎么回事同样弄不清楚。第二，即使根据传说，“炎帝”和“黄帝”是两个不同部落之主，是死敌，不可能变成一个“民族”。第三，“炎帝”是长江流域的传说，“黄帝”是黄河流域的传说。之所以有“炎黄子孙”恰恰说明这是一个文明概念而不是民族概念。无论如何，现在全世界的“炎黄子孙”都是和“民族国”风马牛不相及的“中国文明圈”祖先的后代，是“文明”而不是“民族”的亲属关系把他们团结到一起了。

中国是在长江黄河划出的“地理共同体”的轮廓内发展出“中国文明圈”，所以有“圈”的思维。这个共同体的“圈”有它一定的界限。这个“圈”把中国的“天下”圈起来，形成一个温馨的、享有天伦之乐的大家庭。这就使我们想到了“太极”（它是一种中印合璧文化），想到了“太极图”（☯）。这“太极图”中象征“阴”与“阳”的一白一黑、互相拥抱的两条鱼（被称为“阴阳鱼”）正是“中国文明圈”内“文明道路”发展的写照。第一，它说明中国文明发展不向外横向扩张，不同于“民族国”世界的发展。第二，它所描绘的“中国文明圈”不是一个“太阳系”，没有行星围着太阳转的格局，也不同于“民族国”世界的发展。我们这样认识了“中国文明圈”的特征，再到下面几章讨论从秦汉到现代的中国发展就容易读懂了。

总而言之，中国文明发展的特点是：从长江黄河创造的“地理共同体”中孕育出一个没有“民族国”发展旋律的“文明共同体”。这个“文明共同体”从一开始就具有“经济共同体”与“社会共同体”的性质。到了春秋战国时代，这个中国“文明共同体”又具备了“政治共同体”的条件，为秦汉大一统的局面打下了基础。这一切发展都超越了“民族国”发展旋律。这就要求我们抛弃“民族国”的透镜而拿起“文明道路”的透镜来读懂中国历史，把中国的故事讲好！

第二章
秦汉时期：第一版大一统中国命运共同体

自古以来，辽阔广大的中国“地理共同体”内的文明发展好像是天南地北闪烁的许多星星之火。上一章谈到中国最早的直立人“巫山猿人”，在“中国”标志没有确定前的日神崇拜的三星堆文明，以及到黄河中下游及其他地区治水的大禹都出自接近长江、黄河发源地的四川。但是，大圣人孔子却出生于黄河入海的“鲁”（山东）而且心怀“齐一变至于鲁，鲁一变至于道”的理想。从这一角度来看，黄河、长江两头的能动力突出，所谓的中原却相对平静。到了公元前3世纪，又是从接近黄河发源地的甘肃、陕西一带出现了把中国“文明共同体”打造成大一统政体的强大动力——秦国。从长江黄河创造的地理环境中发展出来的“立人之道”就是避免“民族国”道路而走上“文明大道”。

中国从公元前221年开始形成大一统的局面，比罗马帝国早了200多年，是当时世界上最强大的政治集体。如果循着世界“民族国”的发展道路走去，就会不断地向外扩张，征服别国，最终把崛起—鼎盛—衰退的三部曲演奏完毕。可是中国并没有这么做。我们更进一步来看，秦朝一统天下以来的两千两百多年中，中国本土统治具有向外侵略扩张实力的强大局面只有秦（15年）、汉（422年，减除末期“三国”分裂20年）、隋（38年）、唐（288年）四个朝代，总共743年。明朝（268年）的军事力量要在当时的世界称霸是有困难的，宋朝自身难保，只有前期168年没丧失领土。其余的1000年，中国不是完全受到外来民族统治，就是退守长江以南，华北变成非中国本土政府治理的领土。这部历史明显说明，从客观上看，中国并不具备登上“民族国”世界舞台演奏崛起—鼎盛—衰退三部曲的条件。

公元前4世纪下半叶，希腊大哲学家亚里士多德的弟子亚历山大王（公元前356—前323）成为有史以来最有名的“征服者”，开创了人类历史穷兵黩武、逞强称霸的“民族国”发展道路。亚历山大的榜样鼓舞了两千余年来西方的千千万万个野心家，从公元开始到4世纪末的罗马帝国把整个欧洲引导到“战争大陆”与地球“火药库”，一直到21世纪欧洲联盟巩固起来才赢得“和平欧洲”的称号。西半球从亚历山大到欧盟的两千余年中，在欧亚大陆两端相互对称的“泰西”欧洲与“远东”中国背道而驰，中国走出了西方世界难以读懂（连中国人自己也模糊）的十分特殊的“文明道路”。我称这条中国道路为“文明道路”主要因为它与战争、侵略、征服、兼并的穷兵黩武、逞强称霸的“民族国”道路背道而驰，并不是说它从来不用武力、没有战争。更应该看到，中国不是孤岛，而是地球的有机组成部分。在“民族国”发展道路占有统治地位的地球上，中国这条“文明道路”每时每刻都受到“民族国”发展道路的挑战与制约，险象环生。

一、秦朝是中国文明发展的里程碑

前面提到的全世界最出名的征服者亚历山大，他的名字被世界各国许许多多的普通人采用，两千多年来人们一直称他为“伟大的亚历山大”。希腊民间有个流传了千年以上的传说。船在海上如果遇到风暴，就会有美人鱼出现问船上的人说：“亚历山大王还活着吗？”如果回答是“亚历山大王还活着，很健康，统治世界”，就会立刻风平浪静。如果不是这样回答，美人鱼就会弄翻船，让船和船上的人都沉到海底。

统一中国的秦始皇的战绩可以与亚历山大王相比，政绩则大大超过，却没有人称他为“伟大的秦始皇”，更没有美人鱼关心“秦始皇还活着吗”。秦始皇灭六国的规模虽大，人们只把它当作“中国文明圈”内的政治调整。这是对中国文明发展认识不足。中国发展的三部曲是先有“地理共同体”，然后形成“文明共同体”，再更进一步创造出一个大一统的社会、政治、经济、文化的“命运共同体”。这最后的也是最高的阶段是五千年中国文明发展的最大亮点。

秦国的突然兴起而统一中国

秦国起初只是周朝松散的联盟中一个不起眼的国家，不在中原而在西陲（如今的甘肃陕西一带）。“秦”并不是民族标志，秦始皇灭掉的六国（韩、赵、魏、楚、燕、齐）都不是民族的标志。关于秦国的民族来源，学者们也有不同意见，一般认为秦人是“东夷”的后裔。可是现代历史学家蒙文通（1894—1968）曾经研究过秦国的民族来源，认为秦人有可能是羌人的后裔，这就和本书第一章讨论到的大禹属于羌族的事实相呼应。我们从陕西“兵马俑”发掘出的泥塑人像来看，脸形与发型多种多样，说明秦始皇的军队是由多种不同人种组成的，它不是哪个“民族国”的武装力量。

在周朝的松散联盟中，秦国原来是落后、弱小的，它的兴起是三位人物的功绩：秦穆公（？—公元前621）、秦孝公（公元前381—前338）与商鞅（公元前390—前338）。秦穆公嬴任好被认为是春秋时期五位声名赫赫的地方统治者（被称为“春秋五伯”或者“春秋五霸”）之一。“春秋五霸”按出现先后顺序依次是：齐桓公姜小白（公元前

685—前643年统治齐国）、宋襄公子兹甫（公元前650—前637年统治宋国）、晋文公姬重耳（公元前636—前628年统治晋国）、楚庄王芈旅（公元前613—前591年统治楚国）及秦穆公嬴任好（公元前659—前621年统治秦国）。秦孝公嬴渠梁（公元前361—前338年统治秦国）是在四位庸碌的统治者以后把秦国振兴的秦王，他在公元前361年即位后颁布的著名的《求贤令》中说："宾客群臣有能出奇计强秦者，吾且尊官，与之分土。"

商鞅（又名公孙鞅）（公元前390—前338）就是响应秦孝公的《求贤令》，从卫国去秦国帮助"强秦"的政治家，他受到秦孝公重用，制定了一套法律制度，史称"商鞅变法"。他本着"民弱国强，民强国弱"（"民"指的是民间社会、特别是上层社会）的思维制定法令又严格执行法令，制止了贵族无法无天的现象，加强了国家的统治效力。很多人把商鞅当作"法家"的先锋人物。他推行"重农抑商"的政策，鼓励男耕女织。有了商鞅，秦国一跃而为实力充足的强国。如果我们不看具体人物而把秦国突然兴起统一中国看成中国文明发展的必然规律，那"商鞅变法"就像是先在秦国试点，然后推广到两条大河划出轮廓的"天下"。那就说明，孔子的"齐一变至于鲁，鲁一变至于道"只是空中楼阁，秦国的兴起与秦始皇一统中国则是在现实中的具体形成，是照着孔子指出的方向前进的。

公元前259年出生的嬴政，13岁当上秦国国王，39岁做了全中国的"皇帝"，是世界上第一位用天神（中国过去的"三皇五帝"）的名字自封的君主。人说他自称"始皇帝"是想子孙万代永远继承他的尊位与大业，结果他儿子"二世"在位三年就被推翻了。可是历史证明他是"始皇帝"没错。他不但是中国，而且是世界的"始皇帝"，他为中国文明史翻开了新页。

秦始皇是中国大一统的始祖，使中国政治形势天翻地覆，也背了骂名。新中国初期民主人士批评中国共产党像秦始皇，毛泽东主席幽默地说，共产党超过秦始皇一百倍。中国共产党建立中华人民共和国，也使得中国政治形势天翻地覆。从中国文明的整个发展来看，秦始皇建立的大一统中国和共产党人建立的中华人民共和国是两大历史转折点。

我在上一章说到从秦朝开始，中国就避开以“齐”为代表的“民族国”式发展道路转向以“鲁”为代表的文明发展道路。我们知道，秦朝是在战争与征服中建立的，建立以后仍然征战不已，似乎与以“齐”为代表的“民族国”式发展道路没有区别。但是，这只是表面现象，秦朝为中国创造出大一统的局面是中国政治一大革命。再有，“秦汉”两朝很难分割，汉朝在秦朝创造的中国模式上加以改善。所以，我们谈中国“齐一变至于鲁”的进程，不能把秦朝撇开。秦汉应该是同一阶段，就像隋唐是同一阶段一样。

中国大一统意义非凡

有必要强调“千古一帝”秦始皇创建大一统的中国立下丰功伟绩。中国大一统的重要意义可以归纳为三点。

第一点，经过了千万年中国这个“地理共同体”才慢慢成为“文明共同体”，秦始皇在短短的几十年内又把“文明共同体”进一步发展为社会、政治、经济、文化的“命运共同体”，这是一个飞跃的进步。人们在“中国文明圈”内推行“立天之道”“立地之道”与“立人之道”。秦始皇创始的大一统“中国”象征着“立人之道”的大力运作。他建立了一个“书同文”（统一的文字）、“车同轨”（统一的交通运输环境）、“行同伦”（统一的伦理道德和行为规范）的整体。上一章我讨论孔子时也认为他是在“天造地设”的“立天之道”与“立地之道”的基础上加上“立人之道”。我更把孔子“修身”“齐家”“治国”“平天下”的理论诠释为建设“命运共同体”的教导。这样看来，秦始皇和孔子是从不同方面对中国文明建设的大业做出贡献，我们从“文明道路”的角度来看，秦始皇和孔子是相辅相成的。

先秦时期的土地所有权是“王有”，秦朝改为“国有”。这一看起来很简单的改革象征着一种观念的进化。《大学》的“修身—齐家—治国—平天下”的进程在春秋战国期间是诸“王”统治而“王”家族世袭，可谓停留在“齐家—治国”阶段。秦始皇改“王有”为“国有”，他统一中国又把先秦时期抽象的“天下”变成他的统治领域，可谓进到了“治国—平天下”的阶段。在先秦时期，“天命”是很抽象的。相传，秦始皇造传国玉玺，玺上刻着“受命于天，既寿永昌”，这就意味着自己把“天命”扼在掌中。

图四　网上流传的传国玉玺

玉玺上刻的是秦始皇的丞相李斯写的“受命于天，既寿永昌”八个篆字，秦灭后的中国君主都争夺这传国玺，结果失传，但这印章的图形却留在史册中，把秦始皇“受命于天”的观念承传下来。我们在上一章曾经用甲骨文的“天”字图形（）与“立”字图形（）来探讨而得出中国的“天下”不仅是“人在天下”，也是“人为天下”，中国文明不仅是“自在的文明”，也是“自为的文明”的结论。秦始皇的传国玺为这一结论增添了证据。也就是说：秦始皇创建大一统的中国的丰功伟绩形象地展现了中国的“自为的文明”，说明大一统的中国走着“文明道路”。

第二点，秦始皇打破了春秋战国时期据守中原的局限性。他灭了楚国以后，更进一步把长江流域大片地区纳入中国版图，更于公元前218年派兵征服岭南（现在的广东、广西一带）。在战争中，由于军队粮草供应遇到困难，就于公元前217年派一位名字叫“禄”的监御史（人称“史禄”）在现在广西桂林市兴安县境内开凿沟通湘江和漓江的灵渠水利工程，把两广的珠江变成长江的支流，把长江流域伸延到广西、广东。这是世界上最早的运河，现在成为全国重点文物保护单位与旅游景点。公元前214—前213年，秦始皇派兵北伐打击长期侵扰中国北部的匈奴，然后修筑长城，目的是阻止匈奴的轻骑随时随地任意侵扰从内蒙古到甘肃的华北地带。秦国发迹在西北，离中原较远，秦始皇定都咸阳（今陕西省内），又把中原的大户迁徙到首都附近。汉朝仿效秦朝榜样，在陕西开发新城市长安（今西安）为国都，把中国政治中心移到西部。秦始皇也把统治延伸到四川。很显然，从秦始皇开创的秦汉征战与领土扩张并不是“民族国”道路那种称霸世界的恶性膨胀，而是按照长江黄河在地球上划出的轮廓把“中国文明圈”（或者说中国“文明共同体”）充实、巩固、壮大起来。

第三点，既然我们的世界被“民族国”发展道路统治，在强凌弱、众暴寡、大鱼吃小鱼的国际关系主旋律中振荡，中国越统一、越庞大就越占优势。反之，中国就有可能变成可怜的弱者而被淘汰。只要中国不走上扩张、征服、吞并的歧途，别人要想把庞大的中国消灭是做不到的。这就是说，中国是因为有了大一统的先决条件才能有两千余年从未中断的发展历史。

我们从上一章开始不断强调的“天造地设”（长江黄河划出中国轮廓），以及“立天”“立地”“立人”之道是先秦时期几千年积累起来的智慧，可谓万事俱备，只欠东风。最后有了秦始皇把“天下”变成大一统的中国才有了东风而大功告成。秦始皇功不可没。

秦始皇统一中国后，庞大的版图属于一个中央集权的家族统治。

现在一般论者都把这一政体称为“帝国”。他们却没有注意到：这个“帝国”和世界上其他帝国，比方说，罗马帝国、俄罗斯帝国、大英帝国等，有本质上的差异。主要的差异在于罗马、俄罗斯、大英帝国等都是“国中有国”，都是以一个统治民族统治其他附属民族国在一个政体中发展。这样的政体是划分成高低层次的复合体，有“中心/宗主”（centre/metropole）与“边缘”（periphery）两个世界。民族压迫与民族矛盾成为这种“民族国”帝国的主旋律。中国从秦始皇开始的帝国不是“国中有国”，不是以一个民族统治其他附属民族国在一个政体中发展。中国的帝国政体不是高低层次的复合体，没有“中心/宗主”与“边缘”的两个世界，更没有民族压迫与民族矛盾。

前面谈到公元前217年秦始皇的军队凿通湘江和漓江，把珠江变成长江的支流，这象征着秦始皇不但把长江黄河“天造地设”划出中国轮廓的意图变成现实，而且把这个轮廓扩大到中国南边的海岸线。这样一来，本来这个轮廓只在山东与江苏两省与海岸线接轨的，秦始皇时代又让它在广西与广东两省与海岸线接轨，中国东南边浙江与福建两省的海岸线就自然而然地归队，使得长江黄河划出的中国轮廓伸延到太平洋西岸。公元前两百多年的时代觉醒了的“民族国”不多，中国就安安稳稳地成为太平洋西岸的最大国家，单独享有世界十大河流的两条（其实是世界五大河流的两条），这是非常重要的地理优势。中国本着“喜马拉雅圈”与“中国文明圈”的“天命”而把两条大河抱到自己怀里而且能够得到全世界的谅解与承认，这是很不平凡的。中国应该谢天谢地、谢谢世界人类，也谢谢秦始皇——这一不平凡的现象是他的功德。

秦始皇建立了中国的社会、政治、经济、文化的共同体以后，地球上有了一个自为的、走“文明道路”的“天下”式大国。这个大国的独特之处是它只在长江黄河流域创造的“地理共同体”内纵向发展而不搞“民族国”的到国境外横向扩张领土。它和周边邻国有时也有冲突与战争（主要由于邻国挑衅而发生），但基本上和平共处。我们在以后的探讨中可以看到一个明显的现象，那就是邻国打进中国的时候多于中国打进邻国。本章前面也提到，中国这个“命运共同体”具有自知之明，由于缺乏向外扩张的动力与能力而不走“民族国”的征服道路。两千两百多年来，这个大一统的中国从来没有在世界舞台上演奏过崛起—鼎盛—衰亡三部曲。

秦始皇是“暴君”吗？

秦始皇活着时是人间最高权威，他一死人们就不听他的话了。他的手下（丞相李斯和赵高等人）销毁了他要公子扶苏赶回首都料理后事的遗诏而伪造传位给他最小的儿子胡亥的诏书。最可怜的是，由于要隐瞒噩耗，在沙丘平台（今河北省邢台市广宗县）驾崩后心脏停止跳动的秦始皇仍然穿戴整齐地坐在御车上在酷热天从河北日夜兼程赶回陕西，等他的躯体躺下安息时，全身都已腐败，臭气熏天。他是不应该有这样的下场的。凡是伟人都有一部难念的经，秦始皇也避免不了俗话所说的“金无足赤，人无完人”。以上我强调秦始皇的丰功伟绩，不等于原谅他所犯的错误。

中国史书上流传的秦始皇最严重的错误就是“焚书”与“坑儒”。“焚书”发生于公元前213年，烧掉的主要是“儒家”的经典。不但烧掉那些经典，还颁布了“挟书令”，禁止民间收藏经典。这“挟书令”在汉高祖时仍然存在，后来被汉惠帝废除。汉文帝时，一些老年学者把古经典背诵出来，用新通用的文字（小篆与隶书）写下来，成为“今文经”。后来，在拆除古老房屋时发现一批躲过了秦始皇“焚书”劫难的春秋战国时代文字的经典，叫作“古文经”。这样才把孔孟等圣者的经典恢复起来。在这次“焚书”劫难中肯定丧失了许多文明遗产，却没有人调查过详情。

“坑儒”发生于公元前212年，史称“犯禁者四百六十余人”被活埋。关于这件事，从来就有争议，有人怀疑是否属实。对被埋的受害者也有不同说法（一说坑的是曾用仙药、仙术骗过秦始皇的“术士”，一说受害者是“皆诵法孔子”的儒生）。不管真相如何，“坑儒”是残忍的处分，成为中国文明史上的一大污点。

秦始皇是不是暴君？很难用简单的“是”或“非”来回答，应该从宏观整体的角度联系到时代的政治背景来看。让我们从四个方面来探讨。

第一，中国第一个伟大的史学家司马迁在《史记·秦始皇本纪》中对秦始皇的评论是：“秦王怀贪鄙之心，行自奋之智，不信功臣，不亲士民，废王道，立私权，禁文书而酷刑法，先诈力而后仁义，以暴虐为天下始。”他在《史记·李斯列传》中说：“明法度，定律令，皆以始皇起。”这两段自相矛盾的话说出了辩证的观点。唐朝柳宗元写的《封建论》文章说：“秦有天下，裂都会而为之郡邑，废侯卫而为之守宰，据天下之雄图，都六合之上游，摄制四海，运于掌握之内，此其所以为得也。不数载而天下大坏，其有由矣：亟役万人，暴其威刑，竭其货贿，负锄梃谪戍之徒，圜视而合从，大呼而成群，时则有叛人而无叛吏，人怨于下而吏畏于上，天下相合，杀守劫令而并起。咎在人怨，非郡邑之制失也。”这也是对秦始皇的辩证的评价。我们从整体的观念来看可以同时说秦始皇的事迹“了不起”，秦始皇的某些做法“要不得”。

第二，秦始皇统治时要对付六国君主后代雇用的刺客，其危险是空前绝后的。秦始皇的所作所为是天翻地覆的事业，损害及毁灭了传统的既得利益，是一场你死我活的斗争，暴力是不可避免的。秦始皇统治使用暴力和他所面临的尖锐政治斗争相互作用。物理的基本规律是：高压力越大，反弹力也越大。秦始皇统治的一大特点就是罪犯多，监狱爆满。汉朝创始人汉高祖刘邦，原来就是秦始皇管治安的地方小吏，因为押解囚犯时失职交不了差，就索性把囚犯放了自己投奔反秦的起义军。还有书生程邈（公元前3世纪），因为得罪了秦始皇而入狱，在狱中看见小吏们使用李斯创造的图画一样的小篆很辛苦，就创造出既容易写又容易认的隶书，它正是秦始皇提高政府工作效率所迫切需要的。秦始皇不但采纳了隶书，还把程邈请出监狱封他为管理狱吏的御史。这一插曲本身就说明秦始皇是个好君主而不是暴君。

第三，秦始皇一死就天下大乱，这一方面说明秦始皇有非凡的统治能力，另一方面也说明他推行的高压政策是绝路。汉朝承继了秦朝大一统建设的结构与体制以后，又接受了秦朝的失败教训而松弛各项压迫人民的措施，这样才把中国大一统的局面稳定起来，巩固起来。汉朝这样一做就更显得秦朝统治暴虐。这也是历史上形成秦始皇“暴君”形象的客观原因。这是中国文明发展自我更新的现象。汉朝是继承者，有鉴于前人的经验与教训而变得聪明，秦朝是创始者，只能用自己的成功与错误为后人开路。

第四，秦始皇为政凡事先交群臣议论献策，然后自己选择决定，刚毅果断。那时有书没纸，字写在或者刻在竹片或木片上，拿绳子串起来（甲骨文的“册”字  就是它的图案），叫作“竹书”。秦始皇办公桌上的文件就是这种竹书。秦始皇勤勉执政，每天不看完一“石”（约60千克）文件不休息。虽然秦始皇的所作所为是出自他个人的意愿（硬要说是代表某一利益集团也可以）而不是从广大人民群众的利益出发，但是他的所作所为恰巧是把中国文明推进一大步的宏伟事业。

从辩证的观点来看，可以说，中国历史上所有的帝王都有凶残的一面，都是“暴君”。评论界把秦始皇突出地看成“暴君”而有别于其他皇帝，那就肯定了秦始皇残暴的程度超过一般中国帝王。可是，除了刚才谈到的“坑儒”事件，并没有足够的证据说明秦始皇特别残暴。秦始皇独裁，那是毫无疑问的。但是中国所有的帝王都是独裁者也是毫无疑问的。不过，秦始皇独断独行的建树及他的独裁对中国发展的贡献比一般帝王要多得多。客观地说，秦始皇这种敢做敢为、一步一个脚印的独裁者比那些庸庸碌碌而没有建树、对中国发展贡献不大的独裁者要好得多，应该得到史评家多一份赞赏，而不是多一份责难。亲爱的读者们，你们赞成吗？

二、汉朝坚定走上“文明道路”

中国走出黄河流域的小圈子而把长江流域纳入版图，秦始皇功不可没。继承秦朝的汉朝首先在长江流域发迹。“楚虽三户，亡秦必楚”，这是司马迁在《史记·项羽本纪》中的评语，等于赞扬把秦朝推翻的楚霸王项羽（公元前232—前202）。接着是同属于长江流域汉中的刘邦（公元前256—前195）打败了项羽而建立汉朝。这是中国历史上最长久的大一统朝代（公元前202—公元220），共有29位皇帝。讨论汉朝可以帮助我们纠正一些由历史产生的误解而更深刻地认识中国文明。

上一章已经谈到，中国历代不用“中国”而用本朝的名字为标志。秦朝自称“秦”，外国称中国为“秦”，中国人在国外被称为“秦人”；到了汉朝，中国的招牌改成“汉”，“汉人”的名称先从国外开始，后来中国人自己也称“汉人”，特别是五胡十六国时代大批胡人来到华北，“汉人”与“胡人”的界限鲜明。汉朝不但创造出“汉人”，也创造出“汉文”“汉字”“汉语/话”等观念，汉朝以后一直至今没有改变。

大概从孙中山开始，“汉种”与“汉民族”的概念普遍起来，其实是不科学的。古代中国从来没有什么以“汉”为名的种族，更不必说民族了！按照最粗浅的常识，民族的标志应该追溯到具有原始亲属关系（一般以一个地理名称、图腾名称或其他突出事物为标志）的一个小群体，是从这样一个小群体而发展成民族的。很可能中国历史发展根本没有这样的名叫“汉”的小群体，即使有过也早就被历史忘记了。

中国地理名字突出“汉”的只有汉江，这是许多部落与群体发迹的地带，从来没有形成过以“汉”为名的群体。再有，中国人从大禹时代开始就逐渐把原始民族的标志与差异消除而融合于“中国文明圈”内，到了汉朝，文明标志融化民族标志的特征更加明显，“汉民族”是根本不存在的。我们经常说什么“汉族”可能是受到孙中山的“民族主义”及推翻清朝以后提出的汉满蒙回藏“五族共和”的误导。

我们从现代社会政治生活来看，没有“汉人”的名目比有“汉人”的名目好，对增进中国命运共同体的团结有利。现在西藏在国外搞独立运动的宣传是：“汉人”来到西藏开发资源，把西藏人的自然财富“抢走了”。事实上，60多年来中国政府和全国人民支援西藏，把一个非常贫穷落后的西藏地区改造成有现代公路、铁路、航空交通运输以及有现代工商业的繁荣的乐土。是“民族国”的思维搞出“汉人”“藏人”等名目，把是非颠倒得太厉害了！我们应该把“汉种”与“汉民族”的观念看成妨碍中国内部团结的祸种。其实现代的藏族是古代羌族的后裔。大禹属于古代的羌族，今天的中国人（包括所谓的“汉人”）都是大禹开创的文明的继承者。如果我们用“民族国”的词汇来说，中国历史上最早的统治者是“藏人”的祖先羌人大禹，现在的“汉人”是“藏人”的祖先羌人大禹的文明继承者，那就是“汉藏一家”了！

顺便纠正人们的另外一个错觉。有人讨论秦始皇时说，秦朝名扬中外，印度古人以“秦”命名中国，梵文作“Cina”，是现代国际名称“China”的起源。这种说法的后半部是对的，但古印度的“Cina”（读若“锦”）不是因为秦朝。我在许多著述中经常提到：孔雀王朝宰相考底利耶（Kautilya）或名昌纳琪亚（Chanakya）（公元前350—前275）著“Arthashastra”（一般译为《政事论》，季羡林译为《治国安邦术》），书中有一句季羡林经常引用却没有准确地翻译出来的话：“*Kauseyam cinapattasca cinabhumijah*。”这句话中有三个字：“*Kauseya*/中国蚕茧”

（这是季羡林不理解的、我的研究发现），“*cinapatta*/丝绸”，“*cinabhumi*/中国”。它的准确翻译是：“中国蚕茧和中国布（丝绸）都是从中国来的。”这是全球文献上第一次出现称呼“中国”的“*cina*”这个字，是现在国际名词“China”的前身。我们再从这句话中看出，古代印度人发明这个“Cina”的国名来确定蚕茧与丝绸的来处，实际上是“丝绸之国”的意思。考底利耶/昌纳琪亚比秦始皇早一个多世纪，他首创的“Cina”的国名怎么会是秦朝呢？

文景之治

汉高祖刘邦（公元前206—前195年在位，前4年他是“汉王”，以后7年为汉高祖）的儿子汉文帝刘恒（公元前203—前157）是汉朝第五个君王，他经过一番折腾才登上天子宝座。公元前195年汉高祖死后发生“吕后专政”，吕后临终时王位有跳出刘邦家族的危险，朝臣把刘恒请出来当皇帝——他就是汉文帝（公元前180—前157年在位）。汉文帝刘恒进入长安皇宫以后力求简朴，依照他的诏令，他死后所有没怀身孕的宫女都释放出宫自由生活，终身免税。他的儿子与接班人汉景帝也仿效，开了中国皇帝释放宫女的先例，后世有梁武帝、唐太宗等君主效法。汉文帝在位23年穿戴粗糙黑色丝绸皇服，从不添置车骑等御用品，禁止郡国贡献奇珍异宝。国库储存的钱币多年无人动用。他是中国历史上罕有的俭朴皇帝。

汉文帝的继承者汉景帝刘启（公元前188—前141）在位（公元前157—前141）时间不长，他继续发扬父皇的俭朴精神与爱民政策。班固在《汉书·本纪·景帝纪》中说：“汉兴，扫除烦苛，与民休息。至于孝文（汉文帝），加之以恭俭，孝景（汉景帝）遵业，五六十载之间，至于移风易俗，黎民醇厚。周云成、康，汉言文、景，美矣！”汉文帝和汉景帝统治（公元前179—前141）的41年，史称“文景之治”，可谓中国文明最温柔、最爱民的文明统治。

事实上，汉朝一开始在汉高祖与吕后当权时期就推行休养生息的政策，很有点像当今西方政治提倡的“小政府、大社会”作风。“文景之治”使得休养生息达到高潮。

受汉文帝重用的贾谊（公元前200—前168）写的《过秦论》可以说是“文景之治”的理论著作。文章说：“君子为国，观之上古，验之当世，参之人事，察盛衰之理，审权势之宜，去就有序，变化因时，故旷日长久而社稷安矣。”文章总结了秦朝的教训说：“繁刑严诛，吏治刻深；赏罚不当，赋敛无度。天下多事，吏不能纪；百姓困穷，而主不收恤。然后奸伪并起，而上下相遁；蒙罪者众，刑戮相望于道，而天下苦之。自群卿以下至于众庶，人怀自危之心，亲处穷苦之实，咸不安其位，故易动也。”

文章又说：“建国立君以礼天下；虚囹圄而免刑戮，去收孥污秽之罪，使各反其乡里；发仓廪，散财币，以振孤独穷困之士；轻赋少事，以佐百姓之急；约法省刑，以持其后，使天下之人皆得自新，更节修行，各慎其身；塞万民之望，而以盛德与天下，天下息矣。即四海之内皆欢然各自安乐其处，唯恐有变。”

贾谊《过秦论》强调了“牧民之道，务在安之而已矣”，指出“安民可与为义”，“危民易与为非”。就是说，人民要有“安”的感觉才能与君王合作推行文明之治；如果人民有“危”的感觉就会抗拒政府，为非作歹。可以说，“文景之治”是一种“安民”政治。这也反映出从汉高祖到汉景帝的70年间，大一统中国自上至下都有厌倦动乱的情调，由汉文帝启动与汉景帝后续的新政可谓实行老子的“无为而治”，有三大内容：第一是减轻赋税，第二是放松法律处分，第三是减少政府对经济的控制。汉文帝于公元前178年与公元前168年两度减轻田租（从1/15降到1/30），公元前167年还全免田租。他推行“丁男三年而一事”（成年男子每三年服一次徭役），是中国帝王时代最轻的徭役。他禁止“肉刑”（伤害罪犯身体的各种刑法），允许民间铸铜币，允许民间制盐、开矿、渔猎。

谈到“文景之治”不能忘记汉文帝统治的一个实情。中国自古以来的统治者都会花钱。秦汉开始使用铜币，一千个铜钱用绳子串起来成为一吊钱。汉文帝的国库就存放着大量这样的吊钱。汉文帝节省开支，不动用国库，国库因为严密封锁不透气，且许多年没有打开，串钱的绳子都烂了，铜钱仍然原封不动。政府节省开支到了这种程度真是历史佳话。“文景之治”真是中国发展走“文明道路”的一个好榜样，后世好的皇帝统治都效法它。

汉朝一开始就鼓励农业发展，“文景之治”的一大亮点就是“重农”与“亲农”。汉文帝劝农诏书说出的“农，天下之本也，民所恃以生也”“食者民之本，民者国之本”等已经名扬中外。汉文帝宣布自己“亲农”（亲自参加农业劳动），皇后“亲桑”（亲自参加蚕桑劳动）。他所开始的皇帝在宫中象征性犁田、收获一直传到清朝（皇帝到北京先农坛参加农耕与收获仪式）。

讨论“文景之治”的“重农”与“亲农”不能不指出世界研究中国经常涉及的所谓“重农抑商”课题。在已故美国耶鲁大学著名中国专家芮玛丽（Mary C.Wright）教授的引领下[①]，西方学者把汉文帝提倡的中国文明的杰出治国理论歪曲为中国传统落后于西方的一大根源。在这一点上，中国很多学者也认识不清。

“重农抑商”是中国史册上的形容，不是芮玛丽或任何西方学者捏造的。但是西方学者只从字面上来理解，好像中国“重农”就必然压抑商业的发展，形成了西方“重商主义”（mercantilism）的反面。芮玛丽和附和她的学者并没有深刻地研究汉文帝“重农”的政策，而是引了中国“士农工商”的传统来证明商人在中国古代社会是最受歧视

① 参看芮玛丽的名著《中国保守主义的最后抵抗同治中兴》（*The Last Stand of Chinese Conservatism: The T'ung-Chih Restoration, 1862-1874*），1957年美国斯坦福大学出版社（Stanford University Press）出版。

的。其实根本不是这回事。“士农工商”只是反映中国过去上层社会的泛泛的论资排辈，并不代表社会阶层的高低。“士”代表的是做官的以及与官场关系密切的高级知识分子，“农”代表的主要是地主与富农，“工商”只是泛指从事工商业的人们。我们知道，在新中国成立以前的几千年间，中国人最爱好的是地产。凡是做官、做生意有了钱就买地，地主也做官与经商，很多人的身份是“士农商”三位一体。几千年来，中国的“商”从来不是社会的最底层。这是许多西方学者不了解的。

汉文帝与汉景帝都没有讲过“重农抑商”，这是史书评论者想出来的。他们也许看到，“文景之治”的“重农”措施中有政府保护农者（包括地主）免受商人牟利的干扰，也有一些制止商人投机倒把而造成“谷贱伤农”的现象。最近在网上看到一篇文章谈到从春秋战国开始一直到汉初有“商人与国家争利的状况”，它说：

> 有些大商更是资财万贯、富可敌国，例如汉初的富商曹炳氏有巨万资产，师氏有千万财产，刁间也是千万起富，宛孔氏资产数千万等，而商人“以末致财，以本守之”传统观念的影响使得商人在致富之后不是扩大发展商业而是加紧对土地的掠夺、不断兼并农民的土地，使得农民失去土地成为依附于大商人的奴隶等，商人对农民的剥削损害了国家在农民身上的利益，更加剧了社会贫富差距、土地与人口资源紧张的矛盾，严重威胁到国家的长治久安，重农抑商的政策势在必行。①

我因缺乏研究而无法赞同或反对这位作者把当时的中国商人说成能够占有“与国家争利”那样强大的地位。如果真有这种情况，那“文景之治”首创的“重农”政策根本谈不到“抑商”，只不过是对当

---

① 高欢欢：《简论汉代重农抑商政策的出现及意义》，*www.xueshiboke.com/post/253.html*，2015年10月4日查阅。

时的商霸实施一点制约而已。总之，从西方强调中国文明“重农抑商”而保守落后，丧失了发展资本主义的机遇这一课题来看，人们对中国发展的“文明道路”认识非常模糊。我希望借这本书来邀请广大读者纠正这一误解。中国是农业国，农业是中国的经济基础，农民是中国社会的中坚力量（这一点会在本书以后几章逐渐展开），“重农”是中国走文明道路的唯一正确方向，并不牵涉到抑制资本主义发展的课题。

汉武帝的功过

人们谈起中国历史英雄人物，经常以“秦皇汉武”为开端。“秦皇”指秦始皇，“汉武”指汉景帝的儿子与王位继承人汉武帝刘彻（公元前157—前87），在位53年（公元前141—前87）。他的统治可以算是汉朝的鼎盛时期。论者认为“文景之治”休养生息使得国家潜力雄厚，汉武帝才能施展其才略，突出汉武帝的功绩等于承认汉文帝的伟大。

汉武帝在国内巩固了政治机制，发展了经济，加强了文化教育，又着重整理周边关系，竭尽全力打击数百年来严重威胁汉朝安全的匈奴，使匈奴元气大伤。他还征服了朝鲜。李白《战城南》诗有：

> 洗兵条支海上波，放马天山雪中草。
> 万里长征战，三军尽衰老。
> 匈奴以杀戮为耕作，古来唯见白骨黄沙田。
> 秦家筑城避胡处，汉家还有烽火燃。

这几句中谈到“匈奴”，谈到“长城”，谈到“汉家烽火”，还谈到东汉时班超的部下甘英带领中国军队到地中海旁边的“条支”（今伊拉克一带）就是援引汉武帝开始抗击匈奴而使汉朝的军事与外交活动伸延到欧亚大陆西半部的典故。

匈奴是古代东半球的强大游牧民族，剽悍好战，轻骑勇猛，每当实力充足便侵犯中国北部，防不胜防。秦始皇修筑长城，汉朝继续扩建，但阻挡不了匈奴铁骑。公元前200年，匈奴冒顿单于率兵把登基两年的汉高祖围于平城白登（今山西省忻州市宁武县），汉高祖贿赂了匈奴王后才逃脱。以后汉朝就对匈奴“和亲”（送给匈奴王金钱、美女），实行绥靖政策。“文景之治”忍让，仍然避免不了匈奴侵犯，汉文帝曾派李广（公元前119年去世）抗击匈奴得胜，赢得短期和平。汉武帝为了长治久安，放弃绥靖政策，改为主动出击。经过马邑、河南、雁门、朔方、漠南、河西、漠北、浚稽山、酒泉、余吾水、燕然山等战役，消耗了巨大人力、物力、财力，使匈奴元气大伤。最后于公元前36年，汉元帝与西域国家联合把匈奴消灭，前后大战一百年才把北部边疆安定下来。

我在导论中引了美国马里兰大学“中国通”孔华润的“中国中心论”评语，它突出了中国几千年来以傲慢态度和来自北方草原的“蛮夷”打交道。我批评了他对自古以来北方草原“蛮夷”血腥侵略中国视而不见。我希望读者们认识到这一问题的严重性。应该说，在西方列强侵略中国以前，中国生存与发展的最大威胁就是北方草原冒出的铁骑。中国“文明道路”走到宋朝正是黄金时代，却遭到北方草原铁骑的破坏甚至毁灭。如果不是汉武帝两千多年前倾全国之力把匈奴这一外患彻底摧毁，中国是不会有大一统的隋唐宋时期那种繁荣的。反过来说，如果宋朝政府初期有汉武帝那样的远见与魄力，花大力气不让北方草原军事力量发展，中国就不会有过去一千年的厄运。这一点我们以后继续讨论。

汉武帝一方面直接与匈奴作战，另一方面又和西部中亚的民族国联合共同对付匈奴，把匈奴赶到远远的地方去了。中国以为匈奴从此从地球上消失，其实不然。欧洲历史上，有一个原来住在里海的“匈/Hun”族，在公元150年左右进入高加索，公元4世纪在罗马帝国范畴内的东欧建立了一个很大的王国，骁勇的罗马军团也打不败他们。

这是造成罗马帝国灭亡的原因之一。近代法国汉学家德金（Joseph de Guignes）（1721—1800）研究证明：这“匈/Hun”族就是古匈奴的后裔。这样看来，汉武帝为中国发展做了一件大好事，花多少代价也值得。试想匈奴如果没有跑去远地而继续留在中国北部的草原，那中国各个朝代能有安宁吗？！

汉武帝树立孔孟思想为中国指导思想也是中国文明发展史上一件大事。在本书上一章我谈到春秋战国时期诸子百家只是一种思想意识上百花齐放的形容，不是中国文明四分五裂变成甲乙丙丁各家。从各种历史资料来看，汉武帝并不是笃信一家之言的君王，他也从来没有发表过任何可以被解释为“罢黜百家，独尊儒术”的言论。

然而，我们可以看出，从汉武帝开始，孔孟的学说逐渐增加了社会影响力，传统认为造成这一变化的关键人物是董仲舒（公元前179—前104）。公元前134年，他响应汉武帝效法秦孝公的榜样征求全国学者献策而呈上《举贤良对策》受到器重。汉武帝三次召见董仲舒详谈，董仲舒建议的内容被称为“天人三策”。虽其后两次参政而仕途不顺，辞官在家养病，但朝廷经常派人向他请教。他在汉武帝统治期间威望甚高。他的学术著作《春秋繁露》（可能有其他人的参与），是中国文明思想宝库中的重要文献。《春秋繁露》中有《山川颂》，全文如下[1]：

> 山则巃嵸崔嵬，摧嵬嶵巍，久不崩陁，似夫仁人志士。孔子曰：“山川神祇立，宝藏殖，器用资，曲直合，大者可以为宫室台榭，小者可以为舟舆桴楫。大者无不中，小者无不入。持斧则斫，折镰则艾。生人立，禽兽伏，死人入，多其功而不言，是以君子取譬也。”且积土成山，无损也；成其高，无害也；成其大，无亏也。小其上，泰其下，久长安，后世无有去就，俨

① 参见张世亮，钟肇鹏，周桂钿译注：《春秋繁露》，2012年，北京：中华书局，578-582页。

然独处，惟山之意。《诗》云："节彼南山，惟石岩岩，赫赫师尹，民具尔瞻。"此之谓也。

水则源泉混混沄沄，昼夜不竭，既似力者；盈科后行，既似持平者；循微赴下，不遗小间，既似察者；循谿谷不迷或，奏万里而必至，既似知者；障防山之能清净，既似知命者；不清而入，洁清而出，既似善化者；赴千仞之壑，入而不疑，既似勇者；物皆困于火，而水独胜之，既似武者；咸得之而生，失之而死，既似有德者。孔子在川上曰："逝者如斯夫，不舍昼夜。"此之谓也。

这是一篇奇文。表面上看是对"山"与"川"的赞颂，实际上是以山川来谈论中国文明。论者认为他发扬了《论语·雍也》"知者乐水，仁者乐山"的精神来联系中国政治的实际。文中颂"水"的形容绝妙。它说水"似力"（是力的象征），"似持平"（保持平衡），"似知"（有智慧），"似知命"（知天命），"似善化"（改造、自新、进化），"似勇"，"似武"，"似有德"。水能"不清而入，洁清而出"，这就是做人之道（清除性格上的污垢而达到纯洁的心灵）。水是"得之而生，失之而死"，暗示道德是政治的生命。

后人以"天人感应"来形容董仲舒的思维。很明显，董仲舒是受到《老子》"上善若水"（"水善利万物，而不争；处众人之所恶，故几于道。居善地，心善渊，与善仁，言善信，政善治，事善能，动善时。夫唯不争，故无尤。"）的启发，却把"水"的优点说得更实际，更好地与人世结合。读了《山川颂》，更觉得董仲舒不可能提倡"罢黜百家，独尊儒术"；读了《山川颂》，更觉得我在上一章谈到的《易经》"立天""立地""立人"之道到汉武帝时得到董仲舒的发挥，中国文明是循着"文明道路"发展的，虽然汉武帝有穷兵黩武的倾向。

汉武帝到晚年也认错。公元前89年，他颁布《轮台罪己诏》，开中国帝王自我批评的先河。文中透露了他攻打匈奴，打垮了匈奴人的骄横傲慢，他们把马捆绑扔到边城墙下说：“中国佬，我算是马（畜牲）。”（“秦人，我若马。”）文中保持他“匈奴必破，时不可再得也”的自信。文中提到军队战败，“军士死略离散，悲痛常在朕心”。他责备自己说：“是扰劳天下，非所以忧民也。”他要从此改变政策，“当今务在禁苛暴，止擅赋，力本农”，但仍然注意国防安全“修马复令，以补缺，毋乏武备而已”。他的话发自肺腑，不失为英明的皇帝。

毛泽东在《沁园春·雪》词中说“惜秦皇汉武略输文采”，说秦始皇“略输文采”可以，却不能这么说汉武帝。他是历史上公认的诗人。公元前113年，他与群臣到河东郡汾阳县在楼船泛舟汾河饮宴时吟出了《秋风辞》：

秋风起兮白云飞，草木黄落兮雁南归。
兰有秀兮菊有芳，怀佳人兮不能忘。
泛楼船兮济汾河，横中流兮扬素波。
箫鼓鸣兮发棹歌，欢乐极兮哀情多。
少壮几时兮奈老何！

诗中见景生情，以“兰秀”“菊芳”比喻国是繁荣昌盛，以“佳人”赞誉为他效忠立功的群臣，又感触到岁月易逝，好景不长，反映出一位尊严君王浪漫的内心，真是千古佳作。全人类很少有武功赫赫的帝王作出这样的动人诗篇。

“张骞开辟了丝绸之路”是事实吗？

汉武帝在大力攻打匈奴的同时还派出“汉使”既搞外交活动又进行贸易。《汉书·地理志》有关于黄支的描写，证明从汉武帝时期开始就有所谓“汉使”航海到达印度次大陆及非洲。汉武帝派出的“汉使”最著名的是张骞（公元前164—前114），史书上出现“张骞通西域”（也作“汉武帝通西域”）。到网上查汉武帝的事迹，经常可以看到人们说，汉武帝时期，张骞出使西域，开辟了连接欧亚大陆的丝绸之路。当今国内热烈讨论“一带一路”，许多学者不好好研究历史也随声附和。我对这段历史比较熟悉，想乘此机会澄清，免得大家受到误导。

我在上一章谈到“三星堆”考古发现，其中有5000多枚来自印度洋的齿贝，那是古代印度贸易用的货币，5000多枚是很多钱，一定是三星堆向印度半岛输出了贵重物品换来的。我在本章前面又引了公元前4至公元前3世纪印度著名政治家兼外交家考底利耶/昌纳琪亚在《政事论》中的“中国蚕茧和中国布（丝绸）都是中国来的”。我们把这句话和“三星堆”的5000多枚来自印度洋的齿贝结合起来，就可以看到3000至2300年前四川的蚕茧与丝绸已经传到印度恒河流域（考底利耶是印度孔雀王朝宰相，首都在现今比哈尔邦帕特那）。换句话说，四川与印度恒河流域之间已经有了一条“丝绸之路”。公元前后，希腊商人到印度购买中国丝绸，也把考底利耶首创的“丝绸之国”（Cina/Cinabhumi）的概念带回国去了，希腊有了“Seres/丝绸之国”的名称。还要看到，古印度“黄金之国/金地”（Suvarnabhumi）的传说也传到古希腊，著名地理学家托勒密称之为“Aurea Regio”。托勒密在他的名著《地理志》中说，这“黄金之国”（Aurea Regio）在孟加拉与中国之间。古印度耆那教文献上记载从比哈尔乘船沿恒河直下可以抵达“黄金之国/金地”（Suvarnabhumi），孟加拉恰恰在恒河入海之处。印度大文豪泰戈尔熟悉这些传说，用孟加拉语写了诗《我的黄金孟加拉》（*Amar Shonar Bangla*），现在是孟加拉国歌。我们把这些信息串连起来，可以看出古代从四川经云南、缅甸到孟加拉湾西岸的孟加拉再到恒河流域有贸易往来，经济繁荣而产生“黄金之国/金地”的传说，以致今天孟加拉国人天天唱国歌《我的黄金孟加拉》。

张骞在中亚一带活动，并没有走得太远，他派人去“身毒/印度”也没有下文。不过他与上面谈的从四川到恒河流域的繁荣贸易通道也有关系。他第一次回国向汉武帝汇报时说出他在“大夏”（今阿富汗一带）看到“蜀布”（丝绸）。他做了调查，那丝绸是“身毒/印度”商人贩过去的，他又把调查到的“身毒/印度”的位置报告给汉武帝。汉武帝听了，对“身毒/印度”非常感兴趣，就特别派人从中亚，以及四川、云南前往，想与“身毒/印度”直接沟通。当时云南还没有进入汉朝版图，云南统治者不愿看到长安的汉朝廷直接与“身毒/印度”来往，因此汉武帝没能和“身毒/印度”沟通，所谓“汉武帝/张骞通西域”也是徒有虚名。我们严格地遵照历史事实，应该否定“张骞开辟丝绸之路”的说法。张骞向汉武帝报告在“大夏”看到“蜀布”也有点跷蹊，他为什么不说“丝绸”而说“蜀布”呢？是不是他自己没看见，只根据不熟悉丝绸的手下人的报告呢？总而言之，从张骞向汉武帝的报告来看，一条从四川经云南、缅甸、孟加拉、恒河流域到阿富汗的“丝绸之路”已经存在，张骞只是它的见证人而不是它的创始者。

王莽之变与光武中兴

仗了姑姑皇太后王氏的权势，24岁的王莽（公元前45—公元23）于汉成帝统治期间的公元前22年入中枢开始做官，他为人勤勉，能力强，善于应变及玩弄权术，在朝廷人缘好、威望高。公元6年，汉平帝病逝，王莽擅自立刚两岁的刘婴（史称“孺子婴”）为皇太子。王莽的姑姑仍以太皇太后的资格享受权威，命王莽代天子主持朝政，号称“假皇帝”或“摄皇帝”。王莽自称“予”，改年号为“摄政”。公元7年，东郡太守翟义及槐里人赵明、霍鸿起兵反莽，王莽平息叛乱以后就即天子位，改国名为“新”。公元23年天下大乱，起义的农民“绿林军”攻入长安，王莽被杀，“新”朝灭亡。这王莽之变虽昙花一现，但王莽扮演了中国文明发展史上不平凡的推进政治改革兼夺权的角色，也成为中国统治阶层内部促变的动力，开启了中国和平改朝换代的先例。

汉朝历史上这段王莽插曲以政治改革著称。“五四运动”中涌现的既新潮又传统的胡适（1891—1962）是独一无二的为王莽平反的学术权威，他的意见在国内不风行，对西方学术界却有影响。他认为王莽1900多年来在中国史学上被评为“逆臣贼子”而没人出来说句公道话很不公平。我想人们不难同意他的这一观点。但是，自己对“社会主义”并不热忱的胡适夸耀王莽改革中的土地国有、均产与废奴三大政策，说他是“中国第一位社会主义者”，这不能让人信服。主要的原因是：王莽专权，从“假皇帝”到真皇帝期间国家经济情况不妙，天灾人祸层出不穷。英国牛津、剑桥的中国历史家就看到这一现象。王莽在中国历史长河中的“逆臣”形象始终大于“改革家”。

值得一提的倒是汉朝这一王莽插曲写下了中印外交史上没有被人注意的一件大事。《汉书·地理志·黄支》记载中说到王莽与黄支的统治者有交往，应王莽的要求，黄支的统治者送给他一头犀牛（以增加他的威望）。东汉张衡写的《西京赋》，描写长安上林苑中有“修额短项，大日折鼻，诡类殊种”的形容。这“大日折鼻”一定是“大耳折鼻”之误，是描写动物园里“诡类殊种”的热带大象；那“修额短项”当然是描写“诡类殊种”的中国不易看到的额头高、颈项短的犀牛，定是黄支国送给王莽的那头。印度洋边的黄支国要把一头犀牛活生生地运到长安在当时落后的交通运输条件下是不容易的，可见王莽没少对黄支国做外交工作，没少给黄支国好处，可惜史册对此没有详细交代。

关于黄支国的准确地址尚无定论，一般人根据字面发音推测是现今南印度泰米尔邦的Kanjipuram/Kanjivaram。还有人说它在非洲。这些都是不可靠的想象。根据中印交往的历史背景来看，这个黄支国很可能是古代的孟加拉，是古丝绸之路的必经之地，出犀象珍宝。一千多年后，郑和下西洋时特别派了使者访问孟加拉（当时称“榜葛剌”）。榜葛剌国于1414年与1438年两度向明朝赠送“麒麟”（其实是长颈鹿），使人联想起黄支国向王莽赠送犀牛的往事。犀牛与传说想象中的“麒麟”有点相似，长颈鹿却大不相同。既然长颈鹿到了中国也变成“麒麟”，想当时黄支国也是把犀牛当作“麒麟”送给王莽的。这前后的两大赠送更使我们相信黄支国就是古代的孟加拉。

王莽死与“新”朝灭的同时，中国另一位政治家刘秀（公元前5—公元57）出来收拾乱局，振兴汉朝大业，写下中国历史上著名的“光武中兴”。汉光武帝在位33年（25—57），开始4年平定叛乱，重新统一天下。他迁都洛阳，为汉朝掀开东汉的新页，但西汉时的首都长安仍旧是政治、经济、文化中心，和洛阳同称“二京”。刘秀既像汉高祖刘邦那样会把各路反对军马逐一击破，又兼行“文景之治”的休养生息与汉武帝的大兴建设，孔孟之道被进一步发扬。他把田税又减到文景时代的三十税一。他减轻刑罚，把判处徒刑的罪犯改成边境屯田的庶民，又组织军队屯垦。鉴于西汉末外戚专政的弊病，他加强了皇帝执政的机制，纠正了西汉时期“三公”（泛指三位或数位重臣，如汉武帝时的丞相、御史大夫和太尉）权势集中的偏向。“三公”的显赫位置仍然保留，另设由皇帝亲自指挥的“尚书台”与皇帝商议大计，权力下放，重臣架空。他又裁减行政机制，合并郡县，减少开支。西汉时代，农民受高利贷压迫，因还不清债务沦为奴婢，他下诏释放奴婢，禁止虐待奴婢。王莽执政时大量经典遭毁或失散，他下令建设藏书库而使各地书业繁荣。

汉明帝梦金人

汉光武帝刘秀的儿子兼继位人汉明帝刘庄（28—75）执政18年（57—75）政绩一般，但有一件事对中国文明发展至关重要，值得大书特书。这就是他开了中国政府及权贵热烈欢迎印度文明传入的先河，这个故事得从“汉明帝梦金人”说起。

公元65年，汉明帝梦见身高一丈六尺三的金人，颈上有日轮，光芒四射，金色灿烂，在宫殿中飞行。第二天早上，太史傅毅为他解梦说，这是西方的神，名叫“佛”。汉明帝就派蔡愔等到西域去寻访，在中亚找到两位印度佛教高僧迦叶摩腾（或作摄摩腾）（Kasyapa Matenga）及竺法兰（Dharmaraksa/Dharmaratna），把他俩请来洛阳（骑的是白马），汉明帝建了白马寺让他们住下译经（他俩曾经译《二十四章经》，但失传）。这就是中国佛教的开始。

这一史实的特点是：它不见正史，是后代佛教史书记录下来的。西方很多人抓住这一点对这个故事表示怀疑。现代西方佛学史权威、荷兰莱登大学宗教学专家许理和（Erik Zurcher，1928—2008）教授在他的名著《佛教征服中国：佛教在中国中古早期的传播与适应》（*The Buddhist Conquest of China: The Spread and Adaptation of Buddhism*）①中否定了这一故事的真实性。我从20世纪70年代就开始批评许理和这本书。九年前我应邀参加莱登大学一个国际会议，未能见到只比我年长一岁当时还健在的许理和，失去和他交流的机会，感觉非常遗憾。

我批评许理和的书是因为他完全用西方“民族国”的透镜来解释东半球中国和印度两大兄弟文明之间的取长补短、相辅相成的文化交往。西方天主教、基督教以“圣经跟随军旗”（Bible follows the flag）著名，先用武力开创殖民地，然后把宗教文化强加于人。佛教的灵魂是“非暴力/不杀生/ahimsa”，它在世界上的传播是最和平的。许理和以“佛教征服中国”为书名是用反佛教的思维来研究佛教，这怎么能帮助认识中国文明呢？

“汉明帝梦金人”是一个故事。它是一个梦，不能要求它符合现实与理性。这“金人”的名称出自汉武帝征讨匈奴时大将霍去病（公元前140—前117）在公元前121年击溃匈奴单于的大本营、获得匈奴单于的“祭天金人”而献给汉武帝的典故。那“祭天金人”是来自印度的小小

① 此书已有中文译本，参见（荷兰）许理和：《佛教征服中国：佛教在中国中古早期的传播与适应》（李四龙等译），2003年，江苏人民出版社。

铜神像。印度石雕与铜铸神像始自佛教（耆那教与印度教都比较晚）。当时那“祭天金人”是佛像无疑。但那时所谓“金”，是金属的意思，“金人”其实是铜像。印度是富金国，从古以来就有夸金文化，中国是贫金国，中国的夸金文化是随佛教传入的。“汉明帝梦金人”故事中的颈上有日轮，光芒四射，金色灿烂的“金人”绝对不会是没有夸金文化时代的汉明帝的感觉，不是后人的渲染。我在很多书中都引过唐太宗李世民《大唐三藏圣教序》中的“腾汉廷而皎梦”，唐武后武则天的《三藏圣教序》中有“宵通汉梦”，又在《方广大庄严经序》中有“白马东来”。这种种证据肯定“汉明帝梦金人”的故事是有的，还有洛阳白马寺明摆在那里，这段历史是没有任何人能推翻的。

我们讨论汉明帝的“梦”只是把它当作一种象征。汉明帝是两千年前的历史人物，不是现代或当代的人物。一定要辩论出他有没有做过这个梦是得不出结果的。得出了结果也没有什么意义。用文明的透镜来看，印度最伟大的梦是佛陀在母亲的梦中生了出来（从肋下出来），中国最伟大的梦是佛教在“汉明帝梦金人”中到达而流传。我们这样谈“梦”，实际上是突出中国文明主动热情迎接佛教的到来。汉明帝这样做是为了中国文明的利益，他让迦叶摩腾/摄摩腾与竺法兰在洛阳白马寺舒服地住下以后马上请他们译经，要把印度文明的精髓变成中国文明的文化财产。这是高瞻远瞩、造福千秋万代的千年大计。汉明帝开了个好头，以后中国君王都效法，最后创造出“中印合璧”的新文化。

中印两大文明在古代的一大差异是印度注重“口传”，中国注重“文传”（凡事都要有文字记载，然后印成书传播）。从当今的情况来看，佛教经典在中文的典籍中最多（比印度的梵文与巴利文多得多），时间也比印度早。印度现有的贝叶佛经最早的是公元7世纪，中文翻译的佛经从公元5世纪起就保存下来了。许多中文翻译的佛经都是印度高僧口授的，可能在印度从来就没有写本。从汉明帝开始热烈邀请印度高僧来华，把印度口传的佛教思想变成中文写本与印本的中印文明交往大业，是人类文明史上的一件大事。

三、秦汉时期打造的中国“命运共同体”第一版

中国大一统“命运共同体”既是秦汉统治者的发明创造，也是中国文明发展的必然，它主要体现在三个方面。第一，中国已经从一个松散的“文明圈”进一步结成一个大一统的“国”——统一的政权与天下一家的经济整体，各地社会文化都形成趋同的发展。第二，中国文明朝纵深发展，春秋战国时代的泛泛的“立天”“立地”“立人”之道成为现实生活中的课题。汉朝不同时期的政府根据形势的需要，不断调整政权与民间的关系，田赋从汉初的1/15降到“文景之治”的1/30，后来又攀升，光武帝时又降回1/30，就是很好的证明。第三，我们可以肯定经过秦汉时代的发展，长江黄河流域已经结成一个中国“命运共同体”。在这个命运共同体中不但有秦皇汉武等“风流人物”，还有像在监狱中发明隶书的书生程邈。大一统的中国“命运共同体”在黄河与长江流域扎下了根，在以后的将近两千年中无论受到怎样的暴风雨袭击，无论是在本土或者外来民族的统治之下，“中国”不但没有消失，而且强劲、持续地发展。

“命运共同体”是中国文明一大发明

“命运共同体”这个名词是近年来中国领导人习近平等首创的。有了这个名词，我们探讨中国文明发展的进程就容易了。我想分成三点来谈中国“命运共同体”的意义。

第一点，我想读者已经同意我所说的：中国从来不是一个“民族国”，今天住在中国的有将近14亿人，住在海外的华人、华裔有好

几千万人。他们在中国及世界各地的行为有很大的向心力——心向着“华”（或者“中华”）。可是这“华”（或者“中华”）却不是民族的标志。这全世界的华人与华裔没有共同的原始祖先。是什么因素形成这种向心力呢？这似乎令人费解。

如果我们把中国的情况和俄国（包括苏联）相比，这个疑团就能解开。20世纪50年代，很多苏联歌曲在中国流行（我也学会了一些）。比方说，《祖国进行曲》的“我们祖国多么辽阔广大，她有无数田野和森林。我们没有见过别的国家可以这样自由呼吸……”这唱起来很能打动人心。

俄国人会做歌颂祖国的歌，可是无论过去还是现在，俄国内部的离心力是很强大的，这是民族因素在作祟。中国从来没有好好地歌颂自己，但没有民族因素作祟，因此有持久的向心力。中国和俄国（包括苏联）相比，就凸显出中国有俄国所缺乏的“共同体”的优势。

第二点，现在苏联已经不在人间，没有人再唱“我们祖国多么辽阔广大”与“我们没有见过别的国家可以这样自由呼吸”了。其实，中国人唱这两句最合适，两千多年前就应该这样唱了，现在更应该这样唱。在秦汉时代，世界上哪个国家都没有中国“辽阔广大”，都不能像中国人一样在自己的大地上“自由呼吸”。前面谈到的公孙鞅从魏国去秦国“变法”，帮助另外一个国家强盛（魏国和秦国都在“中国文明圈”内）。汉武帝仿效秦孝公招贤，国内纷纷响应，贤人来自大一统中国的天涯地角。这就是“辽阔广大”的中国能够“自由呼吸”的例证，是大一统中国是“命运共同体”的例证。世界上人口最多的群体集中在黄河与长江流域发展经济而成为全世界最繁荣的国家，秦汉如此，隋唐宋更如此。这就是中国“命运共同体”的例证。

第三点，中国“命运共同体”的主要优点在于没有民族标志与差异，没有民族矛盾与压迫，秦汉如此，隋唐宋明亦如此（元、清两朝就不同了）。苏联却是有民族标志与差异，以及民族矛盾与压迫的，俄罗斯人在苏联的“自由呼吸”大于非俄罗斯人。我们强调中国从秦汉时期开始就是“命运共同体”，也对中国超越“民族国”发展而走“文明道路”认识得更清楚。

2015年8月23日，首次在亚洲土地上举行的、具有典型欧洲风格的第22届“国际历史科学大会”（International Congress for Historical Sciences）在山东济南开幕。国务院副总理刘延东在开幕式上说：“中国五千多年的文明史，是自强不息的奋斗史、追求和平的发展史、互学互鉴的交流史，塑造了融入中华民族血脉的文化基因，形成了当代中国的价值理念、制度选择和发展道路。”这是对中国五千年发展的精辟总结。

我写这本书好像是诠释与补充刘延东这几句扼要的总结。刘延东说中国“自强奋斗”是对秦汉时期建立第一版大一统中国共同体的最好评价。中国文明五千多年来，先是在一个天造地设的“地理共同体”内摸索“立天”“立地”与“立人”之道，把这个“地理共同体”打造为“文明共同体”。秦汉时代又把这一“文明共同体”进一步打造为社会、政治、经济、文化的“命运共同体”。中国文明本着“自强奋斗”的精神发展到汉朝末年，走出了一条超越“民族国”的“文明道路”，用了四百多年的艰难奋斗，成为世界上很有实力、总体来说团结一致的社会、政治、经济、文化的“命运共同体”。各方面的发展和欧洲的罗马帝国不相上下。罗马帝国贵族爱上了中国丝绸，间接说明了中国经济发达。

在西方世界享有“世界征服者”盛名的罗马帝国当时没有汉朝的信息。罗马帝国的人们从古希腊人那里承传了“丝绸之国/Seres”的名字，但是罗马贵族消费的中国丝绸都是从中间商人那里买的。中间商人中有许多是靠近中国的中亚国家的富豪。他们不向罗马人透露关于汉朝的信息（因为害怕罗马帝国与汉朝直接来往而剥夺他们中转丝绸的专利与收益）。甚至有中亚富豪冒充“丝绸之国/Seres”使者。罗马帝国第一任皇帝奥古斯都（Octavian Augustus）（公元前27年—公元14年在位）就接待过这样的使者。另外，中国史书上也没有关于罗马帝国的信息。有所谓“大秦”，一直被中国历史学家认为是“罗马帝国”。我在别的书中已经指出其信息的混乱①（比方说，大秦王安敦向汉桓帝献象牙与犀角，肯定把大秦和印度混淆了）。汉朝和罗马帝国有可能相互交往却彼此隔绝，实在可惜。

应该看到汉朝中国不像罗马帝国那样横向扩张而建立起一个以罗马为“中心/宗主”、使欧洲与非洲国家成为“边缘”的帝国。罗马在公元前的王国与共和国时代都是个全民皆兵的民族。罗马帝国时代有当时世界上最强大的“罗马军团”，它是巩固罗马帝国的支柱，也是欧洲受压迫的民族国所痛恨的。汉朝完全不是这样。

这就使得刘延东形容的中国文明“追求和平的发展史”符合中国秦汉时期发展的经历了。凡事只有经过比较才显出其特色。秦汉时期中国第一版大一统共同体和罗马帝国相比，凸显出它的和平与文明特色，因此它在汉朝消失以后仍旧在中国大地上延续下来，继续发展。不像罗马在帝国消失后一蹶不振。前面提到的从汉明帝开始的中印文明交往大业也为刘延东说的“互学互鉴的交流史”提供了事实证据。她说的中国五千多年塑造的道路正是本书阐述的有别于“民族国”发展的“文明道路”。秦汉时期在这一进程中起了创新与奠基的关键作用。秦汉时期是大一统中国的初创与巩固阶段。

秦汉时期中国“命运共同体”第一版是一种大胆的尝试，很难十全十美。中国这么大一个国家，要巩固大一统的统治必须有英明的皇帝。汉朝皇帝中庸碌者与昏君很多，这就是中国“命运共同体”的致命弱点。皇帝衰弱导致权臣跋扈，地方势力宣布独立，这就是汉朝灭亡的原因，中国“命运共同体”第一版在三国时期结束。

---

① 参见谭中与耿引曾：《印度与中国——两大文明的交往与激荡》，2006年，北京：商务印书馆，89–91页。

三国演义

东汉（25—220）把西汉（公元前206—公元25）的211年的历史又延长了195年，汉朝是中国大一统最持续发展的朝代。东汉末年出现魏、蜀、吴三国鼎立的局面［魏国（220—265）、蜀国（221—263）、吴国（222—280）］。东汉的消失也开始了四百年中国政治的分裂时期。罗贯中（1280？—1360）于14世纪写的《三国志通俗演义》（简称《三国演义》）第一回是这样开始的：“话说天下大势，分久必合，合久必分。周末七国分争，并入于秦。及秦灭之后，楚、汉分争，又并入于汉。汉朝自高祖斩白蛇而起义，一统天下，后来光武中兴，传至献帝，遂分为三国。”六百多年来，人们把他说的这“分久必合，合久必分”当作中国历史发展的规律。这一规律与上面引的刘延东的总结是不能同时存在的。不难看出，它妨害了人们对中国“文明道路”的认识。

罗贯中和许多继承传统观点的史学家的重大错误是把中国从唐虞夏商周开始就看成一个统一的整体，而后“合久必分”，在周末（周朝末年）分裂成春秋战国，然后又“分久必合”，由秦汉统一中国，然后又“合久必分”，造成三国及魏晋南北朝时期。这种观点没有看到中国文明开始的时候只是在两河流域不同地点燃起的星星之火，是逐渐化零为整发展成一大片的，也忽略了中国大一统的局面是由秦汉创造的这个重大历史关键。在第一章我们谈到大禹时期“天下万国”，中国文明是按照化零为整的规律一直前进而走进秦汉大一统局面的。换句话说，从夏朝到秦汉只有“分久必合”，没有“合久必分”。所谓“周朝”，是个松散的联盟，起初有几百个国家，最后战国时期只有“七国分争”，是“合”而不是“分”的旋律。关于“分久必合”，如果我们从长江、黄河在地球上划出中国的轮廓开始，一直到秦始皇一统中国，这个旋律是存在的。至于“合久必分”，虽然在三国时期有此倾向，然而是不是中国发展“文明道路”必须经过的阶段还没有充分的历史证据。

我们换一个角度来看，东汉末年三国鼎立，魏国是黄河流域的政治势力，吴国与蜀国却代表长江流域参加到中国命运共同体的主流中来的政治觉醒。这并不代表分裂的潮流，而是整合的另外一种表现。三国时期实际上是长江流域政治、经济、文化的大开发时期，是打出“吴”的旗号，以江苏、浙江、江西为基地的“江南文化”的发育时期，也是打出“蜀”的旗号，以四川、湖北、湖南为基地的广义的“巴蜀文化”的发育时期。这一新现象在正史中没有被突出，但在14世纪罗贯中写的《三国演义》中被描写得淋漓尽致。《三国演义》实际上是小说而不是史书，但民间，特别是长江流域的民间，却把它当作真实历史。罗贯中的名著起了“乱真”的作用。

好的历史书不但应该提供历史信息，而且应该引导后人正确总结前人的经验教训。西晋史学家陈寿（233—297）著的《三国志》虽然在历史上被评为好书，但被晚于它一千年的《三国演义》超越。实际上罗贯中著《三国演义》是根据民间对三国时期一些著名人物的反馈写成的。凡是细读《三国演义》的人都会倾向于三国中最弱的蜀国，倾向于把魏国的曹操（155—220）当作负面人物，把蜀国刘备（161—223）看成完美的统治者，这是不符合历史事实的。正是因为《三国演义》的影响，中国民间多了两位“文明英雄”，一是关公，另一是孔明。

关公是蜀国初期的主将，名关羽（？—220），字云长，在《三国志》中，他本是个“亡命”之徒，后来投奔刘备，有刘关张“桃园三结义”的故事，曾先后被曹操与孙权俘获（最后被孙权处死），没有太出色的战功。《三国演义》对他的历史基本上没有改变。但是，关羽死后民间很多人怀念他，在长江流域一带，从南朝的陈开始到隋唐时期，“关羽显灵”的传说逐渐出现。民间反应对统治阶层也起了影响。隋文帝杨坚（581—604年在位）登基后封他为“忠惠公”。宋朝皇帝由哲宗赵煦（1086—1100年在位）带头，称他为“关公”“崇宁至道真君”“昭烈武安王”“壮缪义勇武安王”等。罗贯中时代的元朝政府也给他“显灵义勇武安英济王”称号。

《三国演义》把关羽描写成既有万夫莫敌之勇，又有智慧。每次征战取胜都因为他独创的“拖刀计”（他骑在马上与敌将战了几回合后就佯败逃走，长柄刀在地上拖着。等敌将追赶靠拢时，他出其不意地回头用长柄刀猛力砍去敌将首级）。关公手臂被毒箭射中，毒性蔓延，名医华佗（145—208）动手术切肉刮骨除毒，关公饮酒下棋，全不怕痛，成为历史佳话（小说中这段故事发生在关公临死前不久，按历史记载华佗已经死去十多年了，因此不可能是史实）。更重要的是《三国演义》从许多细节花絮生动地凸显出关公的“忠义”气节。经过这样的渲染（一定超出历史事实），关公在民间就被神化了。1613年，明神宗朱翊钧（1563—1620）封他为“三界伏魔大帝神威远镇天尊关圣帝君”。1828年、1855年、1879年清朝政府三度加封，在《三国志》中毫不出色的战将关羽最后得到了“忠义神武灵佑仁勇威显护国保民精诚绥靖翊赞宣德关圣大帝”的称号。关公不但被统治精英与民间神化，而且成为儒、释、道不同信仰群体的共同文化英雄。全国各地的关公神庙名目繁多，有“关帝庙”“武庙”“武圣庙”“文衡庙”“协天宫”“恩主公庙”等，遍及中国香港、澳门、台湾。中国台湾关公崇拜盛行也传播到海外华人群体。日本、韩国也有关公崇拜。

关于“孔明”诸葛亮（181—234），虽然《三国演义》也作了戏剧性的夸张，但他确实是很有才华、智慧、高瞻远瞩的治国者。他忠于国家大业。“鞠躬尽瘁，死而后已”是他的名言，他也是这样做的，这也是千余年来中国知识精英的座右铭。新中国开国总理周恩来也是“鞠躬尽瘁，死而后已”的典型。

诸葛亮于227年与228年写的两份《出师表》成为中国文学名著，被收入中学教科书。第一份《前出师表》说：“臣本布衣，躬耕于南阳，苟全性命于乱世，不求闻达于诸侯。”这是肺腑之言。诸葛亮是“布衣”出身。蜀主刘备死后，他是丞相，总揽执政大权却保持着“布衣”本色。他毕生廉洁，视名利为浮云。诸葛亮善于用人，治国有方。蜀国内部井井有条，团结一致。他又是出色的战略家。正是因为他的战略，本来无立锥之地的蜀国逐渐强大起来，敢于与魏国对抗并占领魏国的领土。

《三国演义》描写诸葛亮足智多谋最精彩的花絮是马谡（190—228）失街亭打乱了他整个北伐的进程，在匆忙撤退时他带领百姓行动迟缓，退到囤粮的阳平县城时已被魏国统帅司马懿（179—251）15万大军追上，而他身边只有5000士兵。在这危急时刻，他命令大家保持镇静，敞开城门，他坐在城墙上弹琴。一贯多疑谨慎的司马懿判断错误，以为陷入诸葛亮的埋伏圈，立刻慌忙撤退，诸葛亮以这样巧妙惊险的“空城计”吓跑庞大的敌军而安全转移。罗贯中在《三国演义》中把这段故事写得有声有色，但没有捏造事实。东晋王隐《蜀书》（是《三国志》的重要参考资料）也提到有这么回事。如今，这个“空城计”已经闻名全球，英文叫作“empty fort strategy/空堡战略”。在优胜劣汰的“民族国”世界中，无时无刻不是你死我活的斗智竞争，“空城计”经常被人引用到军事、政治甚至经济的战略上。

孔明崇拜虽然不如关公崇拜普遍，但也不少。全国有几十所孔明庙、武侯庙、武侯祠等，成都市武侯区的武侯祠最为出名。它是223年建的同时纪念刘备与诸葛亮君臣的祠庙，也是全国最大的三国遗迹博物馆，现在是全国重点文物保护单位、国家一级博物馆、国家AAAA级旅游景区，享有“三国圣地”美誉。

现在人们到了成都就会感受到强烈的“巴蜀文化”的古香古色，主要是从以武侯祠为首的古迹中喷射出来的。在三星堆古迹发现之前，如果没有三国时期的蜀国就很难做“巴蜀文化”这篇文章。如果暂时把三星堆搁置一旁，就可以说三国时期的蜀国是四川登上中国文明舞台的开始，换个角度来说，是中国文明把四川纳入主流的开始。这样的话，我们再回过头来看罗贯中说的“合久必分”就会觉得不对劲了。

三国时期不是大一统中国的“分”而是它的“合”，是把本书说的“喜马拉雅圈”中很关键的四川“合”进中国文明主流。

罗贯中的《三国演义》不但凸显了关羽和诸葛亮，还写出许多魏蜀吴的人物与他们的生动事迹，使我们感觉到公元3世纪的中国文化非常丰富，到处是人才，到处是故事，生机勃勃，欣欣向荣。那时，中国已是一个活力充沛的命运共同体。我们从关公和孔明事迹一直流传下来也看出中国文明从来就没有“晋代衣冠成古丘”的现象，中国这个命运共同体持续发展了两千年。

秦始皇统一中国后两千余年，中国的统治家族是本地与外来群体平分秋色。东汉毁于三国内战。220年魏国主曹丕（187—226）逼汉献帝（189—220年在位）“禅让”灭汉，建立“曹魏”。但大权落入有功统帅司马懿之手。265年司马懿之孙司马炎（236—290）灭魏，建立西晋（265—316），这时长江流域的蜀国与吴国先后灭亡，中国统一。291—306年发生“八王之乱”，西晋衰落，以后就抵挡不住外来民族的侵入，开始了一个五胡十六国时期，这以后就出现南北朝的局面。

四、外来民族加入中国命运共同体的整合过程

五胡十六国时期是中国五千年历史中极奥妙与重要的一段。联系到前面引的刘延东副总理说的“中国五千多年的文明史，是自强不息的奋斗史、追求和平的发展史、互学互鉴的交流史”来看，这五胡十六国和接踵而至的长江以北的北朝正是中国文明“互学互鉴的交流史”的里程碑，是外来民族引擎发动的中国政治、社会、经济、文化“改革开放”的新阶段。虽然五胡十六国和北朝的几个朝代都是在烽火中诞生，但是它们的主旋律是要在中国大地上和平共处、安定幸福，是中国文明“追求和平的发展史”的组成部分。外来民族是受到中国

文明“自强不息”的鼓舞而参加到这一大业中来的，在中国文明圈内写下了“自强不息的奋斗史”的新奇的一页。

“五胡乱华”对中国有功

所谓“五胡”，指的是匈奴、鲜卑、羯、氐、羌五个民族。他们在华北、西北的不同地区与四川先后建立了16个外族统治的国家（其中有三个汉族统治国）。它们是氐族李氏在四川建立的“成汉”（304—347）、匈奴族刘氏在华北建立的“前赵”（304—329）、羯族石氏取代前赵而兴的“后赵”（319—352）、汉族张氏在西北建立的“前凉”（301—376）、鲜卑族慕容氏在河北建立的“前燕”（337—370）、氐族苻氏在华北建立的“前秦”（351—394）、鲜卑族慕容氏在河北一带建立（鼎盛时期占有河北、辽宁、山东、山西、河南）的“后燕”（384—407）、羌族姚氏在华北广大地区建立的“后秦”（384—417）、鲜卑族乞伏氏在西北建立的“西秦”（385—400）、氐族吕氏在西北建立的“后凉”（386—403）、鲜卑族秃发氏在青海建立的“南凉”（397—414）、汉族李氏在甘肃、新疆建立的“西凉”（400—421）、匈奴族蒙逊氏在西北建立的“北凉”（397—437）、鲜卑族慕容氏在华东建立的“南燕”（398—410）、汉族冯氏在辽宁、河北建立的“北燕”（407—436）及匈奴族赫连氏在华北建立的“夏国”（407—431）。

从政治上看，五胡十六国把中国北部与西部的秩序打乱了；从文化上看，中国文明的领域比秦汉时期扩充，注入了新鲜血液。值得注意的是：当时的华北可谓“天下大乱”，却没有大量难民逃出中国国境。相反，国外的商贾与高僧进入华北的人数前所未有。这“五胡十六国”的新局面好像是响应印度孔雀王朝的阿育王（公元前304？—前232）发起的向全世界传播佛教后随着笈多王朝/古普多王朝（320—540）商业发达而从印度开启的“法宝之路”，从恒河流域出发，经过阿富汗、中亚、新疆而到达长安、洛阳。我们知道，古代印度僧人身上不带钱，他们长途旅行都是随着商队。那时的“法宝之路”上有大宗印度珠宝、香药、棉布等运到中国，外国商人也把中国丝绸运出去。古代所谓“丝绸之路”就是这样繁荣起来的（从一开始到近世纪，奔走于“丝绸之路”上的主要是印度、波斯、阿拉伯与中亚商人，中国商人根本看不到）。换句话说，五胡十六国对古代“丝绸之路”的繁荣贡献很大。

五胡十六国期间，有很多印度及中亚的佛教高僧来到中国。最著名的有佛图澄（310年来华，348年在华去世）、鸠摩罗什（384年来华，409年在华去世）。佛图澄善观天象（是活的天气预报台），又善战略，帮助后赵开国君主石勒（274—333）大打胜仗。他又懂医术，石勒全军患传染病，战斗力大降，被佛图澄一付药方治好。石勒不但自己带领全军信佛教，他的侄子兼传位人石虎（295—349）更供奉佛图澄为“大和尚”，上朝时和他同坐殿上，朝臣先拜佛图澄，再拜皇帝（石虎称帝，谥号“武皇帝”）。石勒和石虎对佛教在华北的传播功劳很大。在佛图澄的影响下，石勒执政比较仁慈，鉴于粮贵民苦，他禁止酿酒。

20岁起在龟兹声名远扬的印度高僧鸠摩罗什被五胡十六国的君主视为至宝，前秦开国君主苻坚（338—385）派军队到龟兹去把他“请”到长安。后秦主姚兴（366—416）把他“夺取”以后就设立“译经院”请他领导800位中外专家集体译经，姚兴有闲也旁听他们讨论。这样就把中国从“汉明帝梦金人”开始的厚待佛教高僧并组织他们把印度文明的精髓从印度的口头传统转变到中国的文字传统永久保存的“互学互鉴的交流”的国策永恒地建立起来，使中国文明受益无穷，也对佛教、对印度文明做出巨大贡献。姚兴又感觉到精通梵文与汉文、能把中印两大文明融合的鸠摩罗什是绝世天才，但他是和尚，涅槃后这绝世天才就会从人间消失。于是，姚兴让鸠摩罗什住豪华的宫殿、让美貌女侍随身服侍鸠摩罗什。鸠摩罗什经不起引诱，违反了五戒，侍女为他生下孩子，这样就把绝世天才的种子流传在神州大地了。

从这些事例来看，五胡十六国对中国文明的发展是很有贡献的，特别是对刘延东说的“自强不息的奋斗史”与“互学互鉴的交流史”做出了贡献。这样看来，中国史书及民间传统的“五胡乱华”的说法是错误的、很不公平的。应该改成“五胡隆华”。

五胡十六国时代把“汉人”的名字叫响了。许多外来家族登上中国统治者宝座成为新贵，本地老百姓心中突然浮现种族的标志与界限。从来没有民族主义的中国社会感到意识混乱，就给本地人戴上“汉”的帽子，给外来人戴上“胡人”的帽子，两者都没有科学根据。“民族”是怎么回事？无论是按照西方人类学的理论或是按照20世纪50年代中国讨论民族政策时特别尊重的斯大林的理论都应该追溯到一个远古的共同祖先。中国是没有这样一个共同祖先的。这一点我在上一章结尾时已经说明了。我们再回过去看五胡十六国中有三个国是“汉人”建立的，怎么也摆进“五胡”的档案中去了呢？这一切都反映出观念的混乱。史册上所谓“汉人”与“胡人”都是很笼统的符号。“胡人”的“胡”和胡琴、胡椒、胡瓜等的“胡”一样模糊笼统，都不是民族的标志。

南北朝损害了中国大一统吗？

五胡十六国主要是长江以北的政治发展，长江以南仍然是中国本土的统治领域，史称“东晋”（317—420）（东晋时期氐族李氏在四川建立的“成汉”只存在43年就被东晋消灭）。这总体上将南北分治的局面又延长到南北朝时期。长江以南的南朝分为宋朝（420—479）、齐朝（479—502）、梁朝（502—557）、陈朝（557—589）四个阶段。长江以北的北朝分为北魏（386—534）、北齐（550—577）与北周（557—581）三个阶段。

其实当时的“南北朝”仍然保持了中国文明大一统的局面，南北之间和平相处，自由往来。

从微观与局部来看，南北朝是继五胡十六国之后中国统治精英持续退守长江以南，是中国持续“丧失”北方国土［不过南朝人士没有南宋诗人陆游（1125—1210）那样“但悲不见九州同”］。但是从宏观与整体来看，洛阳与长安仍然是中国的政治、经济、文化重心，中国与外国交流仍然以“北朝”统治下的北方为主。更值得注意的是：隋唐把中国重新统一的政治力量是在外族统治的“北朝”涌现（不是出自本土统治的“南朝”）。中国历代史书也没有用“胡人北朝”与“汉人南朝”来形容这段历史。这就说明南北朝时期不能看成是历史的倒退，而应该当作刘延东说的“自强不息的奋斗史”进程的组成部分。

北朝（386—581）历史的大半时期是历时148年（386—534）、共有20位皇帝的鲜卑族拓跋氏建立的“北魏”（亦称“拓跋魏”或“元魏”）阶段为主体。公元534年“拓跋魏”分裂为“东魏”与“西魏”。公元550年，“东魏”被权臣高洋推翻而变成“北齐”；公元557年，“西魏”被权臣宇文觉推翻而变成“北周”。公元577年，“北周”灭“北齐”；公元581年，杨坚灭“北周”而建立隋朝。

隋文帝杨坚（541—604）是取了鲜卑名字的北周重臣，父亲杨忠（507—568）接受西魏恭帝赐的鲜卑姓“普六茹”，杨坚的鲜卑名“那罗延”像是印度语“Narayan”（是印度教大神Vishnu的别名）。他先篡北周的帝位而消灭北朝，再并吞南朝最后的朝代“陈”而把中国重新统一，没有经过重大战斗。也可以说，中国第二版大一统局面是由南北朝和平过渡的。这就更证实了“南北朝”是中国“自强不息的奋斗史”进程的组成部分。

北魏官员杨衒之于公元547年著的《洛阳伽蓝记》（其中提到印度高僧菩提达摩看到洛阳佛庙香火旺盛而称中国为“佛国”）反映出南北朝时期佛庙文化的兴盛。菩提达摩（公元527年来华，公元535年在华去世）是南印度佛教高僧，由海路到达广州，经过著名的“菩萨戒弟子皇帝”梁武帝统治的首都南京渡江到洛阳，在河南少林寺安居传教，有“面壁九年”的事迹，死后被奉为禅宗始祖。他融合了印度“神在心窟中”的信仰与中国“正心、诚意”的传统，为中国“禅”的精神开辟了不重念经拜佛而着重内心觉悟的传统，因而使得中国人民普遍慈悲为怀、中国诗人普遍进入（“明月松间照，清泉石上流”“举头望明月，低头思故乡”）“禅境”而创造不朽诗篇。菩提达摩起了联结古印度文明与现中国文明的桥梁作用。他在印度是佛陀的第28代师祖，到了中国成为禅宗始祖，传了六代到慧能（638—713）成为“南宗”始祖，再传六代到义玄（？—867）成为“临济宗”始祖。如今中国台湾佛光山星云法师是“临济宗”第48代传承师，推算起来，他是佛陀的第86代接班师尊。这一推算衍出两大结论：一是中印这两大“喜马拉雅圈”内的兄弟文明是一根文化藤上结出的两个瓜（由佛陀开始的印度佛教瓜和由菩提达摩开始的中国“禅”文化瓜），二是中国把印度开创的佛教发扬光大，成为可持续发展的现代宗教文化，是受益的中国对印度的回报。菩提达摩对中国发展的影响极大，一言难尽。比方说，少林拳术的创造有他一份功劳。19世纪末的“义和团”勇士奉他为“当来东渡传香教主师尊”。①

值得一提的是：北魏不但大兴佛庙，而且尽力开凿佛教石窟。现在我们可以看到，从山西大同的“云冈石窟”到洛阳的“龙门石窟”，到甘肃的“麦积山石窟”“炳灵寺石窟”“敦煌莫高石窟”“榆林石窟”等都有北魏的贡献。这些石窟又可以与新疆的“克孜尔石窟”“柏孜克里克石窟”串连起来，再往西到阿富汗“巴米扬石窟”（可惜被阿富汗塔利班政权炸毁），再折往西南连接印度的阿旃陀（Ajanta）石窟与奥兰加巴德（Aurangabad）其他石窟组成地球上独一无二的古代佛教石窟艺术缨络，写下了世界艺术史的灿烂篇章。在这些石窟的雕塑与壁画中

① 参见谭中：*Himalaya Calling: The Origins of China and India*（喜马拉雅在呼唤：中国与印度的起源），2015年，新加坡：World Century Publication Corporation，117页。

凸显出“天堂/天宫”（汉译梵文“devapura”）的景象，特别是敦煌莫高窟中的从十六国时期的北凉到北魏、西魏的“飞天”艺术形象，为中国传统数千年来的“天下”增添了欢乐与幸福的感觉，从精神上巩固了中国命运共同体。

总而言之，中国第一版大一统共同体与其第二版是互相衔接的，不曾中断。秦汉两朝是第一版共同体的缔造者，为共同体打下坚实的基础。“五胡十六国”与“南北朝”不但没有把共同体的基础破坏，还为它增添了大量砖瓦，使得以后的隋唐宋在这基础上建立起辉煌的大厦。这些砖瓦之中，最重要的是新的佛教文化——像刚才谈到的，是中国化的“禅”文化。这“禅”的名称是汉译梵文“dhyana”，是“静坐练功”的意思，大概是从菩提达摩在河南少林寺旁边小山上“面壁九年”的不凡事迹得到灵感。人们参观少林寺，可以看到展出的一块“达摩影石”，石块表面凹进去显出菩提达摩的人影。相传菩提达摩“面壁九年”的地方出现了这一石块，几十年前被军阀毁坏，现在展出的是复制品。中国民间传说中神奇的事物很多，这石块上显出的菩提达摩人影是因为他“面壁九年”静坐练功时发射出的力量射到石块上而造成的，这真是“精诚所致，金石为开”［汉朝王充（公元27—97？）：《论衡·感虚篇》］的真实表现，说明“禅定”的威力。这是传说，可信可不信，但中印合璧的“禅”文化的威力何止一块“达摩影石”。我们从下一章谈到的中国大一统共同体在隋唐宋期间的辉煌文化就更能领会到它。

第三章

隋唐宋：新版中国命运共同体的歌舞升平与悲惨结束

秦汉时期使先秦中国人在一个以长江黄河为轮廓的“地理共同体”内发展出来的“文明共同体”更进一步成为中国社会政治经济文化“命运共同体”，和欧洲的罗马帝国交相辉映。罗马帝国垮了以后欧洲就四分五裂，“民族国”之间混战，进入“黑暗时代”。汉朝垮了以后，中国大一统的局面虽然受损，但没有陷入四分五裂及国家之间混战的泥坑。分裂是事实，中国仍然继续走“文明道路”也是事实。

我们应该把中国的“文明道路”和欧洲“民族国”的分歧做一比较。上一章已经提到的“匈/Hun”族（匈奴）从中亚向欧洲迁徙。它引发了被罗马人以及欧洲正宗历史派称为“蛮夷侵略”（Barbarian Invasions）的公元 4 至 7 世纪欧洲历史上的民族大迁徙。“斯拉夫/Slavs”族、“日耳曼/German”人种的“哥特/Goths”人、“汪达尔/Vandals”人、“勃艮第/Burgundians”人、“伦巴底/Lombards”人、“法兰克/Franks”人以及其他民族大量进入欧洲，使得罗马帝国崩溃。接踵而来的就是“民族国”之间的混战。可以说，是“民族国”的发展规律使得欧洲变成著名的“战争大陆”。由于中国文明从一开始就不让原始人种部落发展成强大“民族”，所以避免了这一灾难。

上面所说是我们当今的分析。中国古代视黄河长江流域为天下，不会想到与欧洲比较或竞争，只是在中国命运共同体上大做文章。我们在前面两章反复强调“立天、立地、立人之道”，到了隋唐宋其内容就更为充实，发展方向就更为明确。“共同体”的“立天、立地、立人”就是《孟子》提出的好好利用“天时”“地利”来发展“人和”。古人不是玄学家，所谓“立天之道曰阴曰阳”就是要人们掌握天气的晴阴雨与寒暑的变化而发展农业生产。所谓“立地之道曰柔曰刚”就是要人们因地制宜地种植与开矿、工农业同时展开。所谓“立人之道曰仁曰义”就是要人们求同去异，求得和睦协调，避免唱反调、搞冲突。这就是中国文明在隋唐宋时期发展的特点。这时中国文明更为成熟，在秦汉建立起的坚实基础上打造出新版中国命运共同体。

从中国的发展愿望来看，这个中国新版命运共同体似乎是想成为地球上的世外桃源。命运共同体在文化上达到一定的高度（比方说，很多唐诗在文艺造诣上登峰造极，后人无法赶超了）。它在工艺上达到一定的高度（比方说，宋瓷在工艺造诣上登峰造极，后人无法赶超了）。唐宋年代那种吃喝玩乐、歌舞升平的社会风气是当时世界各国所罕见的。然而，理想归理想，现实归现实。过去也好，现在也好，在我们这个世界上世外桃源是没有的。我们可以把隋唐宋时期这个中国命运共同体的新版比作一个庞大的玻璃鱼缸。鱼缸内鱼儿游来游去、自由自在，很少打架。鱼缸外却经常有一只馋嘴的猫想要闯进鱼缸来饱食一顿。换句话说，我们的“民族国”世界等于是馋猫的世界，它不能让中国这样一个走“文明道路”的世外桃源单独存在。这就要看走“文明道路”的中国命运共同体能不能把玻璃鱼缸变成防猫的铜墙铁壁了。

亲爱的读者们，你们读到这一章的末尾时就会看到隋唐宋时期这个中国命运共同体的悲惨结束，就会看到过去中国走“文明道路”的发展缺乏保卫自己的幸福生存的能力。我们探讨历史就要吸取教训。今天的中国又到了另一个世外桃源的境界。我们的“民族国”世界会不会让这样一个走“文明道路”的世外桃源单独存在呢？中国命运共同体今天的“文明道路”发展能不能保卫自己的幸福生存呢？你们想过这些问题没有？

一、隋朝重新统一中国

公元541年诞生于陕西大荔县的般若寺、由尼姑智仙（生卒年月不详）抚养长大的隋朝创始人文帝杨坚（581—604年在位）是继梁武帝以后中国最虔诚的佛教君主。他的儿子兼继位人隋炀帝杨广也是佛教徒。隋朝这两位皇帝的统治时期，可以称为佛教的天下。

隋文帝“开皇盛世”

北朝毕竟是外族人统治中国，虽然重用汉人，但大臣及军队将领中的汉人都必须用鲜卑的姓名。隋朝建立后，汉人恢复了原来的姓名，也等于结束了数百年来外来民族对中国本地人的精神压迫。隋文帝试图使得大一统中国命运共同体在和平时期维护国防和应变外来侵略的能力，因而把北朝建立的“府兵制”改进，成为“兵农合一”的机制。在他的统治下，军人复员回乡开垦农田并保持军事训练，紧急时期可以很快变“农”为“兵”。他所改进的“府兵制”由于有利于农业生产及节省政府开支而在唐朝初期仍然继续。唐朝末期，由于战乱频繁及外来敌骑行动迅速，“府兵制”难以应对，才把它废除，改为带强迫性的“募兵制”。杜甫《石壕吏》一诗描写政府到三个军人的军属家去捉他们的老父当兵，结果把他们的老母带走，生动地说明唐朝“募兵制”

的严峻形势与残酷现实。

隋文帝“开皇盛世”（“开皇”是他执政年号）具有汉朝“文景之治”的特色。他轻徭薄赋，颁布《开皇律》，使人民有“法”可循，政府有“法”可依，又把前朝刑法减轻。他健全户口制度，清理出165万隐瞒或没有户口的公民，增加了税收与注册的“壮丁”。他注重土地制度，认真实行北魏开始的“均田制”，防止土地兼并。他废除政府对盐、酒的专卖。他设立“官仓”保证国家储备粮食，又设立“义仓”赈济贫苦民众。他取消秦朝以来的郡，地方行政实行州县两级制，大大节省了政府开支。他惩治贪污，清除不称职官员。他废除魏晋南北朝以来的“九品中正制”（中央派人去地方访贤，把民间人才鉴定为上中下三等，每等再分上中下三品，得出从“上上”到“下下”的九品，酌情录用），代之以不问门第、只选优秀的考试录取机制。隋文帝统治期间民间富庶、仓廪充实，皇帝本人生活节俭。太子杨勇生活奢侈，隋文帝便把他贬为庶人。

隋文帝信佛，有很多关于他与舍利的故事。舍利是梵文sari的汉译，指的是佛陀涅槃火化后遗体骨灰结成坚实发光的豆形固体，佛教传说它有显灵功能，可造福人类。故事中有神秘婆罗门僧人把舍利送到隋文帝住所，隋文帝用餐时，舍利会出现于碗盘里，隋文帝梳头发也会梳出舍利。仁寿元年（601年），隋文帝命令全国30州每州建一座华丽的舍利塔。他在首都长安准备好30个送往各州的舍利匣子，其中装有舍利与金银，然后派出由高僧与朝官组成的舍利匣护送团前往30州首府，又命令各地官民沿途热烈欢迎舍利匣护送团经过。公元601年10月15日下午1时，全国同时举行舍利塔落成庆典，再加各州另行举行的斋戒活动，全国形成了宣扬舍利威力的热潮，参加人数达数十万。次年他又派出同样的舍利匣护送团前往51州的寺庙掀起同样的热潮，一直到公元604年为止。隋文帝的统治就是在这舍利文化运动中结束的。在印度和世界其他佛教国家都没见过这种盛大的舍利文化运动，这也为唐朝公元873年“迎佛骨”的狂热开启了先声。

隋炀帝好大喜功

隋朝另一个统治者隋炀帝杨广（569—618）的名声比隋文帝有过之而无不及。他在位14年（604—618）中开凿了运河，修建了长城，扩建了洛阳。他亲征吐谷浑（鲜卑族慕容部建立在黄河上游青海的国家），讨伐高句丽（当时统治朝鲜半岛北部与中国东北的一个大国）。他把科举考试正式用为录用政府官员的机制。他经常到全国各地巡视，建立离宫享乐。他在洛阳设“翻经道场”，是继姚兴“译经院”后又一个政府的翻译机构。他派出使者访问西蕃各国，到了恒河流域的王舍城及现今乌兹别克斯坦等地。他推行鼓励对外贸易的政策。

在很多方面，隋炀帝时期好像是汉朝历史的翻版。已经归属于隋朝的突厥在始毕可汗统治下日渐强大，有点像汉初的匈奴。公元615年，隋炀帝巡视华北时，始毕可汗率领数十万轻骑突袭。隋炀帝立刻带领随身17000兵马躲进雁门（今山西代县）坚守。突厥兵攻城放箭，隋炀帝在城墙上指挥防守，敌军的箭落到他脚下也不胆怯。各地援军迅速赶到，突厥军知道无法取胜乃撤退。这场“雁门之围”很像汉高祖公元前200年遭遇到匈奴冒顿单于的“平城白登之围”（也是在现今山西）。不过隋炀帝并没有像汉高祖那样狼狈，这也说明中国新版大一统命运共同体已经比秦汉第一版成熟、老练、巩固。当然，它仍然受到近邻民族国的挑战考验。

隋炀帝还可以和汉武帝相比。汉武帝过度消耗“文景之治”积累的国力，隋炀帝过度消耗“开皇盛世”积累的国力。在这一点上也有不同。汉武帝等于把中国的潜力掏空，他去世以后久久不能恢复。隋炀帝的好大喜功却没有造成这样的后果。隋炀帝改建洛阳，又迁都洛阳，他开凿运河，都消耗掉巨大人力、物力、财力，但这些都没有白费，而是使得黄河流域和长江流域更紧密结合，使华北的政治重心更紧密地与日益繁荣的江南经济整合。

应该看到，到隋朝末期，中国社会经济已经具有相当规模的商业与手工业，农业仍然继续发展。这可以说是一个新的阶段，隋炀帝可以算是这一新阶段的创造者。更具体地说，是在隋炀帝统治下商业经济空前繁荣，出现了新型城市扬州（当时叫江都）。史书上记载的隋炀帝在江都建了尽情作乐的迷楼，没有留下遗迹。唐朝诗人杜牧《扬州三日》诗句“炀帝雷塘土，迷藏有旧楼”（迷楼建在扬州城北部雷塘，这也是隋炀帝被部属杀害及埋葬的地方），证明确有其事。

印度佛教有“转轮王”（cakravartin）的理想。按照字面解释，车轮转到哪里，哪里就是盛世，“转轮王”时代含有太平盛世的意思。季羡林认为这反映出商业文化的理想，佛教的兴盛与商业文化的繁荣有密切联系。隋朝两大皇帝都信佛，唐朝有二十个皇帝（包括女皇帝武则天），除了唐武宗都信佛，宋朝前几个皇帝也信佛。隋唐宋是佛教在中国的鼎盛时期，同时也是商业与对外贸易最发达的时期，两者之间是有机联系的。中国商业的早早繁荣和近现代资本主义经济繁荣的根本区别在于中国的商业繁荣是和平的、文明的、天人合一的，西方资本主义的繁荣是靠强力推行的、不文明的、破坏自然生态的。这样看来，说中国文明不给资本主义生长的机会是对中国的恭维，因此不必去钻牛角尖发掘中国历史上的“资本主义萌芽”。西方资本主义走的是“民族国”发展的道路，中国走的是“文明道路”。我走我的阳关道，他走他的独木桥。

二、唐朝——中国历史黄金时期

像秦朝为汉朝奠基一样，隋朝历史短暂，却为接下来的新朝代奠定了基础，隋唐像秦汉一样不可分割。隋炀帝末年，中国动乱，唐朝兴起，等于把中国政局恢复到“开皇盛世”而不是推翻隋朝的一切。唐朝（618—907）延续290年，共有21位皇帝（人数只有20，但唐中宗两次即皇位）。中国习惯把它分成初唐、盛唐、中唐与晚唐四个时期，主要是从文化的角度来看。实际上，从唐朝建立到唐玄宗即位前的“初唐”时期，也是唐朝鼎盛时期；唐玄宗开始的“盛唐”时期倒是唐朝实力开始下降的阶段。从整体来说，唐朝是中国历史的黄金时代，政治、社会、经济、文化都繁荣。由于篇幅有限，我们只能选几位君主的事迹来探讨。

唐太宗拓宽中国“文明道路”

唐朝的建立与兴盛和唐太宗李世民（598—649）的事业是分不开的。他做了24年皇帝（626—649年在位），使中国情况大变，人称“贞观之治”（“贞观”是他统治年号）。公元615年，他18岁，参军，投入营救隋炀帝被突厥围困在雁门的战斗。隋炀帝末年天下大乱，617年李世民的父亲李渊（566—635，后为唐高祖）起义，李世民是三军统帅，平息全国、建立唐朝以后总理大权的仍是李世民。但唐高祖李渊立长子李建成为太子，具有雄才大略与帝王野心的李世民无法说服自己认同这个现实，于626年发动“玄武门政变”，杀了亲哥哥和一个弟弟，再于同年9月4日逼迫父皇让位给他。孔子儒家的基本道德是“君君、臣臣、父父、子子”（臣是忠于君的臣，子是孝于父的子），按照这个标准，李世民是大逆不道的，但中国文明并不严格遵守儒家准则而奉李世民为明君。

隋炀帝以雄健善辩著称，唐太宗和他一样。因此他吸收隋朝灭亡的教训，注重治国的本领与修养。唐太宗写了《帝范》与《金镜书》两篇文章。佛教有“如来智镜”及“大圆镜智”等比喻。唐太宗的《金镜书》是以“镜”比喻大智慧。他以“仰六代之高风，观百王之遗迹”的精神来讨论“兴亡之运”。文章不长，但理论深刻，可以作为今古永恒的政治参考。我想着重讨论下面四点。

第一点，唐太宗引古语“君犹器也，民犹水也”来强调水的形状是依器的形状变化的（“方圆在于器，不在于水”），道出了对中国这样地域辽阔、人口众多、情况复杂的大一统命运共同体来说，政府的作用至关重要。政府是方方正正的，社会与人民也自然方方正正；政府歪歪曲曲、颠颠倒倒，民间必然秩序不好。这是天经地义的。

第二点，唐太宗引孔子的话“夫文之所加者深，武之所服者大，德之所施者博，则威之所制者广”，并说“安民必以文德，防边必以武功”。这是对治理中国这个大一统命运共同体的十分重要的总结，道出理想的中国治理必须文武并用、德威兼顾，不能偏废。总的来看，中国历代君王都认识到这一点，只不过在分量的掌握上有所不同而已。唐太宗也指出“不可以文德备塞”，说明必须有强大的国防才能保卫人民安居乐业。当然，他也说“不可以武威安民”，对人民只可以仁慈为怀、循循善诱，不能用高压手段。

第三点，唐太宗认为，统治者必须吃苦，不应享乐，“民乐则官苦，官乐则民劳”，谁叫你成为统治者呀？！关于这一点，从古到今都强调得不够，如果唐太宗的话真正成为统治者的座右铭，成为官德，那中国就完美了（现在也不必花这么大的力气来反贪了）。唐太宗强调“忧国之主”与“乐民之君”必须“屈一身之欲，乐四海之民”，做到“薄赋轻徭，百姓家给，上无急命之征，下有讴歌之咏”。他批评那种“见其饥寒不为之哀，睹其劳苦不为之戚”的统治者，称他们为“苦民之君”。

第四点，他认为开明的君主必须鼓励批评与直言，“塞切直之路，为忠者必少；开谄谀之道，为佞者必多”。他又说：“暗主护短而永愚，明主思短而长善。”这一点正是中国文明的弱点。中国和西方文化相比可谓各执一端。西方提倡“异议”（opposition），一般人爱找别人的错处。中国喜欢一团和气，常常只长倾听花言巧语的耳朵，缺乏应对批评的耐心。在上者忠言逆耳、爱听假话，在下者阿谀谄媚、不讲实话。从古到今总有一些这样的人。西方是从“群言堂”变到“噪音房”，使人莫衷一是，中国是顽固的“一言堂”，求同去异。唐太宗在朝廷面对魏徵的尖锐批评也怒火万丈，是退朝后听到皇后说只有贤明的君王才有像魏徵这样的耿直忠臣，他才对魏徵大加奖励。

唐太宗在别的地方还说过“君，舟也，人，水也；水能载舟，亦能覆舟”（《论政体》）。他又吸纳了魏徵“兼听则明，偏听则暗”的劝告（因此有“明主思短而长善”的思维）。他重用最喜欢批评他的魏徵，被后人认为是“兼听”的榜样。我想，读者听了唐太宗的言论，不会不对他肃然起敬。像唐太宗这样有开明政治家风度的国家领袖，不要说在古代，在现今世界也是很难得的。

我们从唐太宗上面的思维中应该看出他所说的“安民必以文德，防边必以武功”的特殊重要性。我们综观中国两千多年大一统共同体的两大致命祸端：一是农民起义战争，二是外来侵略征服。农民起义战争的毁灭性极大，但不能怪农民，治国失责、使得农民处于水深火热的昏君是农民起义战争的真正祸首。唐太宗辩证地认识到农民兼有“水能载舟，亦能覆舟”的政治功能。唐太宗把“防边”看得与“安民”同样重要，这是中国大一统共同体命运所系。这“防边”的学问很大，一方面要能在平时搞好睦邻关系并且提高警惕，另一方面又要在敌人侵入后释出坚决的意志与强大的实力把犯边的侵略者打退（最好像汉武帝那样把敌人未来侵略的潜在能力消灭）。可惜唐太宗的这一认识被后代的大一统中国君王遗忘了。

网络上描写的“贞观之治（唐太宗统治下的治世）”[①]，差一点就十全十美了。这篇文章说，“贞观之治”是“唐太宗在位期间的清明政治”。它说：“唐太宗任人廉能，知人善用；广开言路，尊重生命，自我克制，虚心纳谏；并采取了以农为本、厉行节约、休养生息、文教

① 参见*https://www.youtube.com/watch?v=QafZU2KGJ8M*，2015年12月31日查看。

复兴、完善科举制度等政策，使得社会出现了安定的局面；并大力平定外患，尊重边族风俗，稳固边疆，最终取得天下大治的理想局面。”它说：“由于唐太宗励精图治，在政治上加强对西域等地区的管辖，在外交上加强与亚洲各国的友好往来，在军事上积极平定四夷，在民族关系上对待少数民族‘爱之如一’，贞观年间，唐代版图空前辽阔，超过汉宣帝在位时期，至唐高宗龙朔元年（公元661年）达到鼎盛，是时领土东临于海，西逾葱岭，北逾漠北，南至南海。”

文章说：“贞观时期是中国历史上基本没有贪污的历史时期，这也许是唐太宗最值得称道的政绩。在唐太宗统治下的中国，皇帝率先垂范，官员一心为公，吏佐各安本分，滥用职权和贪污渎职的现象降到了历史上的最低点。尤为可贵的是：唐太宗并没有用残酷的刑罚来警告贪污，主要是以身示范和制定一套尽可能科学的政治体制来预防贪污。”它说，唐太宗统治时期“中国政治修明，官吏各司其职，人民安居乐业，不公平的现象少之又少，国人心中没有多少怨气。丰衣足食的人不会为生存铤而走险；心气平和的人也不易走极端，因此犯罪的概率也就少之又少。”它称赞唐太宗的“三省六郡制”说：“这种政治运作方式很有点类似现代民主国家的‘三权分立’制，西方在17世纪兴起的分权学说，唐太宗早在一千多年前就已运用于中国的政治体制，进一步说明了贞观王朝的文明程度是何等之高。最难能可贵的是，唐太宗规定自己的诏书也必须由门下省‘副署’后才能生效，从而有效地防止了他在心血来潮和心情不好时做出有损他清誉的不慎重决定。中国历史上出了853个帝王，只有唐太宗一人拥有如此杰出智慧和胸襟。”

我以赞同的态度详细地引了这番对唐太宗的评价，很多读者也会和我一样并不认为这番评论过分夸耀。它和前面引的唐太宗自己的治国理论合并起来，展现出在唐太宗的统治下中国走上“文明道路”的康庄大道，中国命运共同体更加茁壮成长。唐太宗为这一命运共同体注入“忧国忧民”的灵魂，这是中国发展最可贵的亮点，是一般“民族国”最缺少的。

也是上面从网上摘录的评论提供了唐太宗于公元647年“被回纥等族拥戴为‘天可汗’成为各族的共主和最高首领”的信息。另外还有一个信息是著名的西天取经三藏法师玄奘（602—664）提供的，见玄奘弟子慧立和另一位叫彦琮［肯定不是当时另一位比玄奘年长的彦琮（557—610）］所著《大慈恩寺三藏法师传》，记录了玄奘与印度戒日王的谈话。戒日王听说了《秦王破阵乐》，问玄奘这“秦王”是谁？这《秦王破阵乐》原是唐朝起义军将士歌颂李世民的军歌，李世民登基后以此歌编了舞蹈，和唐太宗同时的印度戒日王也听到这一信息了。我们从这一点及唐太宗被邻国首领拥戴为“天可汗”的事实可以看出他当时名扬中外。唐朝一开始就形成“条条道路通长安”的国际局势。唐太宗时期，中国这个命运共同体不但活力旺盛，也是世界上最兴盛的国家，却不搞横向扩张、征服世界。唐太宗为以后所有本土政权创造了这样一种发展模式。

武则天打破社会对女性的制约

2014年年底至2015年年初，湖南电视台播放96集（每集45分钟）《武媚娘传奇》电视连续剧轰动全国（创收视率最高纪录），把中国历史上最不平凡的女性武则天（624—705）描写成美丽可爱、热情追求、聪明机智、耐心执着、克服障碍、登峰造极的传奇人物。武则天打破纪录、打破中国文明对女性的潜在制约，由一个唐太宗后宫的才人逐渐赢得人心、卷入政治，成为太子李治的友好；李治登基成为唐高宗（649—683年在位）后，武则天从昭仪上升为皇后。公元674年，唐高宗自称“天帝”，武则天成为“天后”，她和唐高宗成为“二圣”平起平坐，垂帘听政。公元683年唐高宗去世后，武则天从“太后”变成“天子”皇帝，自封“慈氏越古金轮神圣皇帝”。这个封号特别崇高，是一种中印文明合璧。“慈氏”是弥勒佛（弥勒/Maiterya是印度佛教传统八大菩萨之一）的称号。“金轮”指的是“金轮王”，也是传入中国的印度神话。印度古代的“cakravartin/转轮王”概念是一种“宇宙统治者”的理想。中国佛教传统（印度没有）把它分为金银铜铁四等（金轮王、银轮王、铜轮王、铁轮王），武则天自称“金轮王”。武则天这一封号是给予自己高得不能再高的荣誉，是超越古今中外所有帝王所能想象到的。

我可以肯定，中国历史书册压抑了武则天的优点与成就而夸大了她的缺点和错误，就像它们夸大了唐太宗的优点与成就而压抑了他的缺点和错误那样。更有甚者，中国正史从来不让武则天登帝王的高堂（她是历史上的皇帝，谁也抹煞不了的），只给她贵妃的地位，这就暴露中国文明“重男轻女”的软肋了。既然中国文明这样重男轻女，怎么又出了个武则天呢？我认为这个问题揭示了传统智慧的肤浅，需要我们对中国文明性质进行深入了解才能解答，同时这个问题也和为什么“观世音/观自在”（Avalokitesvara）菩萨在印度是男性到了中国变成女神互相联系。

前面反复谈到的中国文明特有的“立天”“立地”“立人”之道中就牵涉到男女两性的“阴”和“阳”、“柔”和“刚”两面，以及“仁爱”对男女两性的包容。《太极图》中的“阴阳鱼”☯互相拥抱，也有男女相互恩爱的意思，这些都说明中国文明本身并没有不敬重妇女的因素。中国重男轻女的传统是一种背离中国文明健康发展的陋规。特别应该指出，佛教把印度敬重妇女的传统在中国传播，使中国有了而且强调“慈母”的概念，也是帮助妇女提高地位的动力。武则天之所以能打破中国社会对女性的限制与中国文明本质上敬重女性及佛教传入助力女性地位提升是有密切关系的。换句话说，武则天的出现是在印度的助力下使中国更为稳健地走文明道路的标志。

学者（特别是外国学者）讨论武则天的事迹时喜欢突出武则天以佛

教《大云经》为权威依据而称帝。他们认为，先是印度来华名僧菩提流志（Bodhiruci与北魏时来华的菩提流支/道希同名）在洛阳译出《宝雨经》，谈到佛陀涅槃后将会在赡部洲东北方摩诃支那国以女菩萨身份为转轮王，后来武则天授意捏造译出内容相似的《大云经》（其实梵文《大云经》是有的）。武则天以此宣传她是弥勒菩萨/佛以女身下凡，就改年号为“天授”，并且在洛阳与长安建大云寺。现在梵文和中文的《大云经》都已失传，学者们更好随心所欲来编武则天的故事。这个武则天靠《大云经》登极的理论的最大漏洞是《大云经》的出现在武则天当了皇帝之后。我们从武则天发迹的整个过程来看，她对才能平庸、身体不好的唐高宗执政帮助极大，到了最后实际上由她执政。唐高宗死后，她的威望更高，想当太后就能当太后，想当皇帝就能当皇帝，所有事情已经是水到渠成，没有力量可以阻挡，有没有《大云经》并不重要。再有，武则天信佛是从小养成的。她当唐高宗皇后时，捐出脂粉钱两万贯来修建洛阳龙门石窟的大毗卢舍那佛龛和奉先寺。除了龙门，敦煌莫高窟、四川大足石窟及全国许多著名佛寺都得到过武则天的赞助。最后，她又于公元704年在洛阳举行了盛大的迎奉法门寺佛骨舍利的庆祝活动。

本书前面谈到历代中国政府把翻译佛经当作重要决策，继汉明帝后，有后秦主姚兴建“译经院”及隋炀帝建“翻经道场”。唐太宗开始亲笔为玄奘所译经写《大唐三藏圣教序》。武则天为高僧义净（635—713）写的序最多，有《三藏圣教序》《方广大庄严经序》《大周新译大方广佛华严经序》三篇。武则天在《僧道并重敕》中说了一段重要的话：“明知化胡是真，作佛非谬，道能方便设教，佛本因道而生，老释既自元同，道佛亦合齐重。自今后，僧入观不礼拜天尊，道士入寺不瞻仰佛像，各勒还俗，乃科违敕之罪。”她根据佛教传入中国初期出现的“老子化胡”（印度佛陀是中国老子的化身）的传说来推行从唐太宗开始的“道佛齐重”的政策。这话及她的一贯表现都证明她不是那种利用宗教来玩弄政治以实现个人野心的政客。

武则天特别强调“佛道同宗”的观点，这代表了中国文明“求同去异”的发展特点。从历史的角度来看，《僧道并重敕》中说的“老释既自元同”也对也不对。佛教当然是印度独立发展的，不是因为“老子化胡”。佛教传入以前，特别是先秦时代，中国根本没有什么“道教”。佛教的传入促使中国民间提倡道教。道教的理论是慢慢发展出来的，道教的宗教形式在很大程度上是模仿佛教的。从这一意义上说，道教是佛教引起的，“佛道同宗”是说得过去的。可是道教和佛教毕竟是两种不同的宗教信仰。佛教在中国日益普及，道教的兴起是带着与佛教竞争的情绪的。唐朝君主很注重团结，不让道佛之间的对立情绪发展。中国文明从一开始就把民族的标志与差异消除，以唐太宗与武则天为代表的中国统治者是想使中国没有宗教信仰的矛盾与对立。武则天的“佛道同宗”代表了中国文明对消除宗教信仰差异的努力。美国学者亨廷顿认为中国文明的发展对基督文明构成威胁是对中国文明缺乏最起码的认识。

现在人们游览古迹最多的西安（古长安）仍然能看到大雁塔和小雁塔。大雁塔是公元652年唐高宗建的，“大雁”的名字是纪念玄奘从“西天取经”回归。小雁塔是公元684年唐高宗去世后100天“天后/皇太后”武则天建的，是纪念义净从“西天取经”回归。唐太宗为玄奘写《大唐三藏圣教序》，武则天为义净写《三藏圣教序》，这样就把唐朝中印交流两位最重要人物的记忆永远让全世界瞻仰。

总而言之，从以上的讨论可以得出两个结论。第一，如果佛教不传到中国来，中国就不会有武则天称帝。第二，如果佛教不传到中国来，“观世音/观自在”（Avalokitesvara）菩萨就不会变成女性。这样看来，中国文明岂不是比印度文明、比其他文明更尊重女性了吗？！

“观世音/观自在”菩萨是什么时候在中国变成女性的，没有人能说得准。武则天扩建龙门石窟，雕塑中还没有出现女菩萨形象；敦煌莫高窟中唐朝时期的观音是男性，且画有胡须。可以肯定，到武则天的时代，中国的观音菩萨仍是男性。武则天有没有想改变这一现象的企图呢？武则天自称“鸾台朕”。公元683年武则天制《高宗天皇大帝哀册文》中有：“鸟庭开象，龙德含章。”这“鸟庭”就是“凤庭”。她在政府官衙前加“凤阁鸾台”字样（如“凤阁侍郎”）。我们知道，唐朝宣扬“龙”威，皇帝与大臣都着龙袍，形容京城为“龙城”。但在武后称帝时代，御用诗人有以“鸾”与“凤”取代“龙”的倾向。武则天皇帝喜欢带诗人出游，举行即兴诗会。沈佺期（656？—715？）经常陪同。他在《奉和立春游苑迎春》诗中有“歌吹衔恩归路晚，栖乌半下凤城来”。这最后一句捧武则天为“百鸟朝凤”的象征符号，把郊游后回到京城洛阳形容为“下凤城”。武则天的京都由“龙城”变成“凤城”，武则天坐的轿子由“龙辇”变成“凤辇”。她竭力在统治阶层开发“凤”文化就是想把女性的温柔灌输到中国文明之中。如果没有她和后人的这种努力，那“大慈大悲、救苦救难”的观音女菩萨是不会在神州大地出现的。

武则天当“天后”时，向政府提呈《请父在为母终三年服表》说：“窃谓子之于母，慈爱特深。非母不生，非母不育，推燥居湿，咽苦吐甘，生养劳瘁，恩斯极矣。所以禽兽之情，犹知其母……”她代替中国“天下”的母亲说出生儿育儿“推燥居湿”（自己处在恶劣环境让儿子舒服）、“咽苦吐甘”（自己吃苦让儿子享福）。《请父在为母终三年服表》实际上是政府向全国颁布的公文，使全国上下受到“母爱”文化的熏陶。

“盛唐”与玄宗

唐玄宗李隆基（685—762）在位44年（712—756），是秦汉以来大一统中国执政最久（也是唐朝在位最久）的皇帝。他是自古以来最风流、最有才华的政治家兼统治者。他的统治按年号分为“开元”

（713—741）与“天宝”（742—756）两个阶段。一般史论家认为：“开元盛世”超过以前一切“盛世”。

和李白同时并齐名的大诗人杜甫（712—770）是“开元盛世”美名的贡献因素。他在“开元盛世”过后20多年的公元764年写的《忆昔》诗第二首有这样的描写：

忆昔开元全盛日，小邑犹藏万家室。
稻米流脂粟米白，公私仓廪俱丰实。
九州道路无豺狼，远行不劳吉日出。
齐纨鲁缟车班班，男耕女桑不相失。
宫中圣人奏云门，天下朋友皆胶漆。
百余年间未灾变，叔孙礼乐萧何律。

52岁的杜甫有资格权威性地回忆20多年前的“开元盛世”创造了“百余年间未灾变”（没有重大天灾人祸），可见那是安居乐业的太平时期，是中国几千年来空前（与绝后）未有的。当然这不止是称赞只有28年的“开元盛世”，而是把唐太宗、高宗、武后的统治都算进去了。可是杜甫作《兵车行》（大约在751年）有“信知生男恶，反是生女好；生女犹是嫁比邻，生男埋没随百草（战死他乡、尸骨无人收）”。他又在公元755年作《自京赴奉先县咏怀五百字》，写出“朱门酒肉臭，路有冻死骨”。这两首诗都是在唐玄宗统治时期写的。

杜甫这三首诗的生动描写帮助我们全面认识“盛唐”——中国帝王统治下最美好的时段。我们辩证地看到，一方面国家有好的统治者、有“宫中圣人奏云门”（描写唐玄宗爱好音乐），民间社会就变得仁爱；宫廷有了“乐民之君”（不是“苦民之君”），神州大地治安不错（“九州道路无豺狼，远行不劳吉日出”），农业丰收（“稻米流脂粟米白”），工商业发达（出产“齐纨鲁缟”丝绸与麻的高级纺织品，到处是“车班班”的运输忙碌）。可是另一方面，贫富差距悬殊，有钱的尽情挥霍（“朱门酒肉臭”），贫困现象（“路有冻死骨”）不能消除。写到这里，应该特别指出杜甫诗中写的是“路有冻死骨”而不是“路有饿死骨”（如果是“朱门酒肉臭，路有饿死骨”，那不是更鲜明的贫富对照吗）。这间接说明唐玄宗统治下一般人吃得饱，饿死的情况极少。无论如何，在元朝以前中国没有棉花种植业与棉纺工业，穷人在严冬无法御寒是个极大的问题。杜甫的诗句显示的历史实况是穷人冻死的比饿死的要多。

《兵车行》代替重男轻女的唐朝民间发出战争负担太重的埋怨。这是中国文明结构性、永久性的问题。中国热衷于“文明道路”发展，想在和平旋律中发展，但是世界的大环境奏的却是战争的曲调，富国必须强兵，不侵略别人也必须强兵才能不受侵略。我们看到，有匈奴那样强悍的邻居，汉朝就无法关起门来搞“文景之治”，可是像汉武帝那样倾全国之力把匈奴赶到远远的欧洲（又使罗马帝国的安全遭受威胁）中国却吃不消。说这是“结构性”的问题不是指中国的政治结构有毛病，而是作为一个大一统的“文明国”必须找到长久性应对周边“民族国”世界侵略的妙计，找不到这一妙计就总是被动地挨打。从唐玄宗开始，这一被动挨打的局面就无情展开了。

唐玄宗（后人因为避免“玄”字忌讳，喜欢称他“唐明皇”）是唐高宗与武后的孙子，有风流的DNA。唐玄宗是音乐家，不但会作曲，而且会奏乐器。他还只有6岁就在宫中表演节目，受到武则天称赞。他没参与政治以前经常去宫中乐师受训的“梨园”当音乐指挥。唐朝著名朝臣兼诗人白居易（772—846）写的长诗《长恨歌》把唐明皇和杨贵妃（719—756）的故事传得家喻户晓。诗中“回眸一笑百媚生，六宫粉黛无颜色”写出杨贵妃的魅力；“春宵苦短日高起，从此君王不早朝”写出唐明皇舍弃“江山”、专爱“美人”的过失。后来安禄山（703—757）反叛，皇室撤离长安、退到四川。中途御林军“兵谏”，迫使唐明皇下令把杨贵妃处死于马嵬坡。这以后，唐玄宗就让位给太子李亨（711—762），即唐肃宗（756—762），李隆基当了6年太上皇而寿终。唐明皇宠爱杨贵妃的罗曼史还使得民间诗人李白（701—762）成名。李白被人引荐入宫，在沉香亭陪侍唐明皇和杨贵妃，作了描写杨贵妃的《清平调》诗三首，成为中国文学的不朽名著。诗中第一首以“云想衣裳花想容”开头，把杨贵妃描写成仙女一般。最后一句“会向瑶台月下逢”引了古代传说周穆王到昆仑山上会见西王母的典故（暗示杨贵妃可能是西王母下凡）。我认为中国“西王母”传说和印度关于“Uma”的神话有联系。总之，李白的丰富文明知识、巧妙的描写技术和无边无际的想象力把杨贵妃的美貌与魅力也神化了。

唐朝文化与文学盛况

隋唐新版中国命运共同体在各个方面都比秦汉第一版中国命运共同体进步得多。注重总结前朝统治经验教训的唐太宗设立机构整理中国历史记载。中国所谓“正史”的24部书中有8部是唐朝出的。著名的中国历史参考丛书《十通》是从唐人杜佑的《通典》开始的。人说唐朝是中国历史的“黄金时代”主要在于文化特别是文学的兴盛，出了李白、杜甫、白居易等大诗人，吴道子、张萱、周昉、韩滉等大画家。唐朝官员王维既是大诗人又是大画家（擅长水墨山水画），以“诗中有画、画中有诗”出名（“画中有诗”不难，“诗中有画”却是极高的造诣）。

唐朝画家吴道子被称为“画圣”（因为他开创了国画山水与人物的新天地），雕刻家杨惠之被称为“塑圣”（因为他首创塑壁技术和千手千眼菩萨形象）。武则天喜欢音乐，亲自为宫廷制造乐曲。唐玄宗是帝王中绝世的音乐家，带领全国歌舞升平。唐朝宫廷把中外著名乐曲都收集起来成为统治家族生活的旋律，叫作《十部乐》，其中有一部是《天竺乐》，可惜失传了。当时印度次大陆没有大一统的局面，恐怕也没有宫廷专门整理乐曲的。那唐朝这部《天竺乐》就成为古印度第一部乐曲集了。

龙门石窟的卢舍那大佛与四川乐山大佛石雕（是双手盖膝的弥勒佛巨像，整个佛像高71米，其中头宽10米、高14.7米，耳朵长7米，眼睛长3.3米，鼻子长5.6米，嘴巴宽3.3米，脖子长3米，肩膀宽24米，手部中指长24米，脚背宽9米、长11米等）。这两个最突出、最闻名的佛教胜迹是唐人的卓越创造，不管是过去、现在还是将来都会是“文明中国”的象征符号。

唐朝两位“西天取经”高僧玄奘出的《大唐西域记》与义净出的《南海寄归内法传》是现代印度历史学研究古印度的必读参考书。中国翻译佛经以唐朝收获最大，除了玄奘、义净的众多译作，还有外国高僧不空（Amoghavajra，705—774）、日照/地婆诃罗（Dipankara，613—687）、僧伽（Sangha，710年在中国逝世）、菩提流志（Bodhiruci）等人，译经数百卷。这一切都是唐文化“黄金时代”的例证。

这些成就生动地证实刘延东副总理形容的中国历史“是自强不息的奋斗史、追求和平的发展史、互学互鉴的交流史，塑造了融入中华民族血脉的文化基因”。她说这番话一定是聚焦于唐朝文明繁荣景象的。

三大背景促成唐朝文化的繁荣。

第一，过去虽然有所谓“汉武帝通西域”，但汉朝对外的交往并不发达。经过五胡十六国与北朝以后，中外交通出现新面貌。丝绸之路与“法宝之路”对流。唐朝是中西交通特别发达的时期。唐朝的长安与洛阳是丝绸之路的起点、“法宝之路”的终点。晋朝高僧法显（334—420）去印度朝圣。他和同伴走出国门时“发自长安，西渡沙河。上无飞鸟，下无走兽，四顾茫茫，莫测所之。唯视日以准东西，人骨以标行路耳”（见法显《佛国记》）。这“人骨以标行路”就是说，他们在沙漠中旅行，不知路在哪儿。他们就注意地上死人的骨头，随着有死人骨头的方向前进，因为既然有前人死在那儿，就说明那儿有路通往印度。法显独自回国（所有同伴都死于旅途），乘了印度商船，在太平洋上遇到风暴有翻船危险时，船上的婆罗门教商人想把法显这唯一的佛教和尚扔入海中去平息海神的愤怒，是船主保护了他才得生还。到了唐朝，中印之间贸易繁荣，来往高僧跟随商队旅行，比法显的时代安全得多。

通过“法宝之路”传到中国的不但有佛教，还有印度与中亚国家的艺术。印度绘画的凹凸法（使得画出的景物有立体感）是南北朝时代传来的，唐朝名画家吴道子（680—759）掌握了这种画法以后，使中国国画人物画有了飞跃的发展。他为敦煌及其他石窟与佛庙的壁画提供了“吴家样”。这“吴家样”画的佛、菩萨及其他人物形象改进了北齐来自撒马尔罕（今乌兹别克斯坦）的佛教壁画专家曹仲达的人物风格，有所谓“曹衣出水，吴带当风”（曹派画的人物好像是刚从水里出来，衣服粘贴于身；吴派没有这一缺点，衣带宽舒，在风中飘扬）的评论。敦煌莫高窟103窟的大型壁画《维摩经变》就是吴道子画风的表现。

应该特别谈谈唐朝流行的“胡旋舞”。唐朝宫殿中有来自康国、史国、米国（这三个国家都在今乌兹别克斯坦境内）等的“胡旋舞”女。白居易写的《胡旋女》诗说：

> 胡旋女，出康居。
> 弦歌一声双袖举，回雪飘飘转蓬舞。
> 左旋右转不知疲，千匝万周无已时。

这几句描写的正是现今北印度流行的古典Khattak舞蹈，它始于16至19世纪的莫卧儿（Mughal）王朝，是从阿富汗一带传到印度的。这样看来，Khattak舞蹈在中国受欢迎的时期比印度早了将近一千年。

第二，唐朝工商业繁荣，大城市兴起，城市文化发展出白天各行各业生产劳动、晚间到公众娱乐场所消遣的类似现代资本主义的生活方式。唐朝的大城市除了长安与洛阳两大传统政治中心，又增添了扬州与益州（今四川成都）这种由于工商业发达形成的大城市，人称“扬一益二”。另外还有因经济发展人口超过十万户的苏州和杭州，由于唐朝新兴工业瓷器生产出名的越州（今浙江绍兴）及对外开放的广州港口。

佛教传来，中国开始了“庙宇文化”。“庙宇文化”开始以前，中国只有“宫殿文化”，就是花大量的人力、物力、财力，以及技术与艺术打造宫殿的辉煌。有了“庙宇文化”，中国的大量人力、物力、财力，以及技术与艺术也花到打造庙宇的辉煌上来。佛教传来，王公显贵远道来庙里朝拜，但庙主不能以酒水与荤菜招待，就发明了清雅高贵的“茶文化”，以及创造性利用野生植物蘑菇、木耳、金针菇与豆腐、油豆皮、面筋等制成不比荤菜逊色的高贵“素食文化”。这两种文化又传到宫殿中，再从宫殿传入民间，丰富了中国的生活方式。从唐朝开始，中国的烹饪术达到很高水平，掀开中国“民以食为天”的新页。唐朝接受佛教“五戒”的倡导，反而丰富了饮食习惯、提高了烹饪术。“茶文化”的开发，使唐朝增加了两种新工业：制茶与瓷器（为高贵的饮与食提供高贵的茶具与餐具）。唐朝太平繁荣，民间丰衣足食，流动性强，全国各地都有“客舍”“亭驿”；李白“酒肆藏名三十春”（《答湖州迦叶司马问白是何人》），杜牧“夜泊秦淮近酒家”（《泊秦淮》），证明唐朝餐饮业的发达。

长安也是经济与文化的大都会，车辆（牛车、马车）络绎不绝，经常发生“塞车”现象。长安佛寺以“唱导”方式讲道，演讲夹杂着戏剧表演形式（传达佛教故事），观众爆满，阻塞街头，后来被禁止。但各地佛庙继续以通俗的“唱导”方式讲道，从而产生了一种唐朝特有的“变文”文学形式，开了“俗文学”的先风。

隋炀帝开辟的运河新城扬州在唐朝成为全世界最新潮的“夜生活”消费城市。在扬州当过官的唐朝诗人杜牧（803—852）的名句“二十四桥明月夜，玉人何处教吹箫”（《寄扬州韩绰判官》）曾引起历代文人争论——当时是有24座桥呢，还是像现在这样，“二十四桥”只是一座桥的名字。与杜牧差不多同时的张祜（785？—849？）作《纵游淮南》诗说：

> 十里长街市井连，月明桥上看神仙；
> 人生只合扬州死，禅智山光好墓田。

扬州那种“十里长街市井连”呈现出铺子连着铺子的一望无尽的大街，人们在晚上看市中心明月桥上（杜牧的“二十四桥”）的美女歌舞，使诗人觉得死在扬州也无悔恨。诗中最后一句“禅智山光好墓田”是暗指隋炀帝的迷楼（被毁后的迷楼遗址上建了禅智寺）。诗人好像在说：“享受过扬州的娱乐以后，像隋炀帝那样惨死也值得（好墓田）。”这是何等的执着呀？！当整个欧洲沉浸在“黑暗时代”（Dark Age）的时候（晚上是“没有上帝的世界/pagandom”人们不敢出门），扬州率先开始夜市与娱乐性的“夜生活”。可见在唐朝，扬州不但以文化著称，还是一个像当今资本主义世界的娱乐消费性城市，比法国“花都”巴黎早了一千多年。

第三，佛教庙宇文化兴盛，加强了中国命运共同体的超越家族、故乡的“五湖四海”文化。李白说：“夫天地者，万物之逆旅（客舍）也；光阴者，百代之过客也。而浮生若梦，为欢几何？”（《春夜宴从弟桃李园序》）这说明他兼受道佛哲学影响，视人生为旅途。李白的闻名全世界的《静夜思》一诗就反映出他乐于在“明月光”的照耀下走遍东西南北而心怀故乡。他这“明月光”的概念是受到唐朝高僧玄奘的启示。

玄奘在《大唐西域记》中说："详夫天竺之称，异议纠纷，旧云身毒，或曰贤豆，今从正音，宜云印度。……印度者，唐言'月'。月有多名，斯其一称。言诸群生轮回不息，无明长夜莫有司晨，其犹白日既隐，宵月斯继，虽有星光之照，岂如朗月之明！敬缘斯致，因而譬月。良以其土圣贤继轨，导凡御物，如月照临。由是义故，谓之印度。"（卷二）他是从印度语关于"月亮"的许多名字（如"indu""chandra""jyotsna"等）中选出"indu"（汉译"印度"）来为印度命名，比喻黑暗人寰有了"朗月之明"的佛光照耀，人们不会迷路。这在"印度/indu"这个名字中安装了文明理想。换句话说，玄奘取的印度名字是"佛光之国"的意思。

李白《静夜思》的"明月光"和玄奘的"朗月之明"是一码事。李白是典型的"五湖四海"知识精英。"黄河落天走东海，万里泻入胸怀间"（李白《赠裴十四》），黄河和长江"天造地设"地在地球上划出中国的轮廓，李白这两句诗把两大河划出的中国内容都内化到人们的感情中了。读者把他的诗消化以后就会摸到中国命运共同体的脉搏。

唐朝中国出了李白，李白又把唐朝中国摆到"明月光"的照耀下，这月光下的中国文化被苏东坡的"千里共婵娟"（苏轼《水调歌头》）凸显得更为"五湖四海"了。佛教传到中国以前，中国大一统的地面现实并没有精神上的大一统理论作指导，佛教把"三千大千世界"的整体观念种植到中国人心里。唐太宗在《金镜书》中说的"屈一身之欲，乐四海之民"就有佛教菩萨的"救世"思想。中国之所以为中国，是人们"为了一个共同目标走到一起了"。

唐诗是中国文化的"黄金宝库"

英国文化的骄傲是诗，1861年开始把精彩的诗出一选集（不断出版新集至今），俗称“黄金宝库”（Golden Treasury）。书的全名是《英文诗歌的黄金宝库》（*Golden Treasury of English Songs and Lyrics*）。同样，唐诗也是中国文明的骄傲，是中国文化的“黄金宝库”。如果没有唐诗，不但中国文学，甚至中国文化生活都会暗淡无光。《全唐诗》收入2200多位诗人的48900多首诗，这种万花齐放的盛况是古代别的国家没有的。现在全世界谈论古代文学，李白的名字是少不了的。李白的诗《静夜思》不但在中国，而且在韩国、日本都是家喻户晓，许多外国文化人都知道的。

唐诗的伟大不但在于它的可读性强，读起来能被诗人的感情“传染”（例如贺知章《回乡偶书》的“少小离家老大回，乡音无改鬓毛衰”，孟浩然《春晓》的“春眠不觉晓，处处闻啼鸟”，王维《渭城曲》的“劝君更尽一杯酒，西出阳关无故人”等），而且其中有许多中国文化的精髓。请看“醉卧沙场君莫笑，古来征战几人回”（王翰《凉州词》）；“抽刀断水水更流，举杯消愁愁更愁”（李白《宣州谢朓楼饯别校书叔云》）；“烽火连三月，家书抵万金”（杜甫《春望》）；“人生不相见，动如参与商”及“明日隔山岳，世事两茫茫”（杜甫《赠卫八处士》）；“商人重利轻别离”（白居易《琵琶行》）；“商女不知亡国恨”（杜牧《泊秦淮》）。这样的例子是举不完的。

中国文明以孔孟宣扬仁义著称，唐诗道出了实际生活中如何做人的真相。比方说，异性相爱，孔孟没有具体指示，唐诗却把最理想的爱情用“在天愿为比翼鸟，在地愿为连理枝”（白居易《长恨歌》）表达出来。

两千多年来，中国人民在大大小小的工作岗位上尽忠职守被李商隐的《无题》“春蚕到死丝方尽”的精辟比喻形容出来。

还有一首唐诗，不能不读，它是杜荀鹤的《再经胡城县》：

去岁曾经此县城，县民无口不冤声；
今来县宰加朱绂，便是生灵血染成。

中国两千多年的大一统庞大政体，在最高统治机关与广大草根老百姓之间隔着一个为自己的利益生存的官僚层。诗人杜荀鹤（846？—906？）就是这官僚层的一分子，深知“天高皇帝远”的中国官僚欺下瞒上的恶习与中国体制很难解决这一问题的缺点。欺压百姓的胡城县官不但没被革职，反而得到上级奖励（帽子上添了红翎）。诗中说这红翎的鲜红使人想起受苦人民的鲜血。中国正是因为帝王时代能有这样尖刻的批评才能走出“文明道路”来。

除了以上引的诗，唐诗中反映人民疾苦的不计其数。比方说，张籍（767？—830？）的《筑城词》：

筑城处，千人万人齐把杵。
……
来时一年深碛里，尽着短衣渴无水。
力尽不得抛杵声，杵声未尽人皆死。
家家养男当门户，今日作君城下土。

白居易的《杜陵叟》用农民的口气说：“典桑卖地纳官租，明年衣食将何如？”还更进一步谴责地方政府：“剥我身上帛，夺我口中粟。虐人害物即豺狼，何必钩爪锯牙食人肉？”杜荀鹤《山中寡妇》说：“桑枯废来犹纳税，田园荒尽尚征苗。时挑野菜和根煮，旋斫生柴带叶烧。任是深山更深处，也应无计避征徭。”这些只是唐朝诗人爱民、忧民气质的几个例子。

以上引的这些诗句反映出到了晚唐，唐太宗的“乐民之君”的观念已被朝廷与各地方政府忘得一干二净，但仍有像白居易、张籍、杜荀鹤这样“忧民”的政府官员。以上反映出的情况也说明，到了晚唐人民“载舟”（支持政府）的情感逐渐消失，“覆舟”（推翻政府）的情绪逐渐抬头，导致历时十年（875—884）的“黄巢之乱”。黄巢是民间失意的知识分子，带领农民起义，又和王仙芝率领的农民起义军联合，浩浩荡荡，从山东到河南、湖北、安徽、江西再到广东，攻克广州以后又挥师北上，于公元881年占领长安称帝，三年后才被平息。这黄巢对唐诗也有贡献。他的《菊花》诗流传后世：

待到秋来九月八，我花开后百花杀；
冲天香阵透长安，满城尽带黄金甲。

诗中的“我花”就是菊花，是“百花”中生命力最强的，菊花又叫“黄花”。黄巢的名字一看就知道是化名，他是把“黄花”当作革命的象征符号（“黄花”革命军披戴“黄金甲”）。我们从中看出所谓“黄巢之乱”也有一定的文明因素，但被人忽略了。

黄巢推翻唐朝另起炉灶的梦是在他公元884年死后13年，由他的旧部朱温实现的。讽刺的是：朱温背叛了黄巢而帮助唐朝平息“黄巢之乱”，唐朝赐给他“文忠”新名，封他为“梁王”。最后，这“梁王”朱文忠于公元907年把唐朝推翻，改国号为“梁”。

诗人清唱中国命运共同体的情怀

诗歌是必须谱成曲子让人演唱的。唐朝宫廷有“新乐府”（改进了汉朝宫廷的“乐府”），其中收了很多李白、白居易等人的佳作。我现在从千百首唐诗中选出8首来和读者重点欣赏。这8首诗在中国都是家喻户晓的，读者们一定熟悉。我们把这些清唱汇总，共同倾听唐朝时代中国命运共同体的情怀，让我们的心灵和唐朝社会的脉搏一同跳动，让我们感受唐朝时代大一统的中国命运共同体对生存的巨大热情及人民对共同体内温情的享受，对歌舞升平的留恋。这8首诗是：李白的《静夜思》、孟郊的《游子吟》、李绅的两首《悯农》、杜秋娘的《金缕衣》、罗隐的《自遣》、崔护的《题都城南庄》及王翰的《凉州词》。

李白的《静夜思》：

床前明月光，疑是地上霜。
举头望明月，低头思故乡。

前面已经讨论了这首世界名诗中的“明月”和玄奘以明月为符号取名“印度”两者之间的联系。唐朝好诗（特别是字数少的绝句）很少重复每一个字，但这首诗中重复了“明月”（它占了全诗1/5）而没人认为这是败笔，是了不起的创新。

就像苏联国歌的“我们没有见过别的国家可以这样自由呼吸”的18个字那样，李白这20个字更含蓄、深情地表达出人们在中国命运共同体的广袤大地上自由翱翔的情调（却避免与其他国家相比）。它为读者画出中国命运共同体的场面。游子身体与家乡亲人隔离，思念萦绕着他们，大家都生活在同一精神理想“明月”的照耀下的命运共同体中。

玄奘把印度“圣贤继轨，导凡御物”的现象比作“朗月”照明。李白既然是从玄奘的“朗月之明”得到“明月”的灵感，当然是以“明月”比喻中国文明。他在其他名诗中经常与“明月”相呼应。比方说“人生得意须尽欢，莫使金樽空对月”（《将进酒》）；“举杯邀明月，对影成三人”（《月下独酌》一）。中国命运共同体从隋唐开始，民间夜晚出外活动大大增加。李白等诗人在月下散步发现人们朝前走时月亮也朝前走，人们停下月亮也停下。中国文明成为“赏月”文明，因此中秋节成为中国传统的重要节日。

孟郊（751—814）的《游子吟》：

慈母手中线，游子身上衣。
临行密密缝，意恐迟迟归。
谁言寸草心，报得三春晖。

这首诗在李白《静夜思》描绘的中国命运共同体场面上增添了“慈母”对游子的爱。读者应该知道“慈母”的概念（孟郊大概是把它写在中国诗歌中的第一人）是印度的传统随着佛教弘扬“慈悲”思想而传到中国来的（过去中国只有“慈父”以贬义形容教子不严的父亲）。“游子”身上穿的是不辞辛劳的母爱的温暖，个人像小草一样在中国命运共同体“春晖”（春天的阳光）照耀下（这儿孟郊的“春晖”与李白的“明月”异曲同工）幸福生活。

孟郊的《游子吟》是日间的景象，和李白《静夜思》的夜间景象相衬托。中国文明敏感地注意到人生的白昼与黑夜。我们知道除了四川三星堆古文明，中国远古的日神崇拜早被遗忘，唐朝诗人写月夜的很多，却没有人赞扬太阳的光辉灿烂（只有暴露烈日对农民的煎熬）。孟郊选择的“春晖”符号与李白选择的“明月”都是温和的象征，折射出中国命运共同体的温馨情调。

我在第一章讨论孔子的思想时认为《大学》的“修身”“齐家”“治国”的理论是个人和“家”与“国”两个集体的整合。现在我们谈到“国”总是用“国家”来表达，对于中国文化来说，“国”就是“家”，爱家必然爱国。这是中国命运共同体的本性。从这个角度来看，李白的《静夜思》和孟郊的《游子吟》说出了唐朝知识精英浓厚的“国家”情调。这两首诗都是作为游子的诗人爱家与爱国的表达，这就是两首诗的诗境（禅境）。

李绅（772—846）的两首《悯农》诗：

（一）

锄禾日当午，汗滴禾下土。

谁知盘中餐，粒粒皆辛苦。

（二）

春种一粒粟，秋收万颗籽。

四海无闲田，农夫犹饿死。

这两首诗强烈地表现出孔孟“推己及人”的恕道，关心农民的生活；也表现出中国知识精英珍惜农民生产粮食的辛苦。千余年来中国千千万万人都有爱惜粮食的良好习惯，吃饭不浪费。我从小也有这种习惯，保持了八十余年，吃完饭，碗里一粒饭也不剩下。最近许多年回到中国看见那种普遍浪费饭菜的现象就想起李绅“谁知盘中餐，粒粒皆辛苦”的诗。农民在中国命运共同体中是重要的生产大军，因此在统治精英的头脑中地位突出。唐朝是大一统中国命运共同体的新版，《悯农》诗（二）的“四海无闲田，农夫犹饿死”这两句诗代表了中国农民正在觉醒。生产粮食的劳动者本身挨饿，说明中国命运共同体体制中存在严重问题。前面曾经提到，读者在本书的下面几章也会看到农民起义战争在中国文明发展的“文明道路”上越来越举足轻重。

杜秋娘（出生于791年的杜秋/杜仲阳当过“侍妾”与宫女）的《金缕衣》：

劝君莫惜金缕衣，劝君惜取少年时。

花开堪折直须折，莫待无花空折枝。

这首诗是前面介绍过的著名诗人杜牧传播出来的（也可能由杜牧润

色过）。三国时期曾有佚名诗人写《长歌行》，以“少壮不努力，老大徒伤悲”结尾，中国民间发愤图强的气质是在秦汉第一版大一统命运共同体时期就有了的。杜秋娘诗句以一位贤妻良母的口气劝青少年珍惜青春，以“无花空折枝”把前人“老大徒伤悲”说得更形象化。千余年来，这首诗在中国读书人中无人不知，民间普遍流传着“白日莫闲过，青春不再来”的俗话。

孟郊《游子吟》道出孝子对慈母恩爱的感情，我们却看不到慈母的尊容。《金缕衣》是中国贤妻良母与青年对话，使我们看到孟郊的慈母露面。中国文档中有慈母加入和社会交流始自《金缕衣》这首诗，它和《游子吟》一同开启了中国社会对贤妻良母的宣扬。于是“孟母”的故事传开了，“三娘教子”的故事传开了。我们还应该看到，自从隋唐开始科举考试，神州大地有志青年开始了“十年寒窗”为功名努力读书的风尚，杜秋娘的《金缕衣》对这一风尚起了助动作用，努力上进的青年越来越多，望子成龙的杜秋娘式的贤妻良母也越来越多，两者相辅相成。今天中国社会的这种相辅相成愈演愈烈，使当今的高考变得比历史上的科举不知艰苦多少倍。我的国内朋友中就有许多无声的杜秋娘。

刘延东说的中国文明是“自强不息的奋斗史”，这“自强不息”的精神是亿万人“惜取少年时”的传统创造出来的。一直到今天，海外（特别是美国）的华裔仍然保持着这一优良传统，成为人们议论的热点。海外华人中有许多无声的杜秋娘，还有出了名的“虎妈”。

罗隐（833—910）的《自遣》：

得即高歌失即休，多愁多恨亦悠悠；
今朝有酒今朝醉，明日愁来明日愁。

这首诗表达出，在中国命运共同体中人们都具有高度的适应环境的能力，能适应顺境，也能适应逆境，在成功与失败面前都保持镇静与清醒的头脑。千余年来，亿万中国人受到罗隐这首诗的鼓舞，我也是其中的一个，我从人生的经历中体会到生活本身是“得”与“失”、成功与挫败的交响。我在小学念书，老师教我“胜勿骄，败勿馁”，就是这个道理。可是小学教科书上没有这首诗（我是从社会上学到的），大概编教科书的人不喜欢“今朝有酒今朝醉”，怕青少年酗酒。我爱上这首诗，算起来有70多年了。越到老年越觉得这首诗是我一生的真实写照。但我从小不爱喝酒。罗隐这首诗［小时我根本不知道诗的名字与作者，只是1991年我为印度《东方经典丛书》（*Classics of the East series*）出《中国古典诗歌一览》（*Classical Chinese Poetry*）时才查出来的］是我一生的天书。我读到“今朝有酒今朝醉，明日愁来明日愁”这两句看到的信息并不是提倡酗酒，而是把自己摆在生活的朝气中与阳光下，乐观地面对生活、面对事业、面对现实的吉凶、面对手头的难题。这是一种“万事大吉”的执着信仰，和英文成语“All for the best”异曲同工。这首诗是我（相信也是其他千千万万爱好者）的坚决意志的取之不尽、用之不竭的源泉。

崔护（772—847）的《题都城南庄》诗：

去年今日此门中，人面桃花相映红。
人面不知何处去，桃花依旧笑春风。

这首诗是诗人去找一位一年前倾慕过的美人却发现她已经不知去向而作。诗中“人面”指美人的容貌。这是一首浪漫主义的诗，但它表达的是对中国命运共同体的自然与社会环境的热爱。这首诗以“人面桃花相映红”来描写生活在一个和谐、艳丽与温暖的集体中的幸福。虽然找不到自己爱过的美人，但这个和谐、艳丽与温暖的集体并未因此逊色，“桃花依旧笑春风”。

一首好的唐诗就是一幅诗境的图画，欣赏画的专家可以从画中看出普通人看不到的东西。崔护这首《题都城南庄》诗中喜气洋洋，热爱生活，热爱中国命运共同体。“桃花”像《静夜思》的“明月”，出现两次，是诗境中的关键事物。诗境中出现美女，但没有美女的描写。“桃花”就是美女，也是衬托美丽生活环境的符号。在诗境中，“春风”代表的是“天时”，“桃花”代表的是“地利”，“人面”代表的是“人和”，三者成为“立人之道”和“立天之道”与“立地之道”的有机结合。

王翰（8世纪人）的《凉州词》：

葡萄美酒夜光杯，欲饮琵琶马上催。
醉卧沙场君莫笑，古来征战几人回？

凉州（今甘肃省武威市一带）在唐朝地处边境。这首诗写的是卫戍士兵厌战的情绪。这是一首以浪漫主义手法写出的世界最早的热爱和平、反对战争的诗。它也像李白的《静夜思》和杜秋娘的《金缕衣》那样家喻户晓，是人们乐于吟唱的。李白曾有“但愿长醉不愿醒”（《将进酒》），和这首诗的“醉卧沙场君莫笑”相辉映。两者都不说明中国文明是“醉鬼”文明，而是讽刺社会的庸俗。李白不愿看到他无法改变的庸庸碌碌追求个人名利的习俗，王翰不愿看到人们为了争夺狭隘利益而自相残杀。死在战场的不但是败者，还有胜者，因此有“古来征战几人回”的嗟叹。这句嗟叹是中国“和平发展”道路的思维对“民族国”穷兵黩武的发展旋律的唾弃。

这8首诗就像8根不同颜色的丝线把唐朝大一统中国命运共同体的新版编织成精美的锦缎。现在再回到前面的庞大鱼缸的比喻，唐朝这些诗人的情调正是鱼缸中的金鱼悠哉游哉地享受无风无浪环境的写照。实际上唐朝的国际环境也不是那么平静的。唐朝一建立就与突厥发生冲突，在唐高祖、唐太宗与唐高宗时代，东西突厥的挑战被平定。唐朝与吐蕃（古代西藏国名）之间也有过战争，首都长安一度被吐蕃占领。但是最后唐王朝平息了吐蕃的挑战。正因为唐朝有力量把鱼缸旁边的猫赶走，我们才能从上面8首诗中得出中国命运共同体的鱼缸中的金鱼悠哉游哉地享受无风无浪环境的写照。

唐朝中国命运共同体实际上不是那么安闲的境况。前面谈到的黄巢带领农民起义而导致唐朝灭亡，说明唐朝中国命运共同体内部存在着严重的贫富不均现象，说明农民起义战争和外来“民族国”侵略是中国命运共同体的两大克星。

中国、印度、日本、高丽的文明共同体

亲爱的读者们，你们是不是认为把唐朝时代的中国、印度、日本、高丽说成一个文明共同体有点离谱？让我们好好地从三方面来讨论。

第一，我们不是以“民族国”地缘政治的范式来看问题的。我们是以“地缘文明范式”把现在的南亚（古时的“印度”）地区和包括中国、朝鲜半岛与日本的东亚看成同一个共同体。

唐朝时代中国、印度、日本、高丽都是“佛国”（佛教盛行）。玄奘在印度积极参加大乘佛教与其他信仰的辩论。在中国，佛教发展到巅峰状况。本书第二章提到中国的国际名称“China”起源于公元前4至公元前3世纪孔雀王朝宰相考底利耶/昌纳琪亚（Kautilya/Chanakya）所著《政事论》（*Arthashastra*）中的“Cina”，带有“丝绸之国”的意思。本章前面又谈到7世纪玄奘访问印度时，印度人已经在“Cina”的前面加上了“maha/伟大”的形容，玄奘在《大唐西域记》中把印度词汇“Mahacinasthana”译成“摩诃至那国”，说明印度人称唐朝为“伟大的中国”。[①]

我们讨论唐朝中国、印度、日本、高丽文明共同体，一个最好的

---

① 参见谭中：《喜马拉雅在呼唤：中国与印度的起源》，2015年，新加坡：World Century Publication Corporation，182-183页。

例子就是佛教《仁王经》在中国、高丽与日本的政治影响。《仁王经》又称《仁王护国般若波罗蜜多经》，先有鸠摩罗什的译本，唐玄宗请斯里兰卡密宗大师不空（Amoghavajra，于719年来华，774年在中国去世）重译。不空在唐朝遭遇国难时，受皇帝之请在公众场合传颂此经来退敌。《仁王经》是千余年来一直到今天在中、韩、日三国流传的“护国息灾”的经典。三国民间流传着许多《仁王经》显灵的故事。

从印度哲学的角度来看，这“仁王”象征符号有点费解。“仁”是中国孔孟之道的精髓，不属于佛教哲学的范畴，怎么会有“仁王”，更有专门的《仁王经》呢？这部经书是“密宗”经典。“密宗”（印度称为“Tantra”）在印度就很特别（应该说很古怪），有佛教的“Tantra”，也有印度教的“Tantra”。印度佛教的“Tantra”有“摩诃至那国多罗女神”（Mahacina-tara），还有佛陀在中国练功的传说。[①]

第二，借用当前中国盛行的“一带一路”的讨论方式来阐述。本书第二章最后一节讨论五胡十六国时已经谈到公元前3世纪印度阿育王发起的向全世界传播佛教及随后随着笈多王朝/古普多王朝（320—540）商业发达而从印度开启的“法宝之路”，从恒河流域出发，经过阿富汗、中亚、中国新疆而到达长安、洛阳。这“法宝之路”和丝绸之路是同一条路上双向交通的现象。我们聚焦的“一路”就是“法宝之路”，“一带”就是“法宝之路”畅通的中、朝、韩、日的东亚与印度半岛的南亚地带。

唐朝中国在这个“一带”（中、朝、韩、日的东亚与印度半岛的南亚地带）“一路”（“法宝之路”）上起了关键性作用（可以对现在中国推行“一带一路”作重要参考）。一是当时中国经济繁荣，贸易发达，造成“条条道路通长安与洛阳”的国际现象。二是当时中国吸收外国文化（特别是印度文化）而且使中外文化交融。经过唐朝加工的佛教变

---

① 参见谭中与耿引曾：《印度与中国——两大文明的交往与激荡》，2006年，北京：商务印书馆，409页。

成“中印合璧”文化，这种“中印合璧”文化又传播到朝鲜与日本。我想这段历史正是刘延东说的中国文明史是“互学互鉴的交流史”的典型范例。

前面我谈到玄奘用印度语“月亮/indu”为印度取名“印度”（意思是“佛光之国”）。李白《静夜思》等于把唐朝中国描写为“佛光之国”。这样看来，中国和印度这一对“喜马拉雅圈”内的孪生文明在唐朝就是佛光照耀下“千里共婵娟”了。

第三，日本原来没有自己的文字，采用汉字为文字。最初可能是公元5世纪百济的日本佛教高僧把中国佛经带回日本后开始使用。在与唐朝同时的奈良时代（公元710—794），由于大批日本学者从中国学习后回国，日本开始正式使用汉字并且以汉音为标准发音。有了文字，日本文化才有飞跃式发展。朝鲜使用汉字早于唐朝（唐朝以前也有日本文人把朝鲜使用的汉字传过来）。总之，在唐朝，中、朝、日三国都同文了。

关于日本人的祖先，现在有许多说法。1973年我和东京与京都的历史学家交流，他们异口同声地说，最早的日本人是远古时代从中国大陆去的，叫作“和”人。这“和”的日本读音是“wa”，中国把日本人说的“和/wa”译成“倭”。（《后汉书·东夷传》有东汉光武帝刘秀委任日本王为“倭王”的信息。）中国许多人一谈到“倭”（日本人）就有“矮”的感觉。欧美人觉得日本人矮还有道理，平均高度与日本人相差无几的中国人也笑日本人矮，那就是五十步笑百步了！总而言之，中国和日本是同文同种毫无疑义，只是人们信息不够而已。

中国和高丽也是同文同种。《史记》与《汉书》都有“箕子朝鲜”（从中国去的“箕子”在朝鲜半岛建立最早的国家）的典故。虽然还没有找到考古证据，却不能对此否认（就像我们不否认大禹的典故一样）。我们避免用“民族国”的思维方法，可以认为远在没有文字的时代，山东半岛、辽东半岛与朝鲜半岛的居民交往是密切的，可以笼统地看成共同祖先的后人。

因此，我们说唐朝时代中韩同文同种也是符合逻辑的。

从隋朝开始，日本已经向中国派遣使团（即外交人员），唐朝时日本的“遣唐使团”更多，其中不仅有政府官员，还有年轻学生。政府官员不能久留，学生可以留在中国学习，叫“留学生”（这个名词从19世纪末开始被中国采用）。日本共派出13次人数众多的“遣唐使团”（最多达到600人）。唐朝政府把日本“留学生”安排在国子监学习，学习期可以延长到几十年。他们回国后成为日本文化发展的主将。奈良时代来到中国的阿倍仲麻吕（698—770），中国名字叫“晁衡”，开元年间考取进士，在唐朝任官职，回归日本时传闻他在海上遇难，他的好友李白听了十分悲痛，作《哭晁衡卿》诗：“日本晁卿辞帝都，征帆一片绕蓬壶。明月不归沉碧海，白云愁色满苍梧。”李白的诗句道出中日之间的深厚友谊。

唐朝中国法师鉴真（688—763）于公元753年东渡日本，帮助日本振兴文化，被奉为“国师”。1973年我曾参观过日本奈良的唐招提寺，是鉴真在世时亲自以唐朝建筑风格兴建的。寺内鉴真的遗物都标明为“国宝”。现在整个唐招提寺都成为日本国宝，又被联合国承认为世界文化遗产。

亲爱的读者们，我认为这个唐朝“中国、印度、日本、高丽的文明共同体”（也就是东亚—南亚文明共同体）的概念对中国未来的发展是最重要的。既然有了历史的“文明共同体”，将来发展成“命运共同体”就容易了。结成“东亚—南亚命运共同体”以后，前面谈到的中国“文明道路”的两大致命祸端（农民起义战争与外来“民族国”侵略）就少去一半，可以避免将来吃二遍苦。历史上中国“文明道路”遭到外来“民族国”侵略的悲剧将在下面的讨论展开。

三、宋朝：歌舞升平、乐极生悲

从唐朝灭亡到宋朝重建大一统局面之间隔着一个五代时期，更具体地说是五代十国时期。五代（907—960）是后梁、后唐、后晋、后汉、后周；十国（891—979年）是吴、前蜀、吴越、楚、闽、南汉、荆南（南平）、后蜀、南唐、北汉。接替唐朝的梁（史称后梁）没有保持唐朝大一统局面，当时四川有蜀、湖南有楚、浙江有吴越、广东有南汉、福建有闽，都是独立王国。后梁这种国中有国的局势在随后的后唐、后晋、后汉、后周时代一直继续，中国处于又统一、又分裂的状况。

宋朝（960—1279）有319年的历史，18位皇帝，和唐朝像一对姐妹。所谓唐宋时代，中国经济发达、文化繁荣、科技进步，一代胜过一代。宋朝继承了唐朝的体制，吸收了唐朝的经验教训，青出于蓝而胜于蓝。有些国际学者，特别是美国学者，对宋朝的赞赏高过唐朝。唐朝在经济方面，农村“均田制”破产，土地兼并现象严重，妨碍了农业发展；城市工商业发展受到政府管制的束缚。这两方面在宋朝都有改进。从世界的角度来看，宋朝的经济体制最先进。土地政策鼓励农业发展，工商业政策刺激贸易与运输，水道疏通、船只质量改进，水上运输空前发达。钢铁工业发展，货币（钱币与纸币）流通，借贷发达，推动经济繁荣。

宋朝经济飞跃发展

中国农业以精耕细作著称，自古以来，在没有现代高科技支持的情况下，单位面积产量是世界最高的，而且不断进步。唐朝比汉朝提高很多，宋朝比唐朝更为提高。虽然关于宋代粮食产量有些争议，但宋朝农业单位面积产量的飞跃进步是无人否定的。宋代粮食生产的巨大进步与引进占城（越南）优良稻种有关。古代小麦生产并不普遍，小麦被视为杂粮，唐朝开始才大规模生产（唐朝政府开始对小麦征税）。宋朝小麦种植推广到长江以南，对增加农产量起了重要作用。宋朝又引进了棉花生产，对农业与人民生活起了革命性的改进。棉花又轻又暖，棉纺织品又细又华丽，棉花不像丝绸成本高、价格昂贵，可大规模生产普及，提高人民御寒能力。小麦与棉花成为中国主要农产品，中国就真正成为喜马拉雅圈的主要成员了。

在唐朝发明茶这种高贵饮料后，宋朝茶叶生产成为商品农作物的领袖。987年乐史（930—1007）写的《太平寰宇记》记载了唐朝“茶圣”陆羽（733—804）所没有提到的南方许多茶叶生产基地。南宋时期，产茶县上升到200多个。唐朝禁止民间茶叶贸易，宋朝政策比较宽松。宋朝开始以茶换马的对外交易，三条著名的茶马古道上，茶叶一部分发自长安，沿着丝绸之路出口中亚、西亚、南亚。印度克什米尔的“茶文化”有近千年之久，就是从这条茶马古道发展起来的。宋朝另一部分茶叶从四川、西康送到西藏，然后销往尼泊尔、印度。英殖民主义统治印度时发现印度人早已有饮茶习惯，印度民间各地语言都有“茶”（叫作chai），至今如此。

宋朝农业主要经济作物除了棉花与茶叶就是甘蔗，是制糖的重要原料。宋朝人民生活水准提高、讲究饮食，对食糖的需求大大增加。中国古代不会制糖，史书记载印度使节向中国帝王献石蜜（结块的红糖），中国认为十分珍贵。唐太宗贞观年间，邀请印度那烂陀大觉寺派了8位僧人与两位石蜜匠到扬州传授生产石蜜技术，成为中国制糖工业的开始。宋朝制糖业发达，四川遂宁成为重要产糖中心。传说在唐代宗广德年间（8世纪中叶），遂宁一位叫翠姑的孝女到糖坊“偷”了糖浆放在小瓦罐中，在冬季露天藏了9天后取出，发现糖浆变成糖霜，从此以后中国就得到了制造白砂糖的先进技术。不管传说的真实性如何，宋代“遂宁糖霜”的制造为中国制糖业开创了新纪元，中国从此成为白砂糖制造大国，向东南亚及南亚等地输出产品，一直到19世纪末为止。现在印度各地语言都以chini（或相同音）为“糖”，这是继承本书第二章谈到的公元前4世纪印度孔雀王朝在想考底利耶/昌纳琪亚把中国叫作“丝绸之国/cina”的传统来以中国为食糖取名。现在许多印度人仍然以为制糖是中国的发明，是后来传到印度的。他们不知道中国最初的制糖技术是从印度传来的。宋朝各地产糖种类名目繁多，有糖霜、石蜜、乳糖、沙糖、合子糖等，折射出宋朝制糖工业十分兴旺。

中国对世界文明的贡献

16—17世纪的英国哲学家培根写的《诸学科的伟大复兴》（*Instauratio magna/The Great Instauration*）书中说，中国的三大发明（印刷、火药、罗盘）“改变了世界的面貌与形势”（have altered the face and state of the world），在文学方面是印刷，在战争方面是火药，在航海方面是罗盘。[①]罗盘除外，火药与印刷都是唐朝的发明而在宋朝开始规模生产的。中国民间研究炼丹，在唐朝发现硫磺、硝石、木炭三种原料混合起来可以引起爆炸。宋朝的马戏班子杂技演出开始用这种技术造成烟火、炮仗、烟云等效果来吸引观众。印刷其实是古印度发明，4500年前，繁荣了一千年的Mohenjo Daro古城（现在巴基斯坦境内）发掘出的印章就是用来印出形象的。唐朝佛教僧人开始刻版印佛经。宋朝毕昇在庆历年间（1041—1048）发明活字印刷，一个活字就是一个单独的印章，据说毕昇是受到人们印佛像的启发而发明的。毕昇的活字用胶泥刻字然后烧硬，并用铁板压平。唐朝印刷，把一本书刻在木版上，得花费很大精力，刻版把书印完以后就作废了，要印另一本书又得从头开始制作。活字印刷却省力多了，把书印完可以另行排版印别的书，可以任意增加活字。

① David A. Boruchoff, “The Three Greatest Inventions of Modern Times: An Idea and Its Public.” In: *Entangled Knowledge: Scientific Discourses and Cultural Difference*. Ed. Klaus Hock and Gesa Mackenthun. Münster and New York: Waxmann, 2012, pp. 133–63.

中国人喜欢说活字印刷技术传到欧洲引发文艺复兴运动，这不是无中生有，而是西方学者说的。培根所说印刷在文学方面“改变了世界的面貌与形势”是能够成立的。可是我们应该看到西方近世纪科学技术的突飞猛进主要由欧洲内部发展的规律造成，外来的因素不能过分强调。宋朝开始生产火药只不过是为生活的娱乐性增加些新奇，不是为了战争。我们应该看到，宋朝几百年遭受外来侵略，也从未想到用火药去击退敌人（如果真是那样做了，中国的历史发展就会大不相同了）。到了13世纪，蒙古人把火药装入火器去征服欧洲，那不算中国文明的贡献。因此培根所说中国发明的火药在战争方面“改变了世界的面貌与形势”是不能够成立的。现在回顾历史，是不是应该说宋朝人是笨蛋，蒙古人聪明呢？宋朝人是绝对聪明的。但是他们的思维角度不同。歌舞升平是宋朝文化的基因。所谓“好铁不打钉，好男不当兵”是宋朝的民性。宋朝象征着中国走“文明道路”到了柳暗花明又一村，人们不会降低到钻研武器的昏暗境界，即便是出于生存与安全的考虑也不干。

德国著名哲学家黑格尔认为，中国人无能、落后，没有自我意识：“早在欧洲之前，中国人就有很多发明，但不会进一步运用自己的发明，罗盘与印刷术就是例子……还有火药，他们宣称比欧洲人发明得早，却是耶稣会的神父为他们创造出第一尊大炮。”①尊敬的黑格尔先生，你说得对呀！从“民族国”的角度来看，中国人的确无能、落后，没有自我意识。可是你要知道，中国人发明火药不是为了战争，明朝欧洲来的耶稣会（Society of Jesus）的神父帮中国人制大炮并不代表中国人没有出息，而是因为中国素来是循着“文明道路”发展，超越“民族国”发展旋律的。

说中国有“三大发明”（印刷、火药、罗盘）或者“四大发明”（加

① 参见凌焕铭：鉴别中国梦——谁的“中国”，谁的“梦”？谭中与凌焕铭编：《四海为家、天涯比邻：海外华人与中国梦》，2015年，北京：中央编译出版社，186页。

上造纸）都是西方人给的定义。我看瓷器应该是中国第一大发明。在唐朝的基础上，宋朝瓷器工业大大发展。我在网上看到这样的评论："可以说人类世界上第一个商业化的工业是宋朝的瓷器工业。宋瓷是最精美艺术与精确工艺完美的结合。宋瓷神韵文明与大众文化巧妙地融合与统一。各地名窑瓷器大量地生产，不仅供皇家贵族使用，还为官员学者们及市民阶级所珍爱、使用。宋瓷的各种窑类造法制造出来的瓷器品种层出不穷，让所有见着的人都赞叹不已。宋瓷许多的工艺都已失传。宋瓷许多的工艺水平即使现代都难达到。宋朝的瓷器是如此的精美，可以说宋朝遗留下的名窑瓷器几乎都价值连城。"① 我想这些话并不夸张。

现在全世界差不多每户人家都有瓷器，世界各国所有的富翁没有一家不将高贵瓷器（很大一部分是中国产品）作为装饰品的。这都是中国发明的贡献呀！瓷器从一开始就有两种功能：一是充当家用的茶具与餐具，贫富人家都能享受；二是充当光彩夺目的摆设，从家庭的客厅到集体机构的会议室都适宜。还可以充当花瓶与花盆。瓷器的装饰功能胜过玻璃与金属物，价格可低可高。瓷器又有耐温、防水、不锈、容易洗刷、光彩与颜色永久不褪的优点。试想如果没有瓷器，世界现代生活水平一定会大打折扣。中国再没有其他发明比瓷器更"改变了世界的面貌与形势"。

上面引的网上看到的赞美宋瓷的那段话指的是瓷器作为高贵瓷器、作为装饰品的功能。宋朝的五大名窑（汝窑、官窑、钧窑、哥窑、定窑）都是为宋代权贵生产高级艺术品的。不但这五大名窑后来荡然无存，一千年来人们制造这种高级艺术品都达不到当时的水平。这就了不起了。五大名窑中汝窑生产的青瓷不但艺术水平高（后人试图仿效都不成功），而且对后世产品的影响大。现在流传于世的作品不足百件，全世界博物馆收藏了汝窑宋瓷的都会自豪地宣传，没收藏到的都会感

①《宋瓷五大名窑－百度百科》*baike.baidu.com/view/659974.htm*，2016年1月9日参阅。

觉美中不足。关于官窑，因为宋朝首都汴京已经陆沉，找不到它的遗址，有人甚至认为官窑就是汝窑。北宋的官窑产品大都失传，现存极少，南宋的官窑产品倒有些，被认为国宝级珍贵文物，四川遂宁博物馆拥有很多件，被视为至宝。数百年来被人称为“国之瑰宝”的钧窑瓷器在国际拍卖中创造了百万美元一件的纪录。由于它们艺术造诣特别高，数百年来中国瓷器工业不断仿造钧窑作品却难弄假成真。1991年，河南省禹州市专门成立钧瓷研究所、钧官窑址博物馆及钧瓷文化广场，一方面继承与发扬宋朝钧窑的工艺水平，另一方面也繁荣地方的工业与旅游业，可见宋朝瓷器的成就影响深远。

关于实用瓷器生产，宋朝也达到高峰，有许多瓷器生产基地，其中最著名的是江西景德镇。这儿从战国时期开始就有陶器生产，到唐朝已经成为瓷器生产重镇，宋朝真宗皇帝（998—1022年在位）把它所有产品征为御用，并于景德元年（1004年）把该镇改名景德镇，数百年来景德镇被称为中国“瓷都”。现在这里不但是瓷器生产中心，而且是以古代陶瓷历史为主题的旅游胜地，还有陶瓷学院与陶瓷研究所，是中国瓷器文化中心。景德镇出产的有“万寿无疆”四个字的茶具与餐具在全世界都可看到，成为中国瓷器的代表。

市场经济与新的生活方式

在宋朝呈繁荣景象的工业还有酿酒。秦汉两朝都推行禁酒政策，主要因为当时农业产量低，要保证民间有足够的粮食就不能允许把粮食转变为酒精（以满足权富群体的挥霍）来盈利害民。到了唐朝，农业总体上超越了自给自足的程度，因而开始把粮食转化成酒。“李白斗酒诗百篇”（杜甫《饮中八仙歌》），唐诗的酒味特别重，说明当时酒文化达到一定高度。虽然李绅有“四海无闲田，农夫犹饿死”的诗句，但唐朝没有严重的饥荒。宋朝初期政府垄断酿酒与买卖，叫作官酿，后来慢慢开放。宋朝著名官员学者、文人欧阳修（1007—1072）作《食糟民》诗说：

田家种糯官酿酒，榷利秋毫升与斗。

酒沽得钱糟弃物，大屋经年堆欲朽。

……

官沽味酿村酒薄，日饮官酒诚可乐，

不见田中种糯人，釜无糜粥度冬春？

还来就官买糟食，官吏散糟以为德。

……

这首诗生动地说明农民种糯米给政府酿酒，官酿的酒糟堆积如山。官员饮酒作乐，种糯的农民却挨饿，官方把酒糟廉价卖给糯农以为是做了好事。宋朝的酒文化就是这样开始的。

酒文化与酿酒工业日趋繁盛是粮食生产丰富与农业商业化的表现。宋朝在这方面又比唐朝更进一步。著名小说《水浒传》虽然是在明朝正式成书，但它的故事在宋朝就流传开来。从《水浒传》中看出，北宋时期酒店很多，而且以好酒称道，小说对不同酒品的名字与味道都有具体描写，说明宋朝酒文化比唐朝更讲究。唐朝李白认为“古来圣贤皆寂寞，唯有饮者留其名”（《将进酒》），宋朝大文豪苏轼（1037—1101）也像李白那样“把盏为乐”（其实是醉翁之意不在酒），但饮酒有度。他的酒文化比李白更进步，因为他自己酿酒。他还写了《蜜酒歌》和《真一酒歌并序》介绍自己酿的两种酒饮料。他在《真一酒歌》中说“三杯俨如侍君王，湛然寂照非楚狂”（这“楚狂”影射自称“楚狂人”的李白），更体现宋朝酒文化不是“但愿长醉不愿醒”（李白《将进酒》）那种消极态度。

欧洲古时也有酒文化，西方人喜欢辩论，聚众饮酒时辩论问题容易引起斗殴。饮茶文化传到欧洲起了减少斗殴的作用。饮茶能使人兴奋，脑中涌现新观点但心中无暴躁情绪。英国人在新兴的咖啡馆中饮茶谈论政治助长了民主言论，最后导致1649年处死英王查理一世。在此之前，查理王曾经下令关闭咖啡馆以停止议会民主运动蔓延。中国的酒文化和西方不同。唐朝人们饮酒以“消愁”为主，宋朝人们饮酒主要是作乐，饮酒有酒令游戏助兴。我无意为中国酒文化宣传（我认为中国酒文化弊大于利），但也看到宋朝酒文化兴盛与酿酒工业繁荣是一种有中国特色的文明发展，是人们物质生活水准提高后为了满足精神享受的大趋势的一部分。

中国文明在农业时期注重“天人合一”，“立人”之道必须从属于“立天”之道，农业文化提倡俭朴、不喜欢铺张浪费。商业文化却不同，商业文化的“立人”之道把满足人们的欲望摆到第一位。唐诗中的“商人重利轻别离”与“商女不知亡国恨”反映出商业文化突出盈利、突出一时享乐。以上谈到的宋朝酒文化折射出当时商业的地位与重要性已经提高到与农业持平甚至超过，中国经济已经进入商业与服务业异军突起的新阶段。从生产关系的角度来看，农业有地主与农民生产大军两个阶层，工业有工场/工厂主与工人两大阶层。商业也同样有商贾与为商贾服务的劳动大军，他们在现代被称呼为“搬运工人”。虽然他们没有受到一般历史学家的注意，但他们在宋朝已经进入社会主流，是中国文明的一大特点。

宋朝商业的繁荣导致交通运输空前发达。著名词人柳永（987—1053）写的《归朝欢》有：“路遥川远多行役，往来人，只轮双桨，尽是利名客。”这是自命清高的文人看当时络绎于途的商贾“利名客”（“利客”就是商贾，“名客”就是奔赴考场想做官的读书人）的繁忙交通运输。诗中的“只轮双桨”是中国丘陵地带一景：山路上行走的是中国有了几千年历史的独特发明（别的国家极少见到）的独轮车及大小河流中穿梭的船只（“双桨”）。诗中的“路遥川远多行役”突出了中国商业发达出现的新现象。这“行役”就是“脚夫”（印度等国家叫“苦力”）。他们在宋朝文学作品中活现出来。比方说，南宋文人周辉（12世纪）所著《清波杂志》有“天下名山福地，类因行役穷日力”（卷三）。苏颂（1020—1101）的《山路连日冲冒西风颇觉行役之劳》一诗形容他们在“崎岖千险马行难”的环境中劳动。裘万顷（？—1219）的《行役》一诗形容他们：

崎岖历冈峦，仿佛辨阡陌。
秋高风露寒，道远时序迫。

一千年前“脚夫/苦力”成为中国文学作品中的主人公，说明他们是宋朝中国生产大军中的重要组成部分。由于商业越来越发达，运输的货物越来越多，这一群体也变成文学作品的关注对象，这在古时其他国家是少见的。

最被人忽视的中国古代船夫也是为商贾服务的劳动大军。中国南方水上运输发达，在小河中设有灌溉农田的筒车/水转筒车（英文叫Chinese noria），利用流水的动力把河里的水舀起来，自动送到一两丈高的田地中去。这种筒车是隋朝时代的民间发明，唐朝开始成为生产工具，到宋朝就很发达了。南宋张孝祥（1132—1169）的《竹车》诗描写说：“转此大法轮，救汝旱岁苦。”“老农用不知，瞬息了千亩。”诗中以佛教“大法轮”来比喻水转筒车利民的功能，提得很高。

我20世纪三四十年代在湖南涟水旁长大，对从宋朝开始普遍起来的水转筒车很熟悉。它们日夜自动向田地浇水，方便了农民，却不是船夫的救星，而是他们的折磨。水转筒车要有足够的流水动力，就在河上修小坝拦水，坝中留出一个缺口让船只通过。顺水航行的船急流而下，逆水航行的船就麻烦了。船上撑竿过不了急流，船夫就只能用纤绳牵着船，在岸上艰难前进把船拖过急流，有时一条船的船夫还拖不过，就把两三条船的船夫合成一队（有七八甚至上十人）把一条一条的船拖过去。这种拖船的船夫又叫纤夫。我看到的湖南涟水的纤夫和长江三峡的纤夫相比，那是小巫见大巫，当然更不能和被俄国著名画家列宾（Ilya Repin）1873年的名画《伏尔加河上的纤夫》（*Barge Haulers on the Volga*）及俄国20世纪歌唱家夏里亚宾（Feodor Chaliapin）演唱的《伏尔加船夫曲》（*The Song of the Volga Boatmen*）名扬世界的伏尔加河纤夫相比。李白写《丁督护歌》有：“云阳上征去，两岸饶商贾。吴牛喘月时，拖船一何苦！”这些都可以当作对那些被人遗忘的商业劳动大军的歌颂。

宋朝经济繁荣、文化发达，对人民经济生活的描写也比前朝详细。有两本著名的书：孟元老（12世纪）写的《东京梦华录》和吴自牧（大约13世纪末）所著《梦粱录》对北宋首都汴京（今开封）与南宋首都临安（今杭州）的生活都有生动的描写。汴京人们早上都不做饭，而是上街买点心吃，或者到茶馆，不但吃早餐，还有游戏节目。一天工作完毕后就去娱乐场所，有“瓦子”“瓦舍”“勾栏”等名目。娱乐表演有“相扑”（摔跤）、“傀儡”（木偶戏）、“影戏”（影子戏）、“杂剧”、“背商谜”（猜谜）、“学乡谈”（相声）等。

宋朝开始的一种重要文化活动叫作“说话”，是一种讲故事的娱乐活动，它使得中国通俗文学有了飞跃，是后代“章回小说”诞生的摇篮。宋代“说话”表演有四种。最初流行的是“讲史”，讲述中国历史中丰富的花絮、逸事。第二种叫作“小说”，讲述民间的爱情故事，也有侠义和神怪故事。从唐朝开始的讲述佛经故事仍然继续流行，这是第三种。最后还有一种叫“合生”，由两人对讲。说话的艺人大量出现，但说话的内容却是别人写的，写本叫作“话本”。后代那些有名的小说多半是根据宋代“话本”修改加工而产生的。宋代的“话本”其实是世界上最早的小说文学。可是“话本”是卖给说话艺人演唱的，是著名艺人的专利品，“话本”的原作者无声无息，没法被后人公认为“小说家”。

从秦汉一直到唐朝都有宵禁，在宋朝完全解除，使得宋朝各城市夜生活特别繁荣。宋朝灯笼制造业特别繁忙，城市处处灯笼高挂，行人提着灯笼，有“笼袖骄民”的美誉。《东京梦华录》描写汴京宫廷入夜一片“灯山”，有普贤与文殊菩萨骑狮子、白象等大型灯笼。南宋文人辛弃疾（1140—1207）写的《青玉案·元夕》词有“东风夜放花千树，更吹落、星如雨。宝马雕车香满路。凤箫声动，玉壶光转，一夜鱼龙舞”。

在这几句简单的描写中有关于宋代社会豪华奢侈、歌舞升平的大量信息。这“宝马雕车香满路”一句话中就有三点。“宝马”就是马辔有着珍宝装饰。我们知道，自古以来中国是不出产珍宝的，珍宝都是从印度与其他国家进口的，价格特别昂贵。过去像汉文帝那样提倡节俭的君王都下令禁止献珍宝。宋朝生活奢侈，不但出门既有“宝马”又有“雕车”，还在车辆经过时“香满路”，说明香水、香粉味道浓厚。中国少生产香木，一直从南亚、东南亚进口香药，宋朝的香药进口打破前朝记录。顺便补充一点：中国古代缺马，也没有马文化，更没有珠宝和珠宝文化，这“宝马雕车”文化不会是土生土长的。印度却是既有马文化又有珠宝文化，从古以来就喜欢装饰马辔。葛洪（283—343）的名著《西京杂记》提供了汉武帝时印度献珠宝、马鞍、马辔，轰动长安，从此中国有了装饰马辔习惯的信息。辛弃疾这首词中写的“花千树”就是千千万万的灯笼丛，“星如雨”就是焰火，“凤箫声动”就是音乐演奏，“玉壶光转”就是饮酒作乐，“鱼龙舞”就是官民同乐。

值得注意的是这首词描写的是南宋庆祝“元夕”（元宵节）的盛况。关于元宵节起源至今没有完善的说法。有两点是肯定的。第一，它的正式庆祝始于唐玄宗时。他接受了佛僧建议，于元月十五日取消宵禁三晚，举国燃灯庆祝，叫作“上元节”。第二，唐宋称新年第一天为“元日”（现在叫“元旦”），新年第十五天为“元夜”（现在叫“元宵”）。为什么新年的第一天“元日”和第一夜“元夕”相差15天呢？这是因为中国和印度的计时差异。中国农历一个月是从月晦开始，印度农历一个月是从月明开始。当初因为唐玄宗接受的佛僧建议是中国庆祝“佛国”（印度）的新年，所以中国有了两个新年节日（中国的新年是“元日/元旦”，佛国的新年是“元夜/元宵”）。我想这是历史的真相。唐朝“元夜/元宵”的庆祝是三天三晚，宋朝变成五天五晚。辛弃疾描写的“花千树”灯笼丛、“星如雨”焰火、“凤箫声动”音乐演奏与“玉壶光转”饮酒作乐，恐怕比当年唐玄宗的“上元节”更要热闹。

唐朝因为有宵禁，享受夜生活的主要是权贵，到餐馆、妓院作乐。宋朝没有宵禁，城门不关，城市大街小巷热闹的地方很多，有吃有唱有表演，供一般百姓享受：有餐饮夜市、娱乐夜市、旅游夜市等，而且有的夜市是固定性的，有的是流动性的。以北宋的首都汴京与南宋的首都临安最为热闹，至于那地球上首创夜生活的扬州、使得隋炀帝7世纪死于迷楼的扬州、9世纪唐朝诗人认为是人间天堂的扬州，那“二十四桥明月夜”在北宋盛世依然光辉灿烂，经过金兵的两次洗劫就失色了。宋朝名诗人姜夔（1154—1221）的《扬州慢》描写遭两次洗劫后的扬州说：“自胡马窥江去后，废池乔木，犹厌言兵。渐黄昏，清角吹，都在空城。”十分可惜。

宋朝的对外贸易，特别是海上对外贸易，空前发达。宋朝出海船只使用罗盘（也把罗盘传给阿拉伯世界及欧洲），可以远程航行。宋朝船大（可乘500—600人），到达印度西海岸后要再往前进入波斯湾就得换小船了。宋朝的海上贸易，北通高丽、日本，南至东南亚、南亚、非洲各国，最远到达埃及。宋人赵汝适（1170—1228）写的《诸蕃志》、周去非（1135—1189）写的《岭外代答》等名著都是中国最早的对外国情况的记载。宋朝对外贸易港口有20多个，以广州、泉州、明州（今宁波）、杭州、密州（今山东省诸城）为主。波斯、阿拉伯与印度商船积极参加到这一盛大国际贸易之中，广州与泉州有很多波斯、阿拉伯与印度人居住。宋代广州的外国人都聚居在“蕃坊”。阿拉伯人建的中国第一座清真寺怀圣寺在唐宋时代香火旺盛。唐宋时代泉州有印度教庙，现在旧址无存，但印度教神像的雕塑仍然可以在博物馆看到。住在广州的阿拉伯裔和印度裔人士还可参加宋朝科举考试成为政府官员。宋朝从印度与东南亚进口大量香药。这香药包括用于人身的香粉、香水，用于烹饪的香料（其中以胡椒、郁金为主），还有拜神的香与入药的香料，如用苏合香（styrax）制成的苏合丸与苏合酒等。

宋朝学术繁荣

宋朝没有一个像唐太宗那样高瞻远瞩的政治理论家君主，唐朝也没有宋朝那样多的民间理论家与学派。北宋有邵雍（1011—1077）、周敦颐（1017—1073）、张载（1020—1077）、程颢（1032—1085）、程颐（1033—1107）等大师，南宋有朱熹（1130—1200）、陆九渊（1139—1193）等大师，并且理学与心学兴起。

我认为，中国文明最伟大的格言出自宋朝两位文人。一位是范仲淹（989—1052），他在《岳阳楼记》文中说“先天下之忧而忧，后天下之乐而乐”及“居庙堂之高则忧其民，处江湖之远则忧其君”。另一位是张载，他在《横渠语录》文中说：“为天地立心，为生民立命，为往圣继绝学，为万世开太平。”宋朝时，民间已经有了“世上好言佛说尽”的话。可是，佛说的“好言”尽在那千百卷佛经中。不读佛经、不听法师讲道的人就难听到。范仲淹的“好言”，特别是“先天下之忧而忧，后天下之乐而乐”，其实是宣扬大乘佛教的“菩萨精神”（Bodhisattva spirit），因此也是传达佛说的“好言”，在民间可谓家喻户晓，连文盲都知道，更不必说知识分子了。

上面引的张载名言比较深奥，人们也有不同理解。我曾经听过也看过一位已故的、晚年致力于振兴儒学的哲学专家讲解这“横渠四句”，他辛辛苦苦地引经据典也说不出“为天地立心”是怎么回事。这是因为他专门从两千多年前的孔孟语录中去寻求解释（孔孟却从来没有讲过什么“立心”），所以徒劳无功。我认为张载是受到他所处的时代的新思潮影响而说出“为天地立心”的话，从南北朝一直到宋朝，佛教已经把印度的“菩提心”（bodhicitta）宣扬得非常普遍了（梵文“菩提心/bodhicitta”实际上是“觉悟了的头脑”的意思，中国古人不知头脑的功能，以为思维出自心中，故译为“菩提心”）。印度这“菩提心”其实与孔孟的“仁义”相同。中国有“仁义”之道，两者相辅相成，这不就是“天地之心”了吗？！如果我们从这一中印合璧的角度来了解“横渠四句”的第一句，以后的三句就容易解释了。

印度文明认为世上只有一个“生命”，这个同一“生命”表现在宇宙万物之中（无生物也有生命），因此必须强调“为生民立命”[①]。关于“为往圣继绝学”，这“往圣”当然包括孔孟，但也不限制于孔孟，是泛指人类的圣哲，佛陀当然在内。最后一句“为万世开太平”学问可多了。佛教传来后，印度“平等”思想在中国深入人心。“太平”就是普世的平等，不是像“民族国”世界有人“高于别人的平等”（more equal than others）。《水浒传》中宋朝梁山泊起义的好汉就是宣扬打抱不平的观念，就是为了“太平”理想而奋斗。张载的“为万世开太平”与梁山泊好汉“替天行道”的“太平”理想是殊途同归。

宋朝哲学思想的一大创新就是关于“太极”（连带“无极”）的讨论。引起这场讨论的是周敦颐传出的《太极图》（又称《无极图》）。周敦颐的《太极图说》第一句话就是“无极而太极”，企图探讨宇宙的实质与起源。朱熹继承了周敦颐的“太极”与“无极”之说，在著名的“鹅湖辩论”中，陆九渊提出反对“无极”的观点。很显然，宋人的世界观不但大大超越了古人（孔孟的言论根本不涉及宏观世界，老庄的语录玄而又玄，也不是世界观的讨论），而且有印度世界观“梵”

① 写到这里，我就想起现在自己在芝加哥“北岸”（North shore）住所邻居家门口的那块“黑人生命也重要”（Black lives matter）的牌子，是芝加哥群众抗议警察开枪杀死无辜黑人少年的口号。

（Brahman）的投入。从古到今，印度传统认为宇宙有一种“至高无上的现实”（Ultimate Reality），也是“最高宇宙法则”（highest Universal Principle），它就是“梵”（Brahman）。这跟宋朝哲学家讨论的“太极”与“无极”完全是一码事。邵雍在《皇极经世·观物外篇》说“心为太极”，朱熹响应，也说“心为太极”，再解释说“仁即心也”。读者也许要问，宋朝哲学家是怎么知道印度哲学的“梵”而把它融入中国哲学思想体系的？关于这一点，我在另一本书中已经讲明白了。佛教既是宗教又是文化普及的运动。大乘佛教名符其实，是载来印度文明的大车。朱熹（以及其他宋朝文人）和佛教关系很深。他进京赶考，行囊中没有四书五经，只有一本《大慧禅师语录》。该语录中的话“人人有一太极，物物有一太极”变成朱熹《太极图说辩》中的“万物之生，同一太极者也”①。我在第一章后半部说了理学与心学的名字从儒家传统的渊源中是找不到的。“理/理论”似乎是印度文化的“yukta”在中国的化身，“心/菩提心”是印度舶来品。我不想挑战新儒学。如果说宋儒张载、程颢、程颐、朱熹、陆九渊等人是把古代孔孟思想发扬光大，他们是运用了佛学思想来这样做的。从另一个角度来看，他们也代表中国精英把印度哲学思想发扬光大，使它走出狭隘的宗教范围。

上面谈到朱熹引佛教禅师语录，他当然也像古人一样引孔孟语录。古人引孔孟语录，除了董仲舒与唐太宗李世民，很少有把孔孟思想展开而发展出自己的理论。朱熹和其他宋儒结束了古人的“语录文化”而创造出“理论文化”。当然，这样说有点不公平。随着佛教的传播，中国早已有了“理论文化”。“理论”的词汇最早见于佛教文献，是梵文yukti-anumana的汉译（“道理”也是梵文yukti-prasiddaka的汉译）。这样看来，佛教对宋朝学术繁荣是有贡献的，印度对宋朝学术繁荣是有贡献的。所有这一切都证实刘延东说的五千年中国文明历史是“互学互鉴

① 参见谭中与耿引曾：《印度与中国——两大文明的交往和激荡》，2007年，北京：商务印书馆，401页。

的交流史”，不知为什么某些“儒学大师”总是不肯承认这一点。

宋朝“文明道路”受“民族国”蹂躏

我们已经讨论了大一统的秦、汉、隋、唐与宋朝，总的趋势是隋唐比秦汉进步、文明、繁荣却又软弱，宋朝又比隋唐更进步、文明、繁荣并且更软弱。进步、文明、繁荣是指中国内部而言，软弱是指国际关系而言。两者又矛盾又不矛盾。中国走的是“文明道路”，如果能够关起门来自己发展而不受国际形势的影响，这个矛盾就不存在了。然而，你不走“民族国”的发展道路并不等于“民族国”会让你有孤立发展的自由。俗话说“树欲静而风不止”，中国是“民族国”沙漠中的绿洲，随时都存在被沙漠吞噬的危险。

汉武帝意识到这一危险，所以倾全国之力把匈奴从中国边境赶走。唐朝由于从唐太宗到唐玄宗的130年（公元626—756）注意到边境外存在的潜在危险，所以在繁荣昌盛之际也采取应对外来民族侵略的措施，能够化险为夷。中唐与晚唐时期就差了，应对外来“民族国”的侵略与挑战就够辛苦了。宋朝对加强国防、打击劲邻强敌做得更不够，陷入被动挨打的局面。这是一方面。

另一方面，很多国际史学家都看到的：宋朝兴起之时正是中国北方出现了空前未有的强大与善战的部落民族，使得中国难逃一场劫难。如果不是宋朝经济繁荣、科技进步，早就会被征服吞灭的。其实宋朝初期的君主，特别是统治能力强的宋太祖赵匡胤（公元927—976）、宋太宗赵光义（公元939—997）、宋真宗赵恒（公元968—1022）与宋神宗赵顼（1048—1085）对于一开始就难对付的契丹辽是下了功夫的。宋太宗与宋真宗曾亲征契丹。宋真宗及其继承者曾经坚决反对把首都南迁的主张。宋太宗亲征契丹，两次大败，第二次被射伤，乘驴车逃走脱险。北宋处于被动挨打的局面还因为1038年藩属党项宣布独立，废除宋朝皇帝的封号，自称大夏国（史称西夏）。从1040年开始，北宋政府与西夏进行过五次大战，未能平定西夏，一直到1127年北宋灭亡为止。北宋政府全力对付西夏，更使北方好战民族觉得有机可乘。

鉴于唐朝末年藩镇跋扈、地方割据、武将专政的教训，宋朝初期采取“强干弱枝”与“重文轻武”的政策，一方面把精锐部队集中于中央，地方武装衰弱；另一方面用文人指挥军队。这种政策不能打造强大的国防力量，也出不了杰出的将领。正是这种政策使得北宋对契丹与西夏的战争不能取胜。契丹在北方以北京为中心建立了巩固的大辽国/大契丹国（907—1125）。北宋无能力消灭辽国，却与大辽属国女真（于1115年宣布独立，建立大金国）联合灭辽。大金国（1115—1234）得寸进尺，先从黑龙江大本营迁都北京，再于1127年攻陷汴京，把太上皇宋徽宗、皇帝宋钦宗、后妃宫女、皇族、官吏和首都百姓十万多人都掠走。这就是岳飞（1103—1143）著名的《满江红》词中的“靖康耻”（“靖康耻，犹未雪；臣子恨，何时灭”）。北宋灭亡，南宋（1127—1279）建立后，把首都迁移临安（杭州）倚靠长江天险苟且偷安。

刚才谈到的岳飞与他著名的《满江红》在中国民间家喻户晓，是中国文明的一大亮点。我在小学就会唱《满江红》歌，唱熟了就能背诵其词。我的同学们也是这样进入岳飞诗境的。在那中国“到了最危险的时候”，人们最喜欢用岳飞的《满江红》来激发爱国热情：

怒发冲冠，凭栏处，潇潇雨歇。抬望眼，仰天长啸，壮怀激烈。三十功名尘与土，八千里路云和月。莫等闲，白了少年头，空悲切！

靖康耻，犹未雪；臣子恨，何时灭？驾长车，踏破贺兰山缺！壮志饥餐胡虏肉，笑谈渴饮匈奴血。待从头，收拾旧山河，朝天阙！

岳飞这种“怒发冲冠”的气势，踏着“八千里路云和月”去“收拾旧山河”的雄心壮志，说明中国文明是有能力战胜外来侵略的。岳飞是宋朝最高将领，统领全国3/5的军队。他会打仗，他的军队被称为岳家军，在女真金的政界与军界引起极大震动。他率军北伐，收复洛阳。如果宋高宗赵构（1127—1162年在位）信任他，重用他和“主战派”去收复失地，宋朝是可以振兴的。可惜宋高宗害怕他，偏听“主和派”丞相秦桧（1099—1155）主张与金朝议和，皇帝下令岳飞班师，岳飞起初不服从命令，皇帝下了12道金牌命令，他才回到杭州。皇帝以造反罪判他死刑（让他服毒自尽）。中国传统把岳飞当作爱国英雄，把秦桧当作卖国奸臣。岳飞也像关公和孔明那样被民间神化。浙江杭州及其他地方（包括台湾）都有岳王庙，成为旅游名胜。民间有很多传说，我小时候就听说“岳母”（岳飞的母亲，也是与孟母/孟子的母亲、陶母/陶侃的母亲和欧母/欧阳修的母亲齐名为中国“四大圣母”之一）用针在岳飞背上刺了“精忠报国”四个字。

南宋诗人林升（生卒年月不详）的《题临安邸》诗，后人爱读：

山外青山楼外楼，西湖歌舞几时休？
暖风熏得游人醉，直把杭州作汴州。

这四句诗生动地总结了新版大一统中国共同体发展到宋朝的情况。中国共同体经济文化繁荣，陶醉于享乐，隋炀帝带了头，唐太宗提倡“屈一身之欲，乐四海之民”，后半句“乐四海之民”在唐朝可以看到（当然不包括下层穷苦民众），前半句“屈一身之欲”唐太宗却没有做出榜样。唐太宗是这样，其他唐宋的君主就不必说了。唐宋时代从上到下生活享乐，歌舞升平的情调是很浓的。北宋时期是这样，到了南宋，被女真金赶到长江以南，首都从汴京迁移到杭州，仍然是“暖风熏得游人醉”，沉溺于享乐主义，杭州又变成第二个“汴州”（汴京）。与此同时，北方出现了震撼全球的成吉思汗与他率领的铁骑，整个欧亚大陆都在哭泣，南宋首都仍然被游乐的暖风熏得神魂颠倒。一直到蒙古大军灭了大金，打到长江北岸以及四川、云南还没有觉醒，即使觉醒也没有用了。

1279年，蒙古大军即将占领全部南宋领土，宋朝最后一位皇帝、即位还不到一年的7岁宋少帝赵昺（1272—1279）在十余万军民的保护下退到广东崖山（今广东省江门市新会区南崖门镇），在崖山峭壁下的海上把几百艘船只连接成一片抗击蒙古军队，不能持久。最后大臣陆秀夫（1236—1279）背着皇帝跳海以避免重演北宋两位皇帝被女真俘获的“靖康耻”。船上的政府官员与十万军队都跳海自尽。南宋统帅张世杰（？—1279）在战斗的混乱中率兵逃走，后来听说皇帝投海自尽，他也痛不欲生，跳海自杀。这是南宋最后一场自卫战争，战后十万尸体浮出海面，惨不忍睹。如果宋朝太平时期少些奢侈享乐，多些国防戒备，也不至于是这样惨的下场。中国新版大一统命运共同体竟会这样结束，真是“天长地久有时尽，此恨绵绵无绝期”（白居易《长恨歌》）！

第四章
元明清时代：民族国使中国文明发展改道

亲爱的读者们，在上一章结尾，我引了白居易的“天长地久有时尽，此恨绵绵无绝期”来嗟叹中国新版大一统命运共同体的结束。可是本书仍然要继续写下去，因为五千年中国文明这个故事还没有讲完，内容还多着哩！

宋朝亡了，陆秀夫、张世杰投海自尽，与陆、张同为“宋亡三杰”的文天祥（1236—1283）自杀未遂被蒙古军俘虏，监禁在大都（北京）。元世祖忽必烈（1215—1294）邀请他为元朝大臣，被他拒绝。忽必烈经常把他从监牢召到宫廷讨论中国文化传统（这一讨论对忽必烈影响很大，也是忽必烈坚决主张“行汉法”的原因之一），后来由于建立元朝统治威严不得不把他处死。文天祥在狱中作被人认为是千古绝唱的《正气歌》，其中有“地维赖以立，天柱赖以尊。三纲实系命，道义为之根”“哲人日已远，典型在夙昔。风檐展书读，古道照颜色”等句，触人心弦。文天祥是代表中国文明发出时代的嗟叹。诗歌中的“古道照颜色”说出中国的“文明道路”永存，那是因为中国文明是顶天立地的，是“地维赖以立”（有中国文明才会有地上的社会协调），“天柱赖以尊”（有中国文明才会有天下的政治秩序）。宋朝亡了，文天祥死了，元朝建立了，但中国文明仍然存在，仍然像前面刘延东副总理说的继续“自强不息的奋斗”。

清朝乾隆皇帝钦定“二十四史”（人称“正史”，是正统历史的意思），正式把契丹辽、女真金与蒙古元纳入中国命运共同体，使中国文明的历史变得丰富与复杂。有两重复杂性。第一，我们在前面两章讨论了中国文明发展在秦汉时期建立了第一版大一统中国命运共同体，又在隋唐宋时期建立了新版大一统中国命运共同体，现在与宋朝同时的辽朝与金朝插队进来，打乱了历史的连续性。第二，前面我们讨论的从秦汉到隋唐宋的中国命运共同体都和“民族国”发展无关，共同体内既没有民族的标志与异同，更没有民族矛盾与压迫。现在把契丹辽、女真金与蒙古元都纳入中国命运共同体，民族的标志与异同，以及民族的矛盾与压迫也跟进来了。

还要看到，钦定“二十四史”的乾隆皇帝是“外族”，如果当时他没有这样做，以后的袁世凯或者孙中山会不会这样做就很难说。孙中山在制定“兴中会”宣誓词时用了“驱逐鞑虏，恢复中华”这样带有民族仇恨的语言，他能容纳契丹辽、女真金、蒙古元及清加入大一统中国命运共同体吗？我这么说不是吹捧乾隆或贬抑孙中山，而是请读者看到一个新的现实。传统智慧一直认为中国本土的文明比外来民族更文明、进步、开拓、包容，一直是中国本土文明把外来民族“同化”。现在我们却看到，清朝乾隆皇帝是中国命运共同体扩大版的缔造者。换句话说，宋朝以后中国文明的发展历史有两个趋势：一方面，越来越文弱的中国命运共同体受到了被“民族国”征服的严重考验；另一方面，侵略成性的“民族国”插进了在“文明道路”上前进的中国命运共同体队伍，甚至变成领队。这两方面形成对立的统一。

这个对立的统一实际上加强了本书前面三章发展出来的中国五千年文明超越“民族国”走自己的“文明道路”的理论与逻辑。中国在宋朝虽然受到“民族国”发展的干扰与压迫，宋朝灭亡以后中国人民虽然下降到“殖民地”社会的地位，可是中国文明仍然强劲地活着，在中国文明领域内，“民族国”的发展既处于统治地位，又属于从属地位。我们应该认识这样的对立的统一。元朝时，马可·波罗等西半球的旅行家访问了中国，回到欧洲宣传的不是“民族国”对中国的野蛮统治，而是中国那种比欧洲繁荣得多的经济与物质生活。欧洲人对中国的兴趣（也就是说中国对欧洲人的吸引力）有着永久的持续性。这就证实了中国继续是在文明大道上滚滚前行的。

我在前面三章的讨论中实际上把我们的世界分为“民族国”与“文明国”两大类，就是说地球上的国家不是“民族国”就是“文明国”，没有第三类。大一统的中国一开始就不是“民族国”，那当然就是“文明国”。我没有称呼她为“文明国”，因为“文明国”这名字太响亮，要求太高，是需要很长时间才能慢慢完善的。如果马上使用“文明国”的名称，读者可能难以接受。刚才我们的讨论已经牵涉到“民族国”是针对了“文明国”运动的。元朝和清朝参加到中国命运共同体中来，实质上就是“民族国”的旋律和“文明国”的旋律互动。在这一互动中，“文明国”的旋律肯定要占上风。传统智慧认为蒙古族、满族统治中国以后被同化（或者称之为“汉化”）就是“文明国”旋律占上风的表现。从这一角度来理解上面说的对立的统一可以这样来形容：元朝和清朝统治中国是其外貌，“文明国”旋律统治“民族国”旋律是其实质。如果说清朝乾隆皇帝引导中国共同体走上拓宽的新文明道路，那是乾隆内心的“文明国”旋律在导航。

宋朝灭亡以后，中国走的“文明道路”当然是和以往不同的。我们从前面三章看到中国从“地理共同体”发展到“文明共同体”，更进一步发展到“命运共同体”都是长江与黄河两大流域的故事，现在是两大流域以外的北方草原游牧民族主宰中国的发展，元朝和清朝参加到中国命运共同体中来推动中国文明向前发展。如果从新的、发展的角度来看，是元朝和清朝建立了中国命运共同体的扩大版。如果从旧的、保守的角度来看，是元朝和清朝把五千年中国文明发展改道。

上面我突出孙中山“驱逐鞑虏”的口号，他用了“鞑”（“鞑靼”的简称）就把蒙古族、满族都包括进去了。明朝推翻元朝和孙中山推翻清朝都有政治革命与民族仇恨因素的结合，这是反抗压迫，不能算狭隘情绪。可是我们从宏观整体的角度来总结历史就必须把这种情绪消除。我想，如果我们说秦汉时期伟大、唐宋时代更伟大是会有很多人同意的。但是如果我们说元朝与清朝也了不起，可能许多中国人会接受不了。我们应该认为元朝和清朝都是中国文明发展的组成部分，是在中国大地上开出的奇异花朵。

写到这里，我想向读者申明我在导论中说的元朝与清朝走的“文明道路”是“一条狭窄的岔路”是经过反复考虑得出的结论。我现在虽然赞扬元朝和清朝，但内心更希望中国文明从来没有受到元朝和清朝的干扰，希望在唐宋繁荣的文化发展基础上，中国文明的车轮滚滚朝向更为繁荣、更为文明的宏伟目标迈进。但这种希望只是幻觉，历史事实使这一幻觉失去了意义。

一、蒙古建立的元朝改造了中国命运体

1206年成吉思汗铁木真（1162—1227）建立蒙古帝国，率领了人类战争史上弓箭时期最强大的军队东征西战，无坚不摧。1211—1214年，成吉思汗的铁骑击败大金国40万军队，直捣河北、山东，金国求和，赔了公主与金银、丝绸、马匹，蒙古军才撤退。1214年，金国把首都从中都（北京）南迁到汴京（开封），成吉思汗就占领北京并将势力范围伸延到金国黄河以北的领土。1219年，成吉思汗率领10万大军（再加5万突厥军）西征伊斯兰王国一部分、在中亚声名显赫的花剌子模王国

（Khwarezmian Empire），花剌子模的40万军队大败，国王阿拉丁·摩诃末（Alā al-Dīn Muḥammad）逃到欧洲，成吉思汗派兵穷追，征服了许多欧洲国家，又在迦勒迦河战役（今乌克兰境内）击败欧洲联军。1221年把花剌子模王国灭亡，并且追逐逃亡的花剌子模国王一直到印度河边。

在征服欧亚大陆的战斗中，成吉思汗的军队把过去和金国与西夏作战时俘获的中国技术人员整编为特种部队，制造出火药抛掷器、抛石机、冲撞机、攻城车等新式武器，成为取胜的重要原因。成吉思汗征服了欧亚大陆大片土地后，把它给几个儿子分管。成吉思汗传位给三子窝阔台（1186—1241）。1241年窝阔台死，蒙古统治集团产生继承人危机。窝阔台的养子蒙哥崛起，蒙哥亲征南宋失利，1259年死于四川。他的弟弟忽必烈崛起建立元朝。忽必烈"行汉法"遭到其他蒙古领袖反对，他们建立起独立的窝阔台汗国（统治今新疆）、察合台汗国（统治今新疆吐鲁番至伊宁一带）、钦察汗国（统治今俄罗斯、东欧直至多瑙河）与伊儿汗国（统治今中亚南部及伊朗一带），人称蒙古"四大汗国"。从某种意义上说，那时在欧亚大陆有个庞大的蒙古殖民地，中国也是这一蒙古殖民地的一部分。

虽然西方世界流行的"黄患"（Yellow peril）理论（认为黄种亚洲人，特别是中国人，是世界的祸害）是19世纪德国人首创的，但成吉思汗军队威震欧亚大陆并建立蒙古"四大汗国"是其远因。一百多年至今，"黄患"这个名词在西方舆论中从不安息，稍有反华情绪时就会跳出来。当今中国如果有纪念成吉思汗的活动就会引起这"黄患"理论死灰复燃。这是我常年在海外观察到的事实，不是危言耸听。

我不想挑起中国与西方文明对立，只是在读者面前展示从元朝开始的中国命运共同体与以蒙古帝国为代表的"民族国"发展旋律进行磨合的甜酸苦辣。读者们一定同意，如果中国历史上从来没有元朝和清朝，中国在西方世界的形象绝对不会达到"黄患"理论的那种恶劣程度。然而我们却不能把元朝和清朝从中国文明发展史上删掉。这也使得我在这章的探讨很难在是非面前保持平衡。

蒙古人建立的两个著名政权，一是中国的元朝（1271—1368），另一是印度的莫卧儿王朝（1526—1719）。印度进步历史学家对被英殖民主义灭亡的莫卧儿王朝评价很高，它在北印度留下许多著名古迹（如德里与阿格拉的红堡以及阿格拉的泰姬陵）。元朝不到一百年，可是也因为意大利人马可·波罗（Marco Polo）与摩洛哥人伊本·白图泰（Ibn Battuta）等著名旅行家的游记而名扬全世界。

中国前所未有的好战朝代

毛泽东《沁园春·雪》词有“一代天骄成吉思汗，只识弯弓射大雕”，影射蒙古精英承继以“天之骄子”自我标榜的匈奴传统，游牧部落好战习气是他们的基因。成吉思汗自己的领袖地位是从“弯弓射大雕”中打出来的，元朝创始人元世祖忽必烈（1215—1294）自己的领袖地位也是从“弯弓射大雕”中打出来的（把七弟阿里不哥的兵团打败）。他从《易经》“大哉干元”中得到启示，取国号为“元”，和秦始皇自称“始皇帝”如出一辙。忽必烈1279年灭了南宋，又使中国回复到大一统的局面，却没有把成吉思汗分散设立在欧亚大陆的蒙古“四大汗国”统一起来。这蒙古“四大汗国”的最后一个钦察汗国是15世纪末被俄罗斯灭亡的。

成吉思汗征服欧亚大陆时，军队主要是蒙古骑兵，十分骁勇、行动迅速。步行的队伍包括辎重补给，以及修桥、筑路、协助攻城的工兵。建立元朝以后，蒙古军队继续扩充，吸收了金国的女真与汉人军队，也有南宋的壮丁加入，人数大大增加，但战斗效力减低。蒙古军队在吞灭南宋的同时继续南进。1271年，缅甸慑于元朝威力成为藩属。1277年，缅甸内乱，元朝出兵征服，因为天气炎热与水土不服而撤退。1287年，缅甸又内乱，元朝云南王派兵征讨，因为粮草供应不上又无功而返。1300年，缅甸又内乱，元朝又发兵，仍然失败。

元朝也三次派兵攻打安南（今越南北部）失败。1257—1258年，刚平定云南的蒙古大将兀良哈台亲自率领3万军队攻打安南，起初乘胜占领城市，但安南国王“陈”（Trần）主亲自督战，蒙古军无法速战速决而退去。1282年，元朝以征讨占城（今越南南部）向安南“借路”为借口派50万大军南下。安南政府识破元朝想并吞安南的阴谋，全国总动员抗敌。安南兵手臂上都刻了“杀鞑”符号。但安南军敌不过元军，只能退让，让元军抵达占城。这时安南的宋朝移民穿着汉人衣服、带着弓箭来参战，元军以为是南宋的增援而溃退。安南乘机反攻，许多元军投降。由于天气太热，元军中发生瘟疫，最后撤退。1286年，忽必烈又下令攻打安南，1287—1288年进行了第三次蒙古—安南大战。元朝派出30万大军沿陆海两路进攻安南。海军有战船300艘，浩浩荡荡，陆海两路在安南中部会师。安南军抵挡不了元军，但等元军战舰通过后袭击元军运粮船只，截获元军70万石粮食与大量武器。安南军在沿海打桩，涨水时引元军进攻，落潮后元军船只被锁在桩围内不能行进，船上的元军或被俘获或淹死。第三次攻打安南失败。第二次、第三次两次元朝出兵60万人，只有5万人生还。

1289年，元世祖忽必烈派孟琪为使节去见爪哇国王葛达那加剌，要求爪哇臣服，葛达那加剌把答复刻在元使孟琪脸上，忽必烈忍受不了这种侮辱，就于1292年派出有1000艘战舰、备足了一年粮食的海军从福建泉州出发，征服爪哇。正在这时，爪哇内乱，叛军杀死国王葛达那加剌。元军在爪哇登陆后节节胜利。葛达那加剌的女婿韦查耶王子假装投降蒙古军队，答应帮助他们消灭叛军。他又伏击元军，把元军一支大部队歼灭。元军败退，撤回中国。

元朝征服外国最惨的失败是1274年与1281年两次东征日本。第一次东征的3万元朝海军包括蒙古人、女真人、汉人及高丽人，从现在的韩国东海岸出发，抵达日本九州岛。起初节节胜利，后来发现地势不适宜于大部队作战，敌军人数越来越多，元军却没有后援，于是决定收兵回国。但在当天晚上受到飓风袭击，士兵死伤惨重。最后只剩13500人带了200名俘虏回到高丽。第二次东征，15万元朝海军分两路出发到日本九州岛的能古、志贺二岛会合，在航行中疲惫不堪的元军遇上飓风袭击，主帅率先逃跑，把大部军队留在岛上任凭日本军队杀戮。生还回国的只有两三万人。

中国元朝这样野蛮的对外政策和秦汉隋唐宋形成了鲜明的对照。元朝大一统中国这样走“文明道路”是违反文明的。这就是我说的元朝带领中国偏离了固有的文明大道而走上“一条狭窄的岔路”。我在前面说了元朝和清朝参加到中国命运共同体中来，实质上就是“民族国”的旋律和“文明国”的旋律互动，“文明国”的旋律占上风。如果这两者的互动仅仅表现在对外关系而不是表现在对历史的继承及中国文明在新的中国共同体内继续发展的话，我这“文明国的旋律占上风”的话是说不通的。元朝成为中国前所未有的好战朝代是“民族国”旋律作祟，“文明国”旋律处于下风。读者可以看到我们现在讨论的复杂性。

元军还有一次小小征战，但意义重大。这不是打到外国，而是出兵自己的属地西藏。1247年，西藏地方的萨迦政府派高僧班智达·贡嘎坚赞去凉州（今甘肃武威）会见蒙古汗国皇子阔端，达成西藏归属蒙古汗国的协议。1260年，忽必烈即蒙古汗王位后，封萨迦国主贡嘎坚赞的侄子、萨迦派法王八思巴为国师。1265年，忽必烈封八思巴为大宝法王、帝师，并通过八思巴举荐，任命了总管西藏事务的行政长官和13个万户府的万户长。1290年，西藏内乱，元世祖忽必烈出兵拉萨，帮助恢复萨迦政府的权威，等于巩固元朝中央政府对西藏的统治。这件史实很少有人注意，却象征着地球上第三大河长江与第五大河黄河的全部流域都归属于一个政权统治之下。本书第一章指出中国文明是“天造地设”，由于远古还没有人类的时候，黄河与长江已经在地球上划出“中国文明圈”的轮廓。这以后，人类文明在这个圈内生存、发展，化零为整，一直到宋朝，把两条大河的上、中、下游发展为经济、文化繁荣地带，却没有把两条文明母河的源头——青藏高原包括进来。是元朝最后完成这一大业。

“民族国”发展旋律与中国“文明道路”交叉运作

元朝从战争中开始，又在战争中结束。1368年，朱元璋（1328—1398）起义军攻克元朝大都（北京），建立明朝。元朝中央政府退至蒙古草原，仍然自称“大元”却不为明朝所承认，后人对这一政权有“北元”“残元”“故元”等称号。这样形成了蒙古争取“元”的名义可是取代它的明朝精英不给其正名。1388年，元朝统治者也速迭儿主动取消“大元”国号及一切元朝采用的中国标志符号而恢复蒙古族传统。

我在网上看到有些中国人不认为元朝与清朝是中国历史的一部分，并且引了孙中山在广州《民族主义》讲演为理论根据。其实，孙中山讲这个观点时并不否认元朝与清朝属于中国历史的一部分。他是这样说的：

> 中国几千年以来，受过了政治力的压迫以至于完全亡国，已有了两次，一次是元朝，一次是清朝。但是这两次亡国，都是亡于少数民族，不是亡于多数民族，总被我们多数民族所同化。所以中国在政权上，虽然亡过了两次，但是民族还没受过大损失……

我虽然尊敬孙中山，但一直认为他提出“民族主义”反映出他对几千年中国文化的发展认识不够（比方说，他认为“中国自秦汉而后，都是一个民族造成一个国家”是不符合事实的）而轻易地被西方“民族国”的思维引入歧途。但是在上面这段话中，他并没有说元朝和清朝的统治消灭了中国文明，并没有说中国文明在这两个朝代变成空白。

试问中国历史上的朝代怎么会变成空白呢？元朝和清朝是中国数千年发展中的两个阶段（而且是重要阶段），你不承认它们是没用的。

我在网上看到一则评论很有意思，摘录于下：

> 虽然元朝统治者也说自己是中国人，元朝也成为中国正统历史的一个重要组成部分，但我们要说，元朝之所以成为中国，不是因为元朝统治者将其作为目标，而是作为手段。那么元朝统治者的目的是什么？是想恢复统一的蒙古大帝国。想当初，成吉思汗建立大蒙古国，并四处扩张，将大蒙古国变为一个世界性的大帝国时，蒙古人确实未曾想过他们是中国人。他们当时想的，中国只是蒙古帝国的一部分，而不是反过来。可是世事难料，那么一个强大的蒙古帝国居然分裂了……在1271年之前，世界上有五个蒙古人的国家，即大蒙古国、钦察汗国、伊利汗国、窝阔台汗国、察合台汗国，其中大蒙古国是宗主国，其他四国是藩属（窝阔台汗国还不想承认这种宗藩关系呢）。作为宗主的大蒙古国君主，也就是蒙古大汗，他的最重要的任务就是将这五国合而为一，取消其余四国的属国地位，重新恢复到成吉思汗时期那种蒙古民族大一统的时期。可是怎么办呢？靠武力解决？其余四国本来就是因为武力原因分裂出去的，如果采取武力解决，说不定还会有哪一部分又从大蒙古国分裂出去。后来蒙古大汗想到了一个办法，靠文化。在大蒙古国统治下的中国地区，本来就有中国居于天下之中、为天下之主的理念，那么大蒙古国就借助这种理念吧。于是，忽必烈大汗宣布定国号为“大元”……尽管有“大元”这一新的国号，但其余四国还是我行我素，拒不奉诏，逼得急了，还逼出个海都之乱。于是，忽必烈想借助一个中国化的国号重新统一蒙古各部的想法落空了，但“大元”的国号还在，但只能存在于大汗统治的

> 范围，即大蒙古国之内了，这就是中国历史上的元朝。在蒙古族的说法里，元朝是“大元大蒙古国”，钦察汗国是“大元钦察汗国”，伊利汗国是“大元伊利汗国”，窝阔台汗国和察合台汗国是“大元窝阔台汗国”和“大元察合台汗国”。总之，其余四国都是“大元”的组成部分，而不是“大蒙古国”的组成部分。但这也只是“大元皇帝”单方面的想法，如要对其余四国下诏，还只能用“大蒙古国”大汗的身份下诏……但元朝并没有取消“大元”，他仍然想着借用汉族“天子”的身份号令天下（包括其余四大汗国），从而实现蒙古族的统一。所以说，元朝统治者之所以成为中国人，是因为他将成为中国人视为一个手段，一个实现蒙古族大一统的手段。如果不用此手段就能实现蒙古族的统一，那元朝统治者确实也不屑成为中国人，元朝也就无法成为中国人自己的王朝了。好在元朝统治者始终有此想法，所以他才与汉族度过了一个共同时光……[①]

我觉得这一分析符合逻辑，特别是从蒙古族的角度来看。如果我们从中国文明的角度来看，应该看到中国文明的生存力量。蒙古统治中国不止是“元”的名字，而是整体上采用了中国文明的一套制度才能维持下来的。元朝中国是“元朝中国”而不是“元朝蒙古国”。元朝使得西藏成为中国的一部分，而这是中国以往的朝代所做不到的。元朝这样做是为了中国的利益，而不是为了统一那中国以外的蒙古“四大汗国”，这是再明显不过的。元朝的蒙古统治者为了自己的目的并以汉化为手段而成为中国人无可厚非。英语有句话“到了罗马就要一举一动都像罗马人”（When in Rome, do as the Romans do）。蒙古统治者正是这样在“大元”的名目下和中国文明搅在一起了。与此同时，我

① 参见《清朝、元朝是怎么成为中国的？–中国历史–铁血历史论坛–手机铁血网》*wap.tiexue.net/touch/thread_7806057_1.html*，2016年1月19日查阅。

们也要看到元朝是“民族国”发展旋律和中国“文明道路”的交叉点，在元朝一百年的整个过程中，这两条道路暂时汇合，对中国文明继续发展并无大碍，这也是上面引孙中山言论的意思。

1271年，元世祖忽必烈颁布《建国号诏》，其中有“稽列圣之洪规，讲前代之定制”及“见天下一家之义。法《春秋》之正始，体大《易》之乾元”这几句，讲的都是中国文明传统而不是蒙古传统。忽必烈的十代继承人都继续发扬他这一新传统。元朝的最后一位皇帝元惠宗（元顺帝）图干铁木耳（1333—1370年在位）统治时的中书省右丞相《辽史》作者脱脱（1314—1356）有著名谏言：“古者帝王端居九重之上，日与大臣宿儒讲求治道；至于飞鹰走狗，非其事也。”忽必烈建立元朝“行汉法”，遭到其他蒙古领袖反对，可是那些反对领袖所建的蒙古“四大汗国”都没有很大建树而被人遗忘，独有忽必烈建立的“行汉法”的元朝成为中国文明史的一部分而与世长存。造成这一现象的主要原因是忽必烈带领蒙古统治家族把中国“文明道路”的发展延续下来。一方面，如果不走中国“文明道路”就不可能有元朝的历史；另一方面，也应该承认元朝对中国“文明道路”进一步发展做出了贡献。

元朝定都“大都”北京，人口大增，需要南方粮食供应。元世祖忽必烈决定把隋唐开凿的大运河改为“京杭大运河”。工程完毕以后，运河全长1700多千米，比原来要绕道洛阳的水道缩短了900多千米，对后来中国的经济发展做出重要贡献。元惠宗政府重用水利专家贾鲁（1297—1353）治理黄河，贾鲁采用在北方筑堤堵流，疏通南部水道，使黄河重新汇入淮河，从故道出海。这个工程浩大，耗费185万锭银子的纸币，使后人受益。有诗赞曰：“贾鲁修黄河，恩多怨亦多；百年千载后，恩在怨消磨。”

棉花原产印度，棉纺织业是古印度的发明，有五千年历史。梁武帝萧衍（公元464—549）6世纪上半叶在位时曾遣郝骞等80人去天竺舍卫国（今印度北方邦的Sravasti），后来印度笈多王朝（Gupta Dynasty）

国王遣使奉书赠送梁武帝琉璃唾壶、杂香与古贝。[①]中国史书上的“古贝”“吉贝”等都是印度语“棉花”（karpasa）的变音。梁武帝得到的印度“古贝”礼物是棉织布袍，又软又暖，他很喜欢穿，打了补丁仍然穿着。随着“丝绸之路”与“法宝之路”的发展，在汉朝以后，棉花种植与棉纺工业逐渐传到中亚（今中国新疆一带），元朝时已经传到陕西。印度棉花、棉布与棉纺织技术于元朝从海上传入，有“黄道婆”在江苏松江开始棉纺织工业的传说。元朝有了一些棉布生产基地，棉布也成为重要商品，棉花种植与棉纺工业使得中国城乡经济繁荣起来。这也是元朝对中国文明发展的贡献。

关于棉花与棉布（以及棉衣）对于中国文明的贡献还必须看到：杜甫名句“朱门酒肉臭，路有冻死骨”（没说“饿死骨”），一方面说明贫富悬殊，另一方面也折射出中国衣着的问题没有解决（穷人穿不起丝绸，麻布冬天不能御寒）。棉花来了，这个问题就解决了。中国人能够穿上棉衣，“温饱”的“温”不愁，这一点元朝还没普及，只是有了一个开始。人们对这一革命性的开始热烈欢迎，可以从元朝文人谢枋得（1226—1289）的写作中看出。他写了《辞洞斋、华甫二刘兄弟惠寒衣有序》及《谢刘纯父惠木棉布》文，后者的诗中有“洁白如雪积，丽密过锦纯”，赞美它可以与丝绸媲美。又说“羔缝不足责，狐腋难拟伦”，夸耀它比狐裘、羊皮更暖和。更说“剪裁为大裘，穷冬胜三春”[②]。

意大利著名旅行家马可·波罗写的《东方见闻录》（或称《马可·波罗游记》）叙述了元世祖政府中有四方八面来的外国专家，说忽必烈很喜欢他，封他为官。这大概是元朝各时期的总趋势：广泛吸收欧亚大陆各国文化而不着重发扬中国文明。佛教在元朝盛行，但突出藏传佛

① 参见谭中与耿引曾：《印度与中国——两大文明的交往与激荡》，2006年，北京：商务印书馆，156、480页。

② 同上书，156、480页。

教。史书(《元史·祭祀志》)记载，1270年开始元世祖在大殿皇帝宝座上树立素缎白伞盖，盖上用金泥写梵文“镇伏邪魔”(maravijiya)等字，每年2月15日，帝师藏人八思巴率领“梵僧”(大概指中外佛教和尚)举行佛教仪式。[①]在这样的文化气氛中，前朝遗留的中国学者及知识精英很难出人头地。元朝废弃隋唐开始的科举制度，直到晚期才把它恢复起来。传统的中国读书人沦为社会中下层，反而把民间的文学与艺术丰富起来。元曲成为元朝文化的新兴明星。

民族压迫导致民族反抗

五胡十六国时代的外来统治者竭力消除民族标志与矛盾(后赵主石勒不许人们说出“胡”字)，元朝统治恰恰相反。元朝政府把社会分成四个等级，依次为蒙古人、色目人、汉人、南人。第二等级的色目人指的是住在中国的非蒙古族外国人。第三等级的汉人指的是原来金国的属民，以及最早被蒙古占领的四川、云南的人民。第四等级的南人(蒙古人称他们为“蛮子”)指的是原来南宋的人民，即元朝江浙、江西、湖广三个行省和河南行省南部的人民。一般的地方行政长官叫作“达鲁花赤”(Daruyaci)，由蒙古人担任，他的手下有一个色目人的“同知”与汉人“总管”帮助他维持统治(属于不同民族的“同知”与“总管”互相监督、制约，是一种“以夷制夷”的措施)。禁止汉人与南人拥有武器(连农民使用的铁生产工具也在禁止之列)，禁止他们举行包括祭祀在内的集体活动，以及养鹰和狗。这四个等级也贯彻到政府任命官职的考虑，最先考虑蒙古人，其次考虑色目人，然后考虑汉人，南人基本上没机会。政府征敛，蒙古人全免，色目人免2/3，汉人与南人全收。法律处分规章也对四个等级分别待遇。《元典章》中的法令基本上是针对汉人、南人制定的，蒙古人不受法令的

① 参见谭中与耿引曾:《印度与中国——两大文明的交往与激荡》，2006年，北京:商务印书馆，218页。

约束，投靠蒙古统治者的汉族大富户也可以逍遥法外。

由于中国知识精英在元朝都冬眠了，我们不能得到像《东京梦华录》与《梦粱录》那种关于元朝社会生活的原汁原味的信息。相传由一个蒙古兵管30—50户汉人与南人，骑在老百姓头上作威作福。甚至还有住到每家每户的蒙古兵（叫作“家鞑子”）。这种监视民间的“鞑子”敲诈人民、污辱妇女，人民恨透了他们。据说朱元璋起义时，民间把写有“杀鞑子”的纸条夹到月饼里，中秋晚上，大家赏月，吃月饼后一齐动手，一晚就杀尽坐镇民间的蒙古压迫者。中国这么大，人口这么多，蒙古统治者也不可能派“鞑子”去全国各地坐镇。这“八月十五杀鞑子”的故事也不可能是全国性事件，只是象征性地反映出民族压迫必然导致民族反抗的真理。

元末民间起义五花八门。有韩山童、韩林儿父子领导的“香军”，刘福通、徐寿辉等人领导的“红巾军”，陈友谅领导的“汉军”及朱元璋的起义部队。韩山童自称弥勒佛降世。元惠宗朝强征15万民工治理黄河，全国各地怨声载道。韩山童等人就雕了一个石人丢到河里，在石人背上刻了“石人一只眼，挑动黄河天下反”。人们把石人捞上来后，故事普遍传开，引起治理黄河的民工及各地农民起义。韩山童领导的这支叛军焚香拜佛，所以叫作“香军”。印度文明传统相信，烧香可以通过香的烟与神交流。这“香军”把印度传统推广到中国的政治生活中来了。

这些农民武装绝大多数都是在元朝统治下的“南人/蛮子”率领的，证明了越是压得重越是反弹得厉害。起义武装之间互相响应反抗蒙古统治，有时也互相争夺地盘。最后由朱元璋（1328—1398）胜出。朱元璋是真正的除身上的压迫锁链以外再没有任何财产的“无产阶级”，曾经讨过饭。他是中国文明历史上“从乞丐到皇帝”的奇人。他像唐太宗李世民一样会打仗，为自己打出江山。因为中国文明出了朱元璋，以打仗著称全球的蒙古军队才遇上了克星。

朱元璋生在安徽的贫农家中，从小就为地主放牛，父母与哥哥、姐姐都在他幼年去世，他到庙里当行童，后来他住的庙也因为荒年倒闭，他只得到处行乞。他参加起义军后，曾经把自己手下的兵力归属于韩林儿的“香军”（佛教的信仰成为两军之间的精神纽带）。朱元璋攻克北京、推翻元朝以后并没有把北京作为政治中心，而是建都南京（显示出“南人”志不可辱），这是大一统的中国第一次把政治中心摆到长江流域。

二、明朝返回“地理共同体”内的“命运共同体”

虽然朱元璋推翻了蒙古民族统治的元朝，但是从宏观整体世界的形势来看，中国大一统命运共同体已经逐渐被“民族国”世界包围，远的有欧洲的崛起，不断向东半球进行试探性的扩张；近的是中国北方的强大军事力量并没有因为元朝的消亡而消失。朱元璋建立的不到三百年历史的明朝（1368—1644）正是被夹在两个“民族国”（蒙古建立的元与满洲建立的清）的强大运动之间。明朝这个走“文明道路”的中国命运共同体，只能暂时赢得两百多年的独立生存而不能改变全球的大潮流。

中国命运共同体继续向前发展

秦汉隋唐宋建立起来的中国命运共同体虽然是君主统治，却是根据《大学》“修身、齐家、治国、平天下”的理想开展的，好的皇帝执政时的确在不同程度上实现了范仲淹说的“居庙堂之上则忧其民”，他们统治下的中国老百姓也在不同程度上表现出“处江湖之远则忧其君”。正是这种“忧国忧民”的精神把中国命运共同体巩固起来。在元朝统治下，这种精神被民族压迫与民族仇恨掩盖，中国命运共同体的质量大打折扣。开创明朝的明太祖朱元璋（1368—1398年在位）不但使中国从民族压迫与民族仇恨的恶性循环中解放出来，还大力修补了中国命运共同体一百年来遭到的损害。

毛泽东最欣赏中国历史上的两个“能君”，一个是唐太宗李世民，另一个就是明太祖朱元璋。前者有“贞观之治”，后者有“洪武之治”，俱为后人称道。毛泽东特别赞扬朱元璋这个“大老粗”。其实朱元璋带领队伍南征北战后登上皇帝宝座，早已通过自学成为文化人，每天平均要批两百多件奏章，又命令朝臣花两年功夫编纂并亲自审阅名为《大诰》的整肃贪污的纲领，我们再把他当“大老粗”就对他不公平了。他效法唐太宗严惩贪污，但不能做到“贞观之治”那样贪污基本上绝迹。他又效法汉文帝生活节俭。他是和尚出身，素食惯了，在宫中每天早餐只吃蔬菜，外加一碗豆腐，算是皇帝的特殊享受。朱元璋在南京皇宫内开辟御菜园种菜，皇宫吃菜自给自足。

毫无疑问，这御菜园的开辟者与总指挥是明太祖背后的贤内助。朱元璋的皇后马氏是宫中的出名人物。她本是元末起义军领袖之一郭子兴（1312—1355）的养女。朱元璋是投奔郭子兴战绩出色而发迹的。郭子兴重用他，又把养女嫁给他。朱元璋与马氏并肩作战出生入死、同甘苦共患难。朱元璋登基，立刻封马氏为皇后。明朝初年以这样一对农民夫妇为人中之极是中国文明的亮点。中国从宋朝开始，中上层社会不下地劳动的女性提倡缠足以为“美”（实际上是虐待妇女，幼女受苦难以言尽）。农民妇女体力劳动强度大，都不缠足。马氏就如此，京都人们叫她“马大脚”。她刚当皇后还喜欢出宫走动，她那没缠过的大脚受人讥笑后就深居简出。她入宫后保持节俭的生活习惯，不让自己的亲戚做官掌权，替明太祖免了外戚之患。她是中国典型的贤妻良母型，一心希望丈夫当个好皇帝，也救了不少大臣的性命。明太祖对她也恩爱，她去世时明太祖十分悲恸，以后再没有另立皇后。民间有歌谣称赞她“圣慈”。

由于明太祖的政策，明朝官员的俸禄历代最低，低于提倡“民乐则官苦”（唐太宗《金镜书》语）的唐朝。由于朱元璋“休养生息”的政策，国家元气很快恢复。明太祖鼓励人民开垦荒地（开垦以后就享有那块土地的所有权），大力开展军民屯田制度。他在全国大兴水利，鼓励种植棉花，种棉普及福建、广东、江西、湖南、湖北，以及北方的河北、河南、山东。京城（南京）附近的江南地带更是产棉大本营，农田一片白色。有些地方，棉花生产面积占所有耕地的80%（传统的稻谷面积减少到20%）。本章前面已经谈到棉花、棉布、棉衣（还应该加上棉被）使中国社会生活产生了革命性的变化，帮助中国普通人民解决温饱的“温”这一大问题。明朝不但解决了这个问题，还使中国一跃成为棉布的出口国。从明朝开始，国际市场上出现一种中国棉纺织品，英文名叫“南京布”（nankeen），就是江苏著名棉布“府绸”。它起初销往东南亚及棉布的祖国印度，后来又行销英国与欧洲，一直到现在仍然闻名全球。

讽刺的是：朱元璋以农民起义领袖推翻元朝而建立新政权并没有帮助各地农民彻底改变元朝以来大地主依附官廷剥削与压迫农民的情况，朱元璋起义成功的事例反而更鼓励全国各地农民效尤。因此朱元璋的洪武年代成为中国历史上农民起义最多的时代。起义规模有大有小，小自数十人，大至几十万人，呈此起彼伏之势，遍及广东、广西、福建、江西、湖广、四川、陕西、山东和浙江等省。当年与“香军”“红巾军”有联系的民间秘密组织白莲教也参与到许多地方的农民起义之中。朱元璋死后，农民起义仍然不断发生。最出名的是明成祖朱棣（1360—1424）永乐十八年（1420）二月，山东青州地区爆发的唐赛儿领导的农民起义。

唐赛儿（1399—？）是白莲教的女领袖，蒲台（今山东滨州南）人。1420年在益都（今山东青州）卸石棚寨自称“佛母”，率众起义。那时明成祖从南京迁都北京，大修宫殿，又组织人力，南粮北调，还开挖运河，先后在山东征调数十万民夫，农民徭役负担沉重。中国历史上少有的巾帼起义领袖唐赛儿领导的农民起义具有反抗暴政的性质，响应者众多，声势浩大。朝廷派出精兵前往征讨，包围了唐赛儿的总部。唐赛儿口头答应投降，晚上偷袭官营，突围逃走。起义不到一个月就被平息，但唐赛儿不知去向。明成祖怀疑她削发混入尼姑或者女道士中，就把北京和山东境内所有尼姑和女道士抓到北京审讯，以后又几次逮捕全国出家的妇女，始终没有查出唐赛儿的下落。

明成祖与“永乐盛世”

刚刚说到唐赛儿带领农民起义具有反抗暴政的性质，但史书却称明成祖朱棣的永乐年代（1403—1424）为“永乐盛世”，中国历史从不同角度来看总是可以得出相反的结论。这位明成祖朱棣也是明朝君王中的明星，在国外更为出名。他有两大不凡的事迹：一是像唐太宗那样篡夺帝位，另一个是派遣郑和下西洋。朱棣登基前的处境和唐太宗李世民如出一辙。像登基前封为秦王、立国有功、众望所归、拥有强大军力的李世民一样，朱棣是驻守北京一带的燕王、摧毁蒙古力量的功臣。但他是明太祖最小的（第四个）儿子，不在继承皇位的直系上。然而形势转变，在父皇驾崩前他的三个哥哥都去世了，皇位应该轮到他的，却被皇后早已去世的内宫暗地运作使“皇太孙”朱允炆继承了明太祖皇位成为明惠帝。惠帝刚即位，作为皇叔、害怕朝廷削藩的燕王朱棣就反叛（像唐太宗“玄武门之变”一样有名的“靖难之变”），惠帝派兵镇压，苦战三年后，朱棣打到南京，惠帝见大势已去，便坐在皇宫里叫人纵火烧毁宫殿。后来朱棣彻底清理焚毁的宫殿废墟没有发现惠帝的尸体。惠帝显然在火烧混乱之际逃走了。朱棣登基后搜遍全国也找不到他的下落。明成祖统治的23年中，先是大力搜查下落不明的惠帝，后来又大力搜寻失踪的女首领唐赛儿，两次都失败了。

明成祖的“永乐盛世”虽然不可以与唐太宗的“贞观之治”相比，

但明朝有背靠背的“洪武之治”与“永乐盛世”就把中国命运共同体重新巩固起来，使它能在“文明道路”上走好。汉朝的“文景之治”、隋朝的“开皇盛世”、唐朝的“贞观之治”与“开元盛世”，以及宋朝的繁荣景象好比中国命运共同体“文明道路”上的里程碑。中国命运共同体的持续发展就像在中国南方旅行所看到的“山外青山”景象，山峰一个接一个。明成祖的“永乐盛世”又是另外一座山峰。

与“永乐盛世”齐名的是永乐年间御编的《永乐大典》，这是人类有史以来第一部卷帙浩繁的大百科全书，在世界文明史上享有盛名。可惜的是，这部明成祖亲自督导、花费了成百朝臣与学士多年心血制成的22937卷、11095册、大约3.7亿字的类书（百科全书）至今只有4%（800卷）幸存。明成祖是《永乐大典》的总设计师与第一享受者。中国历史上出了不少喜欢读书的皇帝。宋太宗赵光义（976—997在位）命令李昉（925—996）等人编出1000卷《太平御览》和500卷《太平广记》，成为历史佳话，却和《永乐大典》无法相比。明成祖需要的书是从中国有文字以来所有的书中把天文、地理、“阴阳”（哲学）、医术、“僧道”（宗教）、技艺等信息都收在一部书中供他参考。书成以后，他取名《永乐大典》（“永乐”是他统治年号）。他经常随身带着书，查阅他需要的信息。书原来只有一部，后来皇宫抄了一部。这两部《永乐大典》，一部保存在北京的皇宫中，另一部保存在南京的行宫中。

中国文明好比宝库，《永乐大典》好比宝库中一件无价之宝。先是中国文明把“文明道路”上的见闻用中国发明的笔、墨、纸张，印刷写成或印成千千万万本书，然后花了许多精力、时间与智慧把千千万万本书中的宝贵信息收集整理成《永乐大典》。可是它没有得到好好保存，中国文明许多珍贵的信息也都随着遗失的《永乐大典》一同付诸东流，十分可惜。它幸存的800卷除了北京的国家图书馆（前北京图书馆）存有161册与台北故宫博物院存的62册，其余部分都分散于英国、美国、德国、日本的不同图书馆与博物馆。这些《永乐大典》

的残本是世界的文化珍宝。

明成祖的执政机构以“内阁制”闻名。他调了一些有学问的大学士当“内阁”成员，随时和他们商量国事。但内阁成员不兼任各部领导，不能干涉日常行政。九卿官员上朝奏议也不通知内阁，很有点像现代国会与内阁职能分开的现象。明成祖把年号叫“永乐”，带有“永远与民同乐”的意思。他的治国方针以“家给人足”与“斯民小康”八个字为指导，是中国政府第一次提出“小康”理想（“小康”一词出自《礼记·礼运·大同篇》，是“大道既隐……各亲其亲，各子其子，货力为己”的社会现象，与“大同”相对，带有贬义），明成祖是先于邓小平600年把它改成正面概念的。明成祖一方面减轻赋税，建立及时救灾的机制；另一方面要求官员深入民间、了解民情，如有灾难必须据实上报，违者处分。1412年，500余名地方官员入朝觐见，他就要每个官员详述当地民情，能讲出民间疾苦的无罪。永乐年间政府收入的赋税达到明朝最高峰，间接反映出民间殷实。

中国的河流都是由西往东流，中国人民花大力气开凿由南到北的大运河，可以与万里长城媲美。元朝开凿了从北京通到杭州的京杭大运河，由于维修疏忽，经常河道淤塞，人们便舍弃河运而从事海运。但海运有飓风之苦，不很理想。明成祖迁都北京后，起初采取河运与海运并用的政策，保证京都的粮食与其他物资的供应。后来索性全面疏浚大运河，结束弃河海运的历史，对华东经济的发展做出巨大贡献。

印度佛教有八大菩萨。其中，弥勒菩萨（Maitreya）在中国变成未来佛，药师菩萨（Bhaisajyaguru）也在中国民间被尊为药师佛。另外有四大菩萨最受中国香客朝拜，逐渐形成佛教四大名山：观音菩萨（Avalokitesvara）在浙江普陀山，文殊菩萨（Manjusri）在山西五台山，普贤菩萨（Samantabhadra）在四川峨眉山，地藏菩萨（Kṣitigarbha）在安徽九华山。元世祖于1214年下诏确定这四大名山为四大菩萨归宿。元英宗硕德八剌（1302—1323年在位）曾亲临五台山朝圣。明成祖与五台山圣地也有联系。1414年，西藏宗喀巴应明成祖诏，派大弟子释迦耶协到南京入朝谒见皇帝（他先去五台山朝拜，再去南京）。1415年，释迦耶协为明成祖“灌顶”洗礼，明成祖封他为“妙觉圆通慧慈普应辅国显教灌顶弘善西天佛子大国师”。释迦耶协后来住五台山，明成祖多次遣使赠礼。

印度大文豪泰戈尔（Rabindranath Tagore）说印度传统有“行僧”（wandering ascetics）与“家园主”（householder）两大因素。印度佛教的菩萨两千多年来始终没有结束“行僧”的生涯，其中四大菩萨却在中国变成四大名山的“家园主”供全世界（包括印度）的崇仰者膜拜。现在旅游者到这四大名山看到的古代建筑多半是明朝开始建造的，清朝、中华民国（1912—1949）与中华人民共和国成立以来不断维修扩建。佛教文化是中国发展“文明道路”上的明媚景致。

元朝时代西藏主动加入中国命运共同体，西藏内乱元朝政府还派兵去平乱。明朝没有派过军队去西藏，西藏继续成为中国命运共同体的组成部分。明朝以后，清朝中央政府与西藏的关系比元朝更密切，也曾数次出兵拉萨。明朝没出兵西藏，它与西藏的关系也没有前后两个外来政权那么亲密。总的来说，明朝时期西藏作为中国命运共同体的一部分的基本形势没有改变。西藏高僧释迦耶协应诏到南京拜谒明成祖及明成祖封他为“国师”就是证明。明成祖一方面继续元朝尊敬西藏佛教地位的政策，另一方面也对西藏行使中央政府的领导权职。由于明朝欢迎他们前来谒见皇帝，西藏佛教僧人纷纷组团到南京（后来去北京），秩序较乱。他们经过的路线，地方政府都得安排接待，负担很重。明成祖在藏区建立一套僧官制度，分成教王、西天佛子、大国师、国师、禅师、都纲、喇嘛各等级。后来明朝政府下令限制西藏僧人进京，就按等级划线。比方说，明宪宗朱见深（1447—1487）于1465年下诏，只允许西藏“国师”以上的僧官来京觐见，代表团人数不得超过150人。

前面所说明朝时期西藏作为中国命运共同体的一部分的基本形势没有改变，也就是说从元朝初期开始到明朝西藏不是一个独立国。以后到了清朝更是如此。这一点许多国外人士都不明确。中国很多人谈西藏历史也只强调元朝与清朝，而不强调明朝中央政府对西藏的统治，更加深了国际误解。

郑和下西洋的目的与性质

明成祖于永乐三年（1405年）派宦官郑和率领28000名官员、僧人、学者、士兵、水手乘240多艘大小船只（其中有62艘长44丈、宽18丈的大船）的庞大队伍到印度洋，访问了东南亚（现印度尼西亚及马来西亚）与印度的古里国（现南印度科泽科德/Kozhikode）。回来报告以后，明成祖再命郑和带领队伍去印度洋各国访问五次。明成祖去世后，他的继承人明宣宗朱瞻基（1426—1435年在位）又派郑和第七次访问印度洋，郑和死在印度南部古里国海上。人们把郑和下西洋与哥伦布发现新大陆相提并论。郑和下西洋早于哥伦布的探险，船只也多得多，航程也远得多（郑和下西洋总航程7万多海里，可绕地球3周），活动、交往也胜过哥伦布探险不知多少倍。哥伦布探险导致新大陆的发现与新殖民时代的扩张，郑和下西洋却没有给世界带来任何改变。哥伦布死后永远为世人所怀念，美洲许多国家每年都纪念“哥伦布尔日”（美国的“哥伦布尔日”是国家节庆，定在10月第二个星期一，使人们周末假期延长一天便于游乐）。郑和却早被人们遗忘，现在很多普通中国人对郑和的名字很陌生。这是当今中国舆论的抱怨。

600多年来人们对郑和下西洋的目的与性质始终百思不得其解，谁也讲不出个所以然。外国学者对它的兴趣显然大于中国学者。国际战略专家把它视为昙花一现的中国“海军崛起”，称郑和为莫须有的“海军大将”（admiral）。国际关系学者怀疑中国当时有扩展领域与势力范围的野心。以上谈到的中国舆论的抱怨及国外学者的怀疑都是因为人们没有把中国发展的“文明道路”和西方“民族国”征服扩张的旋律划清界限。郑和属于前者，哥伦布属于后者，不能同日而语。我们分析郑和下西洋的目的与性质，关键在于确定它是不是中国发展的“文明道路”的一部分，是不是逾越了“文明道路”而走上西方“民族国”征服扩张的歧途。我们从方方面面来看，郑和下西洋既不是什么中国“海军崛起”，也没有扩展领域与势力范围的野心。事实摆在那里，有目共睹，中国并没有误入“民族国”歧途。因此只能按照中国发展“文明道路”的逻辑来看问题。闻名中外的郑和七次下西洋事件虽然是有计划、有组织、有任务的，但从整个历史发展来看有很大的偶然性，只能当作突发事件，不能视为中国当时内政外交发展趋势的必然结果。

明成祖执政23年魄力很大，但很务实，也很稳重。他在军事上有两个大动作：一是出兵安南，稳定藩属；二是亲征蒙古，彻底消灭北方游牧民族的威胁。明成祖出兵安南是在1406—1407年，派遣郑和六次下西洋是从他登基的第三年一直到他去世的两年前之间。郑和下西洋和明成祖出兵打安南是两码事。明成祖五次亲征蒙古是在1409—1424年（明成祖去世那年），最后两次亲征是在郑和第六次回国以后。明成祖亲征蒙古和郑和下西洋这两大动作一北一南，重心在亲征蒙古。在这上面他所耗费的精力与国家的财力远远超过郑和下西洋。

明成祖五次亲征蒙古和派遣郑和六次下西洋差不多同时发生，两大动作出于一个政治背景，那就是作为篡位皇帝的明成祖必须有所作为，以政绩使下属与百姓信服他的篡位做得对。他五次亲征蒙古，因为不亲征就不能除掉蒙古部落在边境的骚扰与挑衅。五次亲征都大胜，大大提高了他和将来继承者的威望。他第一次派郑和下西洋不是因为印度洋国家挑衅，寻找失踪的明惠帝可能是一个原因（明成祖花了九牛二虎之力都找不到明惠帝，谣传他逃到海外去了）。郑和的队伍第一次回来没有得到明惠帝的音信，从第二次郑和下西洋开始，寻找明惠帝的目的就不再有了。但是第一次郑和下西洋一帆风顺，带回了礼物与信息，导致印度半岛国家遣使到南京谒见明成祖，也起了增加皇帝威信的作用。以后一次又一次下西洋，礼物与信息越来越多，印度洋国家遣使来京谒见也越来越频繁，雪球越滚越大。这样的发展是符合逻辑的。

郑和七次下西洋每次都到印度半岛的古里（Kozhikode）国，郑和自己坐镇古里海边，派下属官员出使其他国家。明成祖政府与古里建立了亲密的外交关系。1407年第二次下西洋时，郑和还在古里立碑，碑上刻了“其国去中国十万余里，民物咸若，熙皞同风，刻石于兹，永垂万世”①。毋庸讳言，明成祖看了郑和对此事的报告一定非常高兴。更高兴的是：1413年郑和第四次下西洋时，在印度柯枝国（今南印度柯钦/Kochi）树立了刻有明成祖亲书碑文的石碑。碑文说：

> 盖天下无二理，生民无二心；忧戚喜乐之同情，安逸饱暖之同欲，奚有间于遐迩哉？！……朕君临天下，抚治华夷，一视同仁，无间彼此。推古圣帝明王之道，以合乎天地之心。……②

这段话应该加以评论。第一，明成祖以“朕君临天下，抚治华夷”的口气向外国人说话，当然是高人一等，没有国际各国平等的概念。这是从秦始皇统一中国以后就养成的坏习惯，给以后中国和外国发展外交关系带来困难。可是也要指出，碑文中“抚治华夷”是空洞言辞，不表明明成祖有把柯枝或别的国家当作附属国的意图。第二，即便有这一缺点，由于郑和下西洋建立的明朝与柯枝及其他许多国家的交往关系是平等互利的、和平文明的，也和近代西方列强与亚非拉各洲国家之间建立的殖民、剥削、压迫关系大不相同。上面引的碑文

① 参见谭中与耿引曾：《印度与中国——两大文明的交往与激荡》，2006年，北京：商务印书馆，229页。

② 同上书，231页。

中这些话反映的是一种“大同世界”的精神。第三，这碑文中“推古圣帝明王之道，以合乎天地之心”这句话有两点新意：第一点，它使我们想起本书第三章中引的宋儒张载的“为天地立心”。我们已经诠释了张载为天地立的是“菩提心/bodhicitta”，这个观念发源于印度，现在明成祖又把它改装成中国文明的精髓送给印度半岛的一个小国，这就是“文明道路”的发展。第二点，他这“推古圣帝明王之道”（把“圣帝”与“明王”之道推广）是创新，过去从来没有哪个中国皇帝说过要推广“圣帝”与“明王”之道来符合天地的“菩提心”这样的话。虽然汉朝刘歆（公元前50？—前23）文中有“汉兴，去圣帝明王遐远……”但刘歆说的“明王”和明成祖说的“明王”内容不同。刘歆死去一千多年以后，印度“明王”（vidyā raja）的概念在中国广为传播，有“不动明王”“大威德明王”“孔雀明王”“马头明王”“大轮明王”等，都是如来佛、弥勒佛、观音菩萨的化身，还有《大孔雀明王经》（*Mahāmāyūrī-vidyāraja-dhāraṇī-sūtra*）传播功德。明成祖的话是典型的中印合璧。

我们知道，和明成祖与郑和有密切关系的另一人物就是姚广孝（1335—1418），他是个和尚，法名道衍，明成祖朱棣在北京为燕王时就收他为身边智囊。道衍对朱棣篡位及攻打南京给出重要建议，明成祖对他越发器重，赐名姚广孝，任他为高官上朝。他一切服从明成祖，但不肯还俗，白天穿官服入宫上朝、办事，晚上仍回庙里当和尚。郑和原是回族，名“马和”（阿拉伯名是Hajji Mahmud Shamsuddin）。他的祖先是不花剌国（乌兹别克斯坦文化名城布拉哈）国王穆罕默德的后裔，是从中亚来到元朝中国的所谓“色目人”。郑和小时候在云南被明太祖的军队俘虏到南京宫中当宦官，后归燕王，朱棣让他改姓郑。姚广孝度他为菩萨戒弟子，法名福吉祥。[①]明成祖派郑和率领庞大队伍下

① 关于郑和是佛教徒的证据，参见“郑和与佛法－智悲佛网”*www.zhibeifw.com/big5/fjgc/mryfj_list.php?id*...2016年2月7日查阅。

西洋当然是姚广孝的主意。这一点是研究郑和下西洋的学者忽略的。

郑和下西洋的庞大队伍中也有学者，他们记载了七次下西洋的经历及访问过的诸国风情，留下了珍贵的史料。[①]从10世纪开始，伊斯兰教进入印度，郑和使团访问的国家，有些是伊斯兰教统治，有些政府首领是印度教徒，但伊斯兰教会力量大。7世纪玄奘、义净等人访印时，各国佛教仍然兴盛，其后就衰落了。印度从古以来都是印度教种姓社会（佛教要打破种姓制度），古时不叫印度教而叫婆罗门教，佛教衰退后开始称印度教。郑和使团的实地见闻和记载反映出当时印度沿海诸国都受伊斯兰教文化统治，民间也有非伊斯兰教徒。可是中国访问者不知道印度教与佛教的区别，笼统地把这些国家当作佛教国。马欢等人的记载，把印度教（不吃牛肉）一概说成佛教，是认识上的错误。既然明成祖与郑和都倾向于佛教，他们乐于与这些“西洋”国家交往也是理所当然的。我们可以把郑和下西洋的活动和前朝中国高僧踊跃去西天取经相提并论。这一点也是国际历史学家不曾想到的。

值得一提的郑和下西洋的收获就是永乐十二年（1414）榜葛拉国献“麒麟”。“麒麟”属于神话，不是自然界的动物。史册记载有这回事，但没有说明是什么样的动物。得到“麒麟”是瑞兆，在科学不发达的明朝，来了麒麟瑞兆，自然轰动全国。明成祖也特别高兴，明翰林院的学士兼书法家沈度（1357—1434）写《瑞应麒麟颂》，又命宫中画家作《瑞应麒麟画》。现在，这幅《瑞应麒麟画》（上有沈度的《瑞应麒麟颂》）保存在台北故宫博物院。人们在网上可以看到图片（图五）。原来这只榜葛拉国献的“麒麟”不过是一头长颈鹿而已。古时中国人从来没见过长颈鹿，因此特别稀奇，也为明成祖增添了威望（因为“瑞应麒麟”显现是“圣人”出现的征兆，这“圣人”当然是明成祖了）。

① 主要有耿珍所著《西洋番国志》，费信所著《星槎胜览》与马欢所著《瀛涯胜览》，三人都是随郑和下西洋的官员，外加黄省曾总结三人报告而写的《西洋朝贡典录》。

图五　明朝榜葛拉国献麒麟图

我们仔细思索榜葛拉国献“麒麟”这件事，不免产生一些疑问。这榜葛拉国就是现在的孟加拉国。“榜葛拉”就是印度语bangla的对音，15世纪郑和下西洋时的重要文献中提到的榜葛拉国是全世界最早的关于孟加拉国的记载（我认为《汉书》中的黄支国就是古代的孟加拉国）。在15世纪时，这个叫榜葛拉国的孟加拉国是伊斯兰世界的一个显著国家，伊斯兰教为主要信仰。它不产长颈鹿，但是它与出产长颈鹿的非洲各国交往频繁，很容易引进长颈鹿。问题在于榜葛拉国怎么知道麒麟在中国神话中的重要性呢？把长颈鹿当作“麒麟”献给明成祖是谁出的主意呢？这两个疑问现在都得不到答案了。总而言之，这榜葛拉国献“麒麟”的历史插曲中有很多智慧的投入，也说明当时中国和孟加拉国之间有相当程度的“知己知彼”，折射出郑和下西洋事件是有益的国际文化交流活动。

近年，许多素来对郑和下西洋缺乏兴趣的中国知识精英现在突然感兴趣了，因为当今中国政府在全世界大力宣扬“一带一路”共同发展的益处。“一路”指的是“21世纪海上丝绸之路”，“一带”指的是“丝绸之路经济带”，“丝绸之路”包括陆上与海上的洲际交往渠道，郑和下西洋因此受到重视。

关于郑和下西洋对当今中国发展“一带一路”的参考性，我想指出三点。第一点，它不是中国“文明道路”发展的必然结果，是一种偶发事件。第二点，它不是军事行动，倒像是带试验性质的远洋航海兼外交与对外贸易活动。第三点，它不带发展经济的目的，也不带政治目的，好像是集体出外考察，看看世界。有一点是肯定的，郑和下西洋总的来说是国际友好往来［除了在第三次下西洋时与锡兰山（今斯里兰卡）一个小国的国王亚烈苦奈儿发生冲突并把他俘虏回国，以及第四次下西洋时在苏门答腊逮捕了当时伪王苏干剌的两次不快事件以外］，在所有访问国都受到欢迎。

李自成与吴三桂

1949年5月，我在上海交通大学念书。记得当时人民解放军第三野战军文工团在进城部队中巡回演出话剧《李闯王》，描写李自成（1606—1645）的故事，也来学校演了一场。我看了很感动，也知道中国共产党人诚心汲取农民起义英雄进入大城市后开始享乐腐化而毁了革命事业的教训。李自成原是陕北的失业驿卒，后来成为起义军领袖。他和另一农民起义军领袖张献忠（1606—1647）配合，张的军队攻打南方（特别是四川），李的军队攻打北方。这两支农民起义军把明朝政府的精力耗尽。1644年，张献忠在成都称“大西皇帝”，李自成在西安称“大顺王”，然后统领50万（这个数字明显有所夸大）号称“大顺军”的农民大军东征北京。经过三个月苦战，李自成起义军攻陷明朝首都，明朝崇祯皇帝自缢。

李自成提出“均田免粮”的口号，一时得到全国农民的广泛拥护，但他占领北京后必须立刻迎战投降清军的明将吴三桂（1612—1678）和清军的进攻。另外，大顺军初进城时纪律严明，禁止军队到民间奸淫烧杀。但不久之后，他们开始在北京城抄家权贵大户，甚至动用刑具逼迫明朝官员交出财富，使得人心惶惶。谣传他们在宫中搜出金银亿万两，亦属过分夸大。

李自成大顺军的覆灭又和明将吴三桂降清牵涉在一起。吴三桂本来是明朝镇守山海关外、防止清军侵入关内的大将。李自成大顺军逼近京城时，吴三桂被皇帝召回防守北京。这时李自成极力争取吴三桂投降，吴三桂出于自己的利益，在投靠清军或李自成之间犹豫不决。后来听说他的爱妾陈圆圆被李自成手下大将刘宗敏（？—1645）掳走，最后决定降清。这以后，李自成的大顺军一变而成为明朝抵抗清兵的主力，原来受命抵御清兵侵入的戍边大将吴三桂却变成清军侵入的开路先锋。明朝这样的结局说明中国大一统命运共同体的致命弱点。

宋朝末年有文天祥、陆秀夫、张世杰“宋亡三杰”，是可歌可泣的英烈。明朝末年也有三位显著人物，但性质大不相同。他们是吴三桂、尚可喜（1604—1676）和耿仲明（1604—1649）［他死后由儿子耿继茂（？—1671）继承］三位帮助清灭明的反面人物。走“文明道路”的中国在遭受外来“民族国”侵略时出现这样的正反两面人物不足为奇。

明朝是在农民起义战争中创立的，又被农民起义战争灭亡。孤立地看，这种发展不符合逻辑，却是中国大一统共同体的现实。明朝是中国本土“立天”“立地”“立人”之道发展出来的最后一个王朝，是农民起义战争与外来“民族国”侵略结束了它的命运。我们在以后还会谈到这两大影响中国大一统命运共同体的问题。

三、中国文明在清朝统治下的新发展

最近二十年来，中国出了不少以清朝历史为素材的电视连续剧，有1999年的《雍正王朝》、1997—2007年的五部《康熙微服私访记》、1998—2003年的三部《还珠格格》等，深受大众欢迎，也使中国老百姓对清初三位杰出君主在史书上写下的“康乾盛世”有了感性认识。满洲建立的清朝和蒙古建立的元朝相比有两大差异：第一，蒙古人是骑着马、拿着弓箭一路杀进来的，清兵却被明朝大将吴三桂请了进来，吴三桂为在中国全国建立起清朝统治铺平了道路；第二，满洲建立的清朝可算完全融入了中国命运共同体，不像蒙古建立的元朝有点格格不入。蒙古建立的元朝把隋唐宋的科举制度废了，满洲建立的清朝却加强这一制度来实行“精英统治”，使得汉人成为全国各地各级政权的中坚（等于恢复了中国本土统治精英的地位）。清朝在中国的统治当然也有民族压迫，但比蒙古建立的元朝宽松。我在这一章开始时引了孙中山革命初期“驱逐鞑虏，恢复中华”的口号，明太祖朱元璋建立明朝，的确是“驱逐鞑虏”，把蒙古侵略者赶回草原，明成祖更进一步亲自带领大军去蒙古草原把侵略中国的部落消灭在他们的老窝。中国人推翻清朝建立中华民国时却没有把满族人驱逐出境。有了这些差异，我们对清朝统治的分析就应该不同于对蒙古建立的元朝的分析。换句话说，我们不应该笼统地认为清朝继承明朝是中国在“文明道路”上倒退到“民族国”发展的旋律，而应该十分肯定中国文明在清朝时代是积极向前发展的。

“康乾盛世”有板有眼

中国知识界与民间对清朝皇帝的称呼改变了，不称他们死后的庙号而称他们统治的年号。“康熙”是年号，皇帝的满族名字是“爱新觉罗·玄烨”（1654—1722），庙号是“圣祖”，人们选择的是“康熙皇帝”。他在位61年（1661—1722），是中国有史以来在位最久的帝王，他的孙子乾隆皇帝（1711—1799）可以超过他的记录，却出于孝心当了60年皇帝（1735—1795）以后引退，再当4年太上皇，让祖父保持纪录。顾名思义，“康乾盛世”指的是从康熙到乾隆，外加两位著名皇帝之间的雍正皇帝（1722—1735年在位）统治，总共134年期间。有人却认为乾隆的继承人嘉庆皇帝（1796—1820年在位）25年的统治期间也应包括进去。中国历史上从来没有过“康乾盛世”这样长的和平昌盛时期。

康熙年间中国人口超过1亿人，乾隆年间超过3亿人，占当时世界人口的1/3。在“康乾盛世”，中国经济规模与技术水平（包括农业单位产量）都超过前朝，中国经济总量约占世界1/4，是世界第一经济大国。梁启超称“康乾盛世”为中国文艺复兴时代。中国的新书出版有《康熙字典》《古今图书集成》等辞书、类书。编纂丛书包括《二十四史》《十通》[①]等。在“康乾盛世”，中国出版的书籍多于世界其他国家的总和。是清朝皇帝、尤其是乾隆，使得中国“文明大国”的名声弘扬中外。

同是外来统治者，蒙古建立的元朝敌视长江以南的居民（因为他们在南宋时期抵抗蒙古侵略），清朝却重视江南的发展，康熙与乾隆都喜欢江南。康熙于1684年、1689年、1699年、1703年、1705年及1707年六次“南巡”，到江南各地走走。“乾隆皇帝下江南”更是民间茶余酒后乐道的历史花絮。他到江南公巡私访，至少也有六次。江南文化在乾隆时期达到巅峰，一直到今天持续成为中国文明的亮点。康乾时代，中国各地广泛推广新引进的高产农作物玉米（单位产量高于传统作物稻谷与小麦）、番薯与马铃薯，这也为“康乾盛世”锦上添花。

---

① 乾隆时代把前代的“三通”（即《通典》《通志》《文献通考》）再加“续三通”（即《续通典》《续通志》《续文献通考》，其中《续通典》宋代已有，其他两“续”都是乾隆时期造，宫廷设“续文献通考馆”负责编纂）与“清三通”（即《清朝通典》《清朝通志》《清朝文献通考》）合成丛书。后人再添《清朝续文献通考》，便成“十通”。

康熙皇帝身边有很多来自欧洲的天主教耶稣会（Society of Jesus）的传教士。自从1583年著名意大利传教士利玛窦（Matteo Ricci）来华开始和明朝宫廷交往以后，耶稣会的传教士（国际历史学界称他们为Jesuits）继续不断来到中国。法国来的白晋（Joachim Bouvet，1656—1730）起了康熙皇帝与法国国王路易十四之间的桥梁作用。白晋于1698年第二次来华时，带来另一位法国耶稣会神父傅圣泽（Jean-François Foucquet，1665—1741）。白晋与傅圣泽在北京宫殿中把《易经》译成法文。1721年，傅圣泽携带了4000多部中文古籍回法国给皇家图书馆。路易十四统治下的法国和康熙统治下的中国建立起文化交流，也为法国"汉学"的发展打下了基础。2011年10月，台北故宫博物院举行《康熙大帝与太阳王路易十四特展》，展出珍藏的及从法国卢浮宫、凡尔赛宫、巴黎吉美博物馆、北京故宫博物院及沈阳故宫博物院等18个单位借来的文件与画像，其中有路易十四写给康熙皇帝的信，以"太阳王"（Le Roi Soleil）名扬欧洲的路易十四向当时在法国知识精英中为人称道的"哲人王"康熙皇帝表达了友好愿望。这也是世界文明史上的佳话。

从明朝末年开始，欧洲天主教内部发生"耶稣会士/Jesuits"与"方济会士/Franciscans"和"道明会士/Dominicans"之间关于中国传统文化定性以及在中国传教方式的争辩。从明末利玛窦开始，耶稣会士就把孔子看成圣人，主张让中国的天主教徒对中国传统（中国每家神主牌上有"天地君亲师"，"亲"就是祖先，"师"就是孔子）表示尊敬。方济会士与道明会士对此竭力反对。1645年，罗马教皇曾一度下令禁止中国天主教徒祭祖祭孔，却又在1656年取消这一禁令。以后耶稣会士与方济会士和道明会士在这个问题上大肆争辩，康熙皇帝以他的国际威望支持耶稣会士。教皇迟迟不做决定，半个世纪后才于1704年下令禁止祭祖祭孔，又于1742年重申禁令并不许争辩继续。1720年，康熙皇帝以牙还牙，宣布禁止天主教在中国传播，1723年，雍正皇帝开始严格执行。人们认为这是中国朝廷和罗马教廷之间的一场纠纷。我们从这一经过也看出中国皇帝的影响扩大到欧洲，是史无先例的。

欧洲远洋殖民主义强国后起之秀英国的女王伊丽莎白一世（1533—1603）于1602年5月写了一封信给中国皇帝（Emperour of Cathaye），交给商人威茂斯（George Weymouth）送去北京。威茂斯的船没到中国就折回，这封信却保存下来。[①]伊丽莎白一世政府建立的英国东印度公司（the East India Company）的目的就是要和中国、印度及远东各国进行贸易、交往。东印度公司的远洋船，俗称"东印度人"（East Indiaman），发自英国海口，先到印度，再到中国，然后折回英国。1793年，英国政府派乔治·马戛尔尼（George Macartney，1737—1806）为全权特使访问中国，受到乾隆皇帝的热情接待（马戛尔尼觐见乾隆时如何跪拜的纠葛与协商，被西方舆论大肆渲染）。事后马戛尔尼对于这次出使做了详细记载并对中国的情况进行分析。[②]马戛尔尼是一位洞察能力很强的政治活动家。他一方面对乾隆的统治表示称赞，另一方面也看出中国当时的一些弱点。比方说，乾隆有意向英国来访者展示的强大兵力有点华而不实。士兵的武器很落后（还使用弓箭），他们那金光闪闪的钢盔是纸做的等。雄心勃勃的英国派马戛尔尼出使世界闻名的"天朝"，清朝帝国也想向后者显示一番自己的工业进步。当时西方工业革命欣欣向荣，在电气还没发明前，欧洲各国利用旋紧的螺形发条松弛过程中的动力带动小小齿轮旋转而制造出自鸣钟表以及会唱歌的摆设（西方市场称为"唱歌器/singsongs"）。马戛尔尼使团带了许多这种产品想使中国人耳目一新。谁知乾隆北京的宫中与热河承德的行宫中这种玩意儿多得不得了，使英国使团的礼物"大为失色"（这是马戛尔尼回忆录中说的）。

马戛尔尼访华使团中有斯当东（Staunton）父子。父亲斯当东

① 英国政治活动家兼地理学家约翰·巴罗（John Barrow，1764—1848）于19世纪出版的《海洋发现史》（*History of Maritime Discovery*）曾刊出。

② 参见J. L. Cranmer-Byng《马戛尔尼中国见闻录》（*An Embassy to China: Lord Macartney's Journal 1793-1794*），1962, London: Longmans。

（George Leonard Staunton，1737—1801）是使团的副使（因为1787年英国访华大使凯思卡特/Cathcart没到中国前就在海上病死，没有大使，使团不能继续前进，这次设副使以防万一），12岁的儿子斯当东（George Thomas Staunton，1781—1859）是使团的“书童”（page）。乾隆政府特别派一书童陪同小斯当东，白天两人玩得很好，一到晚上，中国书童坚决拒绝与小斯当东同床睡觉。后来发现，中国小书童相信民间传说“洋人晚上吃人”，怕被小斯当东吃掉（这也是马戛尔尼回忆录中说的）。西方学者研究这次马戛尔尼使团访华有“文明碰撞”（collision of civilization）的夸张观点，但从两个书童相处的花絮来看，当时中国文明与西方文明之间的确有许多误解。

中国命运共同体领域扩大

“康乾盛世”时期，中国的版图有史以来最大，包括东北的满洲及西南的西藏，新疆也成为中国的一部分。1755年，乾隆派兵征服准噶尔，占领伊犁。1757年平定天山北路，准噶尔族从此消失。乾隆皇帝把这片国土命名为“新疆”，又在伊犁设将军府，任命“伊犁将军”控制新疆局势。到了1840年鸦片战争及1842年中英签订《南京条约》以后，英国以外的西方列强对中国进行“我也要一份”（me too）的侵略政策，俄国强迫清廷签订《中俄勘分西北界约记》（也叫《塔城议定书》或《塔城条约》）侵占了新疆北部大片领土（现在成为哈萨克斯坦、吉尔吉斯坦与塔吉克斯坦），可见乾隆盛世时疆土之大。

现在的东北是清朝统治者的老家，清朝统治者的祖先是把宋朝折磨得无以复加的女真族，他们又和蒙古族有亲属关系。“康乾盛世”期间，清朝和蒙古的部落关系很好，这样就使得满族人领导的中国命运共同体解除了北方侵扰之忧，这是大一统中国有史以来空前未有的优势。朝鲜半岛也成为清朝的友好邻邦（不像昔日的高句丽对唐朝构成威胁）。和汉朝以来中国本土统治的朝代相比，中国在清朝时期与周边邻近各国的关系都是最和善的。中国命运共同体五千年来在黄河、长江划出的“中国文明圈”内不断化零为整，如今不但完全覆盖这两条文明大河的全部，而且大大超越，清朝的功劳是很大的。

欧洲列强崛起后纷纷与中国签订双边条约，都是不平等条约，唯一的例外是1689年中国与俄国订立的《尼布楚条约》，这是中国有史以来第一次与西方国家签订的现代国际条约。4年后，康熙皇帝允许俄国在北京建立“俄馆”，每3年派200人的商队在北京逗留80天（其他国家不得援例）。这一切都证明中国是可以在平等的基础上建立起现代外交关系的。参加《尼布楚条约》协商的中国代表团中有两名欧洲在华的耶稣会传教士——葡萄牙人徐日升（Thomas Pereira，1645—1708）和法国人张诚（Jean Francois Gerbillon，1654—1707）。他们两人懂得国际公法，熟悉西方外交活动的诡谲，俄国人占不了便宜（不像后来签订《南京条约》等不平等条约时任凭西方外交官摆布）。此后，1726年年底，俄国又派使团到北京与雍正皇帝的朝廷举行了6个月的谈判，中俄签订《恰克图条约》，也是平等合理的双边协定。

1600年前从武帝开始的汉朝政权竭尽全力、在现今新疆一带展开军事与外交活动，把一贯骚扰、侵犯中国的近邻游牧民族匈奴赶到远方，也曾使政治影响扩大到新疆。试想如果乾隆盛世时执政的不是外来统治者，而是有走“文明道路”传统的本土皇帝，是不是也会这样做呢？虽然这样的提问似乎无中生有，却也折射出乾隆盛世扩大中国命运共同体的版图是在中国“文明”发展中注入了“民族国”侵略成性的基因，但中国走“文明道路”的传统也使乾隆到此为止，不像成吉思汗那样无限制地扩展到欧亚大陆的西部。与此同时，俄国也正在崛起，把势力范围扩张到新疆一带，俄国文化的影响逐渐渗入新疆，新疆的门牌号码都用俄国文字标出。俄国派使团来中国签订《恰克图条约》就是这种态度的反映。

清朝领导的中国西藏命运共同体

亲爱的读者们，你们觉得这样的提法符合历史吗？是不是有读者觉得这种提法把清朝捧得太高了？如果符合历史，那就不是捧得太高，捧得高也是应该的。我们应该看到国际舆论经常有人把西藏加入中国命运共同体的这段历史曲解为汉族侵略藏族，本章第一节谈到中国大一统的政权从秦汉一直到宋朝都没有把黄河与长江这两条文明母河的源头——青藏高原——统一到中国命运体中来，是元朝完成了这一大业。明朝把这一统一局面维持下来。读者从本章的讨论中可以看出最关键性的事实是藏族主动加入中国命运共同体，而蒙古族起了积极推动作用，从来没有哪个汉族的朝代出兵西藏。清王朝对西藏融入中国更是不遗余力，尤其对巩固达赖政权起了关键性作用。清朝统治者对蒙古怀柔，是为了团结蒙古族从而积极团结藏族（因为西藏格鲁派的“黄教”在蒙古人民中影响很大）。清朝政府所有文件都是用满、蒙、藏、汉四种文字颁布。北京有西藏以外最大的喇嘛庙雍和宫，本是雍正皇帝的旧王府和乾隆皇帝的出生地，雍正把它让出作西藏僧侣活动中心，乾隆把它扩建为富丽堂皇的佛庙；清朝“暑都”承德避暑山庄也有大喇嘛庙。

西藏文化是建筑在很牢固的“来世”与“转世”信仰上的。在近代以来人类进化论越来越普及的国际大环境中，被神化了的“达赖喇嘛”社会政治机制是由掌权的凡人制定，不能保证不出毛病。发生了历史上的“假达赖喇嘛”事件。那是1680年第五世达赖去世，西藏地方政府政务最高官员“第巴”桑结嘉措隐瞒不报而私立“转世灵童”仓央嘉措，仍然用已故五世达赖的名义颁发政令，长达16年。1696年清廷才得到真实信息，康熙皇帝大怒。1705年，桑结嘉措被拉藏汗捕杀，康熙下令拘捕“假达赖喇嘛”，后来仓央嘉措在拉萨遭拘捕时逃脱，然后下落不明。最近调查发现，他可能逃到现在的内蒙古，改名传教，最后圆寂。

鉴于这一教训，清廷制定了一套比较完整的在人世建立“活佛”

达赖喇嘛的机制，发现“灵童”要经过一定程序，“灵童”要经过班禅喇嘛（班禅额尔德尼）的审核通过，然后由中央政府通令才能产生。1757年4月，乾隆皇帝派章嘉国师进藏协助驻藏大臣寻找“灵童”，1758年找到降白嘉措，经过认真审核后由乾隆皇帝下谕于1762年7月10日在布达拉宫“坐床”，在坐床典礼上，宣读了乾隆的“奉天承运文殊大皇帝金字诏书”，没有正式册封，也没有宣布他是第几世达赖，直到1781年才接到乾隆皇帝金册金印，封他为第八世达赖，受命亲政。乾隆这一决定也等于撤销仓央嘉措“假达赖喇嘛”的恶名，承认他为六世达赖。

1792年11月，乾隆皇帝颁布《钦定藏内善后章程二十九条》，成为统治西藏的纲领。《二十九条章程》确定清朝驻藏大臣督办藏内一切事务，与达赖喇嘛、班禅额尔德尼共同协商处理政事，所有噶伦及其以下的官员、活佛，均须服从驻藏大臣指挥。驻藏大臣全权执行达赖、班禅和各主要活佛的转世灵童事宜。在驻藏大臣的领导下建立西藏地方部队（藏军），每年春秋两季他都出巡前后藏各地并检阅藏军。西藏完全成为大一统中国的一个直辖行省。

“康乾盛世”时期西藏很乱，外来侵略与内部争权恶性循环。清朝政府对西藏的安定做出了重要贡献。一方面，清廷消灭新疆准噶尔势力，解除了北方外患；另一方面，清军五次开进拉萨，把西藏政局稳定下来。乾隆末年，“廓尔喀/Gurkha王国”（今尼泊尔）两次出兵侵入西藏。1793年乾隆皇帝派兵入藏，平定廓尔喀。廓尔喀（尼泊尔）原来就是中国的藩属，清廷又乘胜把不丹与哲孟雄（今锡金）变成属国。清朝驻藏大臣对这三国行使控制权。

从以上这些发展可以得出三点结论。第一，清朝时代是满族统治时代，如果从民族矛盾来看，是满族压迫汉族。满族是否也压迫藏族呢？可以泛泛地这么说，但不能绝对化。满族是藏族的救星（没有清朝统治，西藏不知道会糟到什么程度），是藏族自动寻求满族援助的。第二，从民族矛盾来看，根本没有汉族压迫藏族的问题，在清朝统治下，藏族的上层享受贵宾待遇，比汉族情况要好。至于藏汉两族下层，都是受满族压迫的，同病相怜。第三，如果不从民族矛盾的角度来看，清朝满蒙藏汉团结起来结成的中国命运共同体是中国有史以来最美满的，为今天中国多民族（包括藏族）的大家庭打下了坚实的基础。

四、海洋对中国文明的严峻挑战

“康乾盛世”如果发生在孤岛上，一定会发展为中国历史的黄金时代的。可惜中国不是孤岛，而是与巨大的海洋为邻（中国的海岸线有18000千米）。由于诞生于“喜马拉雅圈”的摇篮，又由于黄河、长江在远古时代就创造了“中国地理共同体”而使得长江黄河两河流域的人们建立起“命运共同体”，中国文明集中全力在大陆上发展，中国文明的传统思维总是以海岸线为极限。《老子》说“上善若水”，董仲舒说水是“得之而生，失之而死”都没有看到海洋是地球上水的故乡，海洋上的水不是“上善”的，也不是“得之而生，失之而死”的。海洋是中国文明数千年来的盲点。中国文明忽略了它，到了近代自食恶果。

古代孔孟老庄、诸子百家都属于大陆性文明，如果他们在海岛上生长，也可能发展出“仁义道德”来的。海洋虽然经常咆哮、惊涛骇浪，但多半时间风平浪静。海洋本身并不形成对中国文明的挑战。1840年鸦片战争以前，中国与海洋共处了几千年，也没有受到侵略。中国文明的这条天真无辜的道路受到另外一条罪恶的道路的挑战。那就是海上的“炮舰之路”——现代西方“民族国”世界用强权、霸权来威胁、骚扰、侵略、压迫、剥削来挑战中国文明的天真无辜的道路。中国通过“丝绸之路”与世界接触，现代西方世界通过“炮舰之路”

与中国接触。今天，中国想要在陆上与海上同时开展“一带一路”的国际交往，必须认清这一国际形势。在陆上，“丝绸之路”可能崎岖，但只有高山挡路，可以慢慢打通。在海上，那几百年来畅通的“炮舰之路”会是“丝绸之路”的拦路虎，可使“一带一路”遭到毁灭性的打击，不可掉以轻心。

中国台湾的沧海桑田

刚才我形容地球的海洋为“民族国”世界列强铺了一条“炮舰之路”，读者一定会把它与英帝国主义在19世纪对中国推行“炮舰政策”（gunboat diplomacy）联系起来。其实15世纪末西班牙人哥伦布开创的“大航海时代”（Age of navigation）早就把公海变成炮舰的狩猎场。哥伦布及其后西方的远洋商船都是炮舰（帆船两侧都安装了大炮,叫作舷侧炮/broadsides）。从那时开始，海洋上就受“丛林法则”（jungle law）统治，公海上不同国家的海船相遇，谁的炮火强，谁就抢劫对方的商品，并且回国把它当作“战利品”展览。

西方“民族国”世界最先从“炮舰之路”东来侵犯中国主权的是荷兰东印度公司从1624—1662年统治中国台湾今天的台南一带。荷兰在中国台湾的殖民政权到中国大陆招募了万名移民去开垦土地，发展经济。殖民政权对中国台湾原居民采取怀柔政策，却向中国大陆移民去的农民收取苛捐杂税。1652年爆发了以郭怀一（？—1652）为首的移民农民起义，中国大陆移民的1/4（有4000—5000名农民）参加了起义，受到了残酷的镇压，3000—4000人被杀死或饿死。荷兰是欧洲一个比较文明、进步、和睦、繁荣的弹丸之国，但在殖民地的表现却如此野蛮，这就是近代西方崛起的“民族国”的一个现象，叫作“在家是绅士，出洋当流氓”（gentlemen at home, scoundrels abroad）。

1661年，被荷兰人称为“郑国姓/Koxinga”的明朝遗将郑成功（1624—1662）率领部队把荷兰殖民者从台湾赶走，台湾民间至今仍怀念他，称他为“开台圣王”。“开台”就是开辟台湾的意思，这“开台圣王”的称号，郑成功当之无愧。他和部队将士都把家属从福建迁居台湾，又大力动员漳州、泉州一带的人民移居台湾，使台湾人口猛增。郑成功于攻克台湾一年后去世，但他的儿子郑经（1642—1681）在台湾建立起忠于明朝的独立王国。台湾恪遵孔孟之教，实行明朝的文武官制，中国文化普及民间。从那时开始，台湾名符其实地成为中国命运共同体的一部分。

经过一场朝廷大辩论，康熙皇帝决定把台湾纳入大清版图，任命郑成功的降将施琅（1621—1696）统领大军于1683年攻克台湾。清朝政府把台湾作为福建省的一部分，却不重视，施琅成为台湾的领主，推行限制广东移民的政策。清朝的“海禁”对台湾的发展也不利。甲午战争后，1895年中日签订《马关条约》，把台湾割让给日本，一直到1945年日本投降台湾才回归祖国。

1948年，蒋介石国民党政权决定从大陆撤退到台湾，不但带走中国几千年的宝贵文物，而且大批中国统治精英都到了台湾。再有，以美国为首的西方世界对中国共产党领导的中华人民共和国采取不承认、抵制与禁运政策，想以台湾取代中国在世界上的存在。这当然是做不到的！但是台湾却因此一方面靠吃“冷战饭”起家，另一方面在军事上变成美国的“不沉航空母舰”，在政治上变成美国的附庸。美国公开宣布保护台湾、不让中国“解放”台湾的政策，台湾躲在美国鹰核弹羽翼下苟且偷安，后来又成为亚洲“四小龙”之一。从宏观的角度来看，这是历史上“民族国”旋律对中国“命运共同体”走文明道路的最严重干涉。

总而言之，中国台湾今天的形势是世界冷战局势留下的死结，不容易解开了。我们从台湾沧海桑田的发展来看，今天台湾民间对大陆的离心力除了上面说的冷战因素还有历史根源，归咎于几千年来中国文明海洋意识淡薄。台湾回归祖国的怀抱，还得看当今中国文明振兴，清除“民族国”思维干扰，坚持“文明道路”发展释出的力量。另一方面，最近数十年来台湾与大陆在经济发展上相辅相成的益处有目共睹。这就说明大陆少不了台湾，台湾更少不了大陆，台湾实际上是中国命运共同体的组成部分，这是铁定了的现实。如何使得台湾在政治上回归中国命运共同体，还得靠两岸的人民与统治精英建立起正确的思维，采取明智的措施。

鸦片（贩毒）帝国主义

荷兰侵占台湾只是海洋对中国文明挑战的前奏，真正的严峻挑战来自英国，读者从前面谈到的马戛尔尼使团访问中国已经可以看到暴风雨即将来到的征兆，但当时的中国统治精英却视而不见。英帝国主义是近代以来世界上最厉害、最狡猾、最善于伪装与歪曲历史的凶恶势力。它从“炮舰之路”乘风破浪从“远西”来到“远东”殖民称霸的过程充满着野蛮、残忍与伪善交织的策略与伎俩，至今造成国际学术界对历史分析的混乱。它一方面达到了损人利己的目的，另一方面又丑化了与它对抗的外国（特别是中国）政府与人民，起了搅浑世界舆论以及误导觉醒中的中国（与其他发展中国家）知识精英的作用。

读者也许认为我这一番话过于尖刻，但这是我半个世纪前开始重点研究的发现，已经出了两本书详细阐述。[①]当今世界“中国学”权威不倒翁、已故哈佛大学费正清教授的权威学派把鸦片战争说成是西方世界使中国进入现代社会的开端，说成是英国炮舰轰开了紧紧关闭的中国大门。费正清的理论帮助英帝国主义遮盖了现代文明最肮脏的一页。

---

① 参阅谭中：《中国与勇敢新世界：鸦片战争的起源》（*China and the Brave New World*），1978年，孟买：Allied Publishers，以及谭中：《海神与龙：探讨19世纪中国与帝国主义》（*Triton and Dragon: Studies on Nineteenth Century China and Imperialism*），1986年，德里：智慧出版社Gian Publishing house。

英国是在公海上开辟“炮舰之路”的开路先锋。前面谈到的英国东印度公司的俗称“东印度人”的远洋船是从17—19世纪公海上炮火最厉害的商船兼海盗船。英国发展的战略是发展海上霸权，以垄断者的身份把中国的茶叶等商品贩运到全世界。从17世纪开始，世界各地对茶叶的需求大增，但清朝政府只让欧洲国家到广州购买茶叶，并且设立了广东“十三行”的民间垄断茶叶出口的机制。英国虽然表面上对此抱怨，实际上把它当作千载难逢的机遇。首先，英国人在广州实行“买家垄断/monopsony”，不惜任何代价把到广州来购买茶叶的其他买主打垮，变成十三行的唯一茶叶买主；然后更进一步利用清朝政府对十三行的压榨而把这十三行变成英国的暗中买办。东印度公司先把中国茶叶运到英国，征收关税，再把它运到英国全世界的殖民地。这种盈利行为引起美洲的英殖民地人民的反抗。1773年12月16日，波士顿抗议者爆发著名的“波士顿茶叶聚会”（Boston tea party），把东印度公司船只上刚运到的茶叶统统丢到海里，引发了美国独立革命运动。

英国这种野蛮的“买家垄断/monopsony”与独霸全球茶叶分配的行为是在没有足够资金买茶的情况下进行的。于是，英殖民主义者就想出更野蛮、残酷的主意。东印度公司在印度建立的殖民政权中的一个部门叫作“海关食盐、鸦片部/Board of Customs, salt and Opium”，专门在印度研究出带有中国人喜欢闻的气味的鸦片烟土［英国殖民政府在贝纳勒斯（Benaras）的鸦片验收专家巴特尔（Dr. D. Butter）说，他们想尽办法使东印度公司的鸦片受到中国市场欢迎。英国鸦片巨商渣甸（William Jardine）于1840年在英国国会作证时说，英殖民政府鸦片部曾托他把不同鸦片包装带到中国去咨询哪种包装最为中国烟客爱好。］①，然后大量生产，运往中国。英国东印度公司不直接运

① 参见谭中：《中国与勇敢新世界》（*China and the Brave World*），87页。

送，而是在加尔各答把鸦片拍卖给英印私商，私商把鸦片运到广州，把钱还给东印度公司。东印度公司的广州分行就有了充足的资金购买茶叶。

印度大文豪泰戈尔是国际人士中谴责英帝国主义用鸦片侵略中国行径最强烈的人。他形容英国用枪炮“把毒物塞进中国的喉咙”[①]。这虽然是文学的叙述手法，但不失真。一般不懂历史实情的人当然要问，如果中国人对鸦片没有需求，别人怎么能硬把鸦片塞进他们的喉咙呢？这就回到本书上一章所强调的中国文明享乐主义的缺点了。在明朝，鸦片是一种珍贵的外国贡品，叫作乌香，明朝宫殿开始把它当作一种春药，后来更发展成上层社会流行的吸大烟享乐。这种享乐方式传到清朝，道光皇帝就是享乐者之一。雍正皇帝生活刻苦节俭，他下令严禁鸦片种植与贩卖。他死了以后，禁令仍然维持，但不严格执行，这就让英帝国主义钻了空子。到了道光年间，鸦片输入越来越多，白银大量流失，政府才开始采取措施，对付英印鸦片的猖獗进口。鸦片是毒物，消费者中了毒、上了瘾，对鸦片的需求只会增加不会减少，消费市场只会扩大。最主要的问题是对中国鸦片进口不是少数商贩的盈利行为，而是世界最强大的资本主义帝国的原始积累的发展战略。英帝国主义抓住中国这个受害者不放，中国无法逃脱，这就是泰戈尔说的英国用枪炮“把毒物塞进中国的喉咙”的真正意思。

起初，英印鸦片船就泊在广州海口由中国鸦片走私贩去取货；后来广州政府禁止，鸦片船就转移到零丁洋，再用小船把鸦片送到广东沿海的“大窑口”与“小窑口”的走私贩手中。这一切都在清朝海军的监视下进行。英国海军也在场。英国海军船只的武器是枪炮，清朝海军的武器是弓箭与石头，不敢去缉拿鸦片走私。1840年英国国会辩论与中国开战的议案时，反对党议员格莱斯顿（William Edward Glad-

① 泰戈尔1918年写的《自我傲慢》和1937年写的《时光的流逝》中都有这样的提法。参见谭中、王邦维主编：《泰戈尔与中国》，2011年，北京：中央编译出版社，66页。

stone，1809—1898）说，英国米字旗在中国海岸保护鸦片贸易是莫大耻辱。[1]后来，格莱斯顿当了英国首相后却因为鸦片贸易获利太大而不愿停止它。

我曾经于1974年在新德里《印度经济与社会评论》（*The Indian Economic & Social History Review*）学术杂志上发表过一篇文章《英国—中国—印度贸易三角（1771—1840）》[*The Britain-China-India Trade Triangle*（1771—1840）]的文章，至今为国际学者所采用。[2]文章说，贸易最终是平衡的。18—19世纪英帝国主义主导的英—中—印三角贸易的平衡可以这样来形容："英国人享受中国茶叶，中国人享受印度鸦片，印度人享受英国殖民政权。"（Chinese tea for the Britons, Indian opium for the Chinese, and British Raj for the Indians.）英国政府这种组织鸦片贸易（用现在的话说就是"贩毒"）来榨取中国的资源并毒害中国人长达两个世纪的恶劣行径，还有资格以"文明"自豪吗？！人类有史以来还从来没有过这样卑鄙、野蛮的贩毒政府，这段历史是英国的奇耻大辱。如果这种卑鄙、野蛮的国际贩毒行径是中国的所作所为，西方舆论能够容忍吗？不会群起而攻之大行讨伐吗？可是西方学术界对英国"鸦片帝国主义"（贩毒帝国主义）基本上采取原谅（甚至视而不见）的态度，却把清政府的所谓"闭关自守"当作代罪羊。这是很不公平的。

1840—1842年的鸦片战争主要是英国要保持对中国的鸦片贩毒贸易，是错上加错。可是，费正清曾鼓励得意门生张馨保（Hsin-pao Chang）写了一本英文书《林钦差与鸦片战争》（*Commissioner Lin and the Opium War*），1964年由哈佛大学出版社出版，名噪一时，曾被认为

① 参见谭中、王邦维主编：《泰戈尔与中国》，2011年，北京：中央编译出版社，214-215页。

② 参见Google网The Indian Economic & Social History Review, 1974, vol. 11, issue 4 ...The Britain-China-India Trade Triangle（1771-1840）*econpapers.repec.org/RePEc:sae:indeco:v:11:y:1974:i:4:p:411-431*，2016年1月31日查阅。

是鸦片战争的经典著作，世界各大学把它当作重要教科书或参考书。[①]张馨保代表费正清学派把鸦片战争的日期改为1839—1842年，不是从1840年英国国会通过决议出兵打中国而英国远征舰队从印度出发到达中国海岸开始，而是从林则徐1839年在广州销毁英印鸦片开始。这一修改的不可告人的目的就是要使不明真相的读者觉得鸦片战争是中国人——“林钦差”——发动的。这样就改变了鸦片战争的性质，把英国出兵攻打中国海岸说成是制止林则徐对中英贸易的挑衅。从这本书和费正清的其他论著中可以看到那些外国的中国学权威在讽刺地微笑：“你看,《南京条约》中根本没提到‘鸦片’呀！”这是天大的歪曲。英国人在谈判时是想讨论鸦片贸易的，但清朝政府坚决拒绝。尽管《南京条约》没有“鸦片”字眼，但被打败的清朝政府再也不敢另派钦差去禁烟了，鸦片贸易在《南京条约》以后实际上是合法贸易了。我在英文书《中国与勇敢新世界：鸦片战争的起源》(*China and the Brave New World*：*The Origins of the Opium War*)书中特别驳斥了张馨保说的鸦片只是“诱因/occasion”而不是鸦片战争的原因。张馨保说，中国和英国必定会有战争，如果“诱因”是糖浆，就会叫作“糖浆战争”；如果“诱因”是大米，就会叫作“大米战争”。亲爱的读者们，试问天底下还能有比这种逻辑更荒唐的吗?！大米和糖浆是生命需要的食粮，鸦片是慢性伤害生命的毒品，怎么能混为一谈呢?！为什么自称为现代学术圣殿的美国哈佛大学竟会出产这样无聊的学术论点而没有人指责呢?！

我针对这一拙劣的歪曲，把鸦片战争的日期提早到18世纪，就是说，从英印殖民政府针对中国组织大规模贩毒的那天起就是英帝国主义发动了“鸦片战争”，1839年林则徐发动的是“反鸦片战争”，1840年由英国国会决议而发动的是“反反鸦片战争”。这两个“反”相互抵

---

① 1978年谭中的英文书《中国与勇敢新世界：鸦片战争的起源》问世后，张馨保的《林钦差与鸦片战争》的国际声望才有所下降。

消，“鸦片战争”就正名了。[①]

太平天国

费正清学派及许多西方学者一贯避免“鸦片战争”这一词汇（只用“第一次中英战争”），他们绞尽脑汁否认鸦片是鸦片战争的原因是为英国鸦片帝国主义涂脂抹粉。但是，世界进步学者与思想家都效法马克思（他是世界上第一位喊出并谴责鸦片战争的人）使得这一罪行无法粉饰。现在，鸦片战争在国际舆论中是坐上被审席位了。马克思1853—1860年在《纽约每日先驱报》（*New York Daily Tribune*）发表的文章，时不时聚焦于英国对华的鸦片侵略。我们也看到，马克思发表这些文章时，正是太平天国革命运动（1851—1864）时期，因此他在谈论世界大势时六次涉及太平天国运动。我们从他的言论中一方面看出他对西方帝国主义危害中国发展的强烈谴责，另一方面他也不能从中国发展“文明道路”的角度来看问题，这是有点遗憾的。特别是马克思在1853年6月14日写的《中国与欧洲的革命》（*Revolution in China and In Europe*）中这样写道：

> ……1840年英国炮轰，把天朝（中国）皇帝的权威打破，强迫它与地面世界接触。完全孤立是保存旧中国的主要条件。英国用暴力把这一孤立结束了，它就像在密封的棺材中小心保存的木乃伊（尸体）和空气接触以后必然解体。[②]

这段话把所谓的“旧中国”比作“木乃伊/尸体”，认为新鲜空气是从西方世界来的，我们从中国“文明道路”发展的角度来看，马

① 参见谭中：《中国与勇敢新世界：鸦片战争的起源》，3-12，222-228页。

② 参见马克思：《中国与欧洲革命》（*Revolution in China and In Europe*），《纽约每日先驱报》（New York Daily Tribune），1853年6月14日。

克思对中国太不了解，他读不懂中国，因为他的思维完全被关在西方“民族国”发展的牢笼中。有了这样的思维，马克思对“太平天国”运动是看不懂也讲不清的。

对太平天国运动进行分析，我们应该看清楚三点。

第一，1851年“金田起义”前，洪秀全（1814—1864）、冯云山（1815—1852）、洪仁玕（1822—1864）在广东成立“拜上帝教”，只是酝酿阶段。1850年7月，洪秀全发布总动员号令，要所有“拜上帝教”会员到广西桂平县的金田村集合高举义旗，1851年1月发动“恭祝万寿”起义，打出“太平天国”的名目，开始北伐长征。就这样，一场震惊世界的农民起义战争开始了！太平军从广西出发，进入湖南，湖南农民踊跃参加，顿时声势浩大，再由湖北、江西、安徽，打到江苏，于1853年攻克南京，在那儿建都，形成势力扩大到江苏、浙江、安徽、江西、河南等地的“太平天国”，直至1864年灭亡。14年中，共攻克过600座城市，是有史以来没有成功的农民起义中最强大的武装力量。

农民起义战争是两千多年来中国大一统命运共同体“文明道路”发展的有机组成部分。秦朝末年就有项羽和刘邦领导的起义，推翻秦朝，建立汉朝。东汉朝末年有黄巾起义。隋朝末年有许多农民起义，李渊与李世民父子领导的起义军最后一锤定音，建立唐朝。唐末有黄巢起义。朱元璋以农民起义推翻元朝，他建立的明朝应该是农民最亲切的政权，却在洪武与永乐盛世有多起农民起义。明末又有李自成领导的大规模农民起义。太平天国是这一系列农民起义的继承者。马克思在世时曾经不遗余力地要把欧洲资本主义社会的无产阶级工人从“自在的阶级”（a class in itself）转变为“自为的阶级”（a class for itself），中国这个被马克思认为落后的封建社会中的生活在“农村愚昧/rural idiocy”（《共产党宣言》）中的农民早已成为“自为的阶级”（a class for itself）了！

这一点的最好证明就是施耐庵（1296—1372）著的长篇小说《水浒

传》。这是世界上最早的宣扬平民革命的书，可以算是中国农民起义的经典著作。它宣扬两点朴素的革命理论：“不平则鸣”与“替天行道”。小说中有一首诗歌：

赤日炎炎似火烧，野田禾稻半枯焦。
农夫心内如汤煮，公子王孙把扇摇。

这简单的四句深刻地道出中国农民造反的原因。第一，实际上有两个中国，一个是劳动人民的中国，另一个是享乐阶层、公子王孙的中国；前者辛苦劳动，后者坐享其成。第二，在天灾（“野田禾稻半枯焦”）的时刻，劳动人民走投无路，政府和统治精英却无动于衷，农民就只能造反了。《水浒传》的故事来自农民大众，又到农民大众中间广泛传播，唤醒农民觉悟。

我们讨论中国农民武装起义必须从刘延东说的中国五千多年的文明史“是自强不息的奋斗史、追求和平的发展史”的尺度来衡量。中国文明无时无刻不追求和平理想是基本的旋律，但是两千余年来破坏中国和平的战争中农民起义占相当大的比重，破坏性也最强烈。这应该怎么解释呢？我在第三章讨论中认为，农民起义战争与外来“民族国”侵略是中国大一统共同体“文明道路”发展的两大克星，但是不能责备农民，使得农民处于水深火热之中的统治者是祸魁。农民起义战争是中国农民“自强不息的奋斗”的一种表现形式，当然，这种形式造成的破坏使得它不是很理想的，应该设法避免的。

我在上一章引的宋朝张载说的“为万世开太平”，认为它“与梁山泊好汉‘替天行道’的‘太平’理想是殊途同归”。我认为“太平天国”这个名称和张载说的“为万世开太平”代表了同一理想（“太平天国”运动中有学识很广的知识分子，很可能把张载的思想继承下来）。大一统的中国需要在亿万劳动者的头上建立一个统治机制。《礼记·大同篇》阐述的“天下大同”理想是：“大道之行也，天下为公。选贤与能，讲信修睦。”这儿说的“天下为公”就是要建立一个中国命运共同体，使整体利益成为大家的共同事业；“讲信修睦”就是在中国命运共同体内互相信任、和睦共处；“选贤与能”就是这个中国命运共同体要有一个统治机制，统治者必须贤明、能干。秦汉以来，中国两千年的发展都是想达到这个理想。问题在于：如果统治机制出了毛病怎么办？出了毛病的统治者本身不能治理毛病，那就只能靠劳动者来治理了。这就是中国“文明道路”发展不可缺少农民起义战争的根本原因。

第二，我们可以而且应该把农民起义战争作为中国文明自我完善的一种机制，但是也不应该盲目地赞扬这种机制，因为它的破坏性太大。太平天国运动从兴起到被扑灭长达14年，一年365天，14个365天，天天打仗、杀人、毁灭，牺牲当然是惨重的。国际评论的估计是太平天国死亡的平民与战士人数超过第一次世界大战。中国有学者甚至估计死亡人数有上亿。我对这个问题有三点意见：一是谁也没有实地调查的证据，不实地调查而乱报数字来夸张太平天国运动的毁灭性是不负责任、不必信以为真的；二是这一笔账不能完全记在太平天国头上。太平天国的敌人是曾国藩（1811—1872）领导的湘军与清朝军队，外加外国人的洋枪队。这三大敌军和太平天国同样杀人如麻。更重要的是中国文明有“成则为王，败则为寇”的传统，就是说，“打江山”的人如果成功了，什么都是好的，做了坏事可以被原谅；如果失败了就一文不值，只有罪过没有功德。如果洪秀全也像李世民、朱元璋那样从草莽英雄一变而为登基皇帝，历史就会重写，就不会有这么多夸张太平天国运动的人命账。中国文明的仁爱与赞扬只在人民内部流通，一到“敌我矛盾”领域就只有仇恨与毁谤。我们现在得到的关于太平天国的信息几乎没有来自太平天国阵营的（都是太平天国的敌方说出的），怎么会不把太平天国丑化呢？

太平天国的军队是中国有史以来农民起义军最纪律严明、作战英勇、宁死不降的。太平天国的战士统统被杀，一个也没留，他们在人间轰轰烈烈的故事都去阎王殿汇报了。就连太平天国执政时散布于民间的文献也都被销毁一光。倒是和太平天国作战的外国侵略军却把部分太平天国的文献保存下来。再有，许多外国人到过太平天国的天京（南京），受到接待，也带走一些资料。这样一来，外国的图书馆与博物馆倒变成后人研究太平天国历史的唯一场所。梁启超、萧一山、王重民等人逐渐帮助太平天国的文献回国。中华人民共和国成立后，太平天国运动才完全摆脱"长毛贼"的恶名而被重视，南京成立了"太平天国历史博物馆"，渐渐把民间深藏的太平天国遗物收集起来。

《天朝田亩制度》是太平天国的治国纲领，要建立一个"有田同耕，有饭同食，有衣同穿，有钱同使，无处不均，无人不饱"的理想社会。这是中国有史以来思想最进步的纲领。中国农民是中国社会最受压迫的阶层与革命最积极的成分（这是欧洲无产阶级的代言人马克思所无法理解的），然而，几千年来中国农民都没觉悟到而是太平天国运动开始把革命的矛头指向不平等的土地制度。《天朝田亩制度》是现代中国共产党领导的土地改革运动的前奏。《天朝田亩制度》的另一亮点就是解放妇女。在土地分配中男女平等，允许妇女参加军政事务（这在中国是破天荒的革命）。它规定"一夫一妇，理所当然"（这也是破天荒的）。它又规定"天下婚姻不论财"，等于禁止买卖婚姻。政府颁发结婚证书，禁止对妇女的缠足压迫。人们可以批评太平天国政府并没有彻底实行《天朝田亩制度》的规定，但要看到太平天国当时处在受围剿的形势下，政权并不稳固的环境。当时一切为了自卫作战，需要税收，不能彻底进行土地改革（正像解放战争中边区政府推迟土改，实行"减租减息"那样）。

第三，太平天国运动时期，中国正在对付西方帝国主义列强的侵略而需要强有力的政府与安定的社会秩序。在这种形势下产生的英雄人物曾国藩不能算是历史的反动。历史学家范文澜（1893—1969）给曾国藩的“汉奸刽子手”形象[1]并没有被中国广大学术界接受，人们始终认为曾国藩对当时巩固中国是起了积极作用的。如果孤立地看，我们肯定了太平天国运动的革命性，似乎不能把曾国藩看成积极人物。可是从宏观整体来看，曾国藩当时挺身而出，的确起了“扶大厦于将倾”的作用。太平天国运动失败后仍然鼓舞着未来的革命者，孙中山就以“洪秀全第二”自居。中国共产党的革命也把太平天国运动当作一面镜子。

太平天国运动的失败一方面由于它本身的缺陷（洪秀全不像李世民、朱元璋那样具有文武全才，不能指挥军队作战，最高领导层不团结，在南京开始享乐、腐败等），另一方面也因为时机尚未成熟。曾国藩的出现可以看成历史的必然，也证明当时的所谓“旧中国”不是马克思所想象的封存在棺材中的木乃伊。

义和团

19世纪末、20世纪初爆发的义和团运动比太平天国运动更具有争议性。义和团和太平天国是差不多同一时期的中国农民运动，开始时也是反对清朝政府的，后来被清朝政权利用来反对洋教与洋人；原来的口号是“扶明灭清”，后来变成“扶清灭洋”。

义和团运动牵涉到的是“官”“教”“民”三角关系。义和团代表的是“民”的怨声，是“民”对“教”（西方天主、基督在中国传播的“洋教”）的不满。这“民”与“教”的矛盾折射出中国文明遭受西方“民族国”世界发展冲击而爆发的火花（太平天国运动却没有这种性质）。

话分两头。先说西方“民族国”世界发展规律。英国诗人吉卜林（Rudyard Kipling，1865—1939）名诗《白种人的包袱》（*The White Man's Burden*）是这样开头的：

① 范文澜于1944年出版《汉奸刽子手曾国藩的一生》，20世纪50年代曾由人民出版社再版。

背负起白人的包袱
你繁衍的人种迸发
流放你的子孙
去为你的俘虏服务。

吉卜林叫响的“白种人的包袱”的口号代表了从19世纪下半叶开始的西方“民族国”世界向全世界文化进军。西方各国白种人天主基督教徒纷纷背起把文明传播到野蛮人（诗中说的“你的俘虏”）中间去的“白种人的包袱”。到19世纪末，背着“白种人的包袱”来到中国的洋人已经够多了。他们和明末清初来到中国的耶稣会传教士有很大的区别。过去那些天主教耶稣会神父像利玛窦（Matteo Ricci，1552—1610）、庞迪我（Diego de Pantoja，1571—1618）、汤若望（Johann Schall von Bell，1591—1666）、南怀仁（Ferdinand Verbiest，1623—1688）等都是西方文明的精英，是德高望重的学者，他们一来到中国就受到尊敬。他们来到的中国局势动荡、社会很乱，却没有人伤害他们，他们能安安稳稳在中国政府任职。19世纪末那些背着“白种人的包袱”的天主教、基督教传教士却是泥沙俱下，不能代表西方文明精髓，很多人都是殖民侵略的工具。

国际学术界把当时西方白人传教士涌入中国形容为“军旗领先、圣经随后”（Bible follows the flag），这些传教士都是跟着西方侵略军进来的，他们集中到设有外国使馆与租界的城市，受到外国武装的保护，有些人也仗着外国势力作威作福。鸦片战争以后，西方“民族国”和中国建立了所谓“条约机制”（treaty system）外交关系，实际上是对中国行政主权的粗暴干涉。“治外法权”剥夺了中国政府在本国领土上处分外国人违法行为的权力。外国使馆、领馆忙着寻找中国政府“违反”条约规定的事例。我高兴地看到在费正清的晚年著述中，他在他发明的“条约机制”（treaty system）前加上unequal（不平等）字眼。中国政府与西方列强签订的条约都有两个版本——中文版和外文版。并且规定，如果以后发生争议，必须按照外文版所写的严格执行（中文版等于废纸一张）。当时清朝政权在条约协商及其后的实现阶段根本没有审核外文版文字的本领。结果凡是外国使领馆提出的中国政府“违反”了条约规定，中国政府就满足他们所要达到的目的。凡是地方上发生纠纷，外国外交使团就会对中央政府施压，中央政府就会对地方政府施压，使得外国人胜诉。因此，民间发生教民（中国天主、基督教徒）与非教民的争执，政府总是偏袒前者。民间对洋教的憎恨就这样积累起来。

中国数千年来既没有宗教传统，也没有反对外国宗教的传统。有些西方学者把在位仅6年（公元841—846）的青年唐武宗李炎毁灭佛庙的行为与义和团混为一谈。唐朝21个皇帝都信佛，就这个被人误导的小年轻唐武宗例外。把印度创立的佛教变成世界三大宗教之一的中国绝不会有反对外来宗教的传统。伊斯兰教创立后立刻传到中国，从来没有遇到像义和团这样的凶猛反对。因此，义和团运动这种史无前例的突发事件并不属于“文明冲突”，而是中国文明应对来自海洋的严峻挑战的多种表现之一（在这一意义上，太平天国运动也是中国文明应对来自海洋的严峻挑战的另外一种表现）。

清朝政府对义和团运动的放纵与利用是很不负责任的表现。专权的慈禧太后在镇压了百日维新以后，亲批“拳民忠贞、神术可用”，开闸放洪，让北京、天津一带的义和团控制社会，政府对义和团成员对洋人与中国的洋教徒施暴袖手旁观，不加禁止。义和团的斗争对象分“大毛子”与“二毛子”两类。“大毛子”是在中国的所有洋人（其实只有一个德国传教士卜克思在山东遇害，外国传教士和家属都躲进外国使馆受到保护）；“二毛子”就是亲“洋”的中国人，包括“一龙”（光绪皇帝）、“二虎”（主导洋务运动的庆亲王奕劻和大学士李鸿章）、

“十三羊”（支持“维新”及开放政策的清朝大官），以及所有信洋教与推销洋货的中国老百姓（甚至身上搜出洋纸与铅笔的学生也遇害）。义和团在无政府的情况下的烧杀、抢劫、强奸等暴力行为把北京、天津一带搞得天翻地覆。

我在本章第一节说过，如果中国历史上从来没有蒙古建立的元与满洲建立的清，中国在西方世界的形象绝对不会达到“黄患”理论的那种恶劣程度。义和团运动是西方“黄患”概念产生的直接原因。西方出版物上仇恨中国人的漫画，画的魔鬼似的“中国人”（“Chinaman”）就是留着清朝发式（前额剃光，背后梳个大辫子）的形象。如果以前没有“康乾盛世”，我们绝对不会把清朝时代的中国说成中国命运共同体的新的扩大版。当然，义和团运动中杀人放火的都不是满族人，而是受满族及西方“民族国”列强压迫的汉人。其实，在此以前，欧美民间已经滋生了对渡洋谋生的中国人的憎恶。比方说，大批中国劳工去美国西部修筑铁路，愿意接受越来越少的工资，抢走美国劳工的饭碗；美国人也看不惯他们的衣着、相貌，不喜欢他们的语言。19世纪70—80年代，加利福尼亚工人党（Workingmen's Party of California）喊出“中国人滚开”（The Chinese must go）的口号。1882年，美国国会通过《排华法案》（*Chinese Exclusion Act*）。这事义和团并不知道。义和团的排外与美国的排华互不相关。没受中国人压迫的美国人为了那么一点原因就那么“排华”，那些遭受双重压迫的义和团排外就不足为怪了。

关于这一点，著名美国作家马克·吐温（Mark Twain，1835—1910）说了公道话。1900年11月23日，马克·吐温在纽约伯克利学园（Berkeley Lyceum）著名的《我是义和团》讲演中说：

为什么中国不应该把那些在她土地上制造麻烦的外国人赶走呢？要是他们都回到自己的国家对中国人来说有多好呀！我

们不让中国人来我们这里，因此我认真地说，中国人应该决定谁可以去他们那里。

外国人不要中国人来我们这里，中国人同样不要外国人去他们那里。在这个问题上，我坚决站在义和团一边。义和团是爱国者。他爱别人的国家，更爱自己的国家。我祝他一切顺利。义和团要把我们赶出他的国家。我也要把他赶出我们的国家，因此我也是义和团。[①]

正像太平天国那样，义和团运动也是杀伤性很大的，两者都是悲剧，都是中国文明遭受海洋挑战所产生的恶果。可是义和团运动在客观上起了展示中国文明不可侮的作用。贪得无厌的西方“民族国”列强正在忙于瓜分中国（把它分成英、法、俄、德、日本各自的“势力范围”）的时候，义和团运动就像晴天霹雳，使全世界知道中国是不可征服的。海洋对中国文明的挑战，暂时画上句号。

上面谈到的这些不过是近代海洋对中国文明严峻挑战的突出例子，要原原本本地详细探讨，十本书、百本书都写不完。西方学者喜欢突出乾隆皇帝与清朝政府驻广东的地方官员和外国人打交道时的傲慢态度，似乎觉得西方列强惩罚中国情有可原，是故步自封的中国自作自受。中国文明对外夜郎自大的缺点是应该改正的，但不能作为西方侵略中国的借口。

英国人把印度变成殖民地，可是印度人从来没有夜郎自大的传统。我记得20世纪60年代，英国剑桥大学著名女经济学家罗宾逊（Joan Robinson，1903—1983）到印度德里大学来对我的学生做讲座时说，中国人再骄傲也不会胜过英国人。我们只要细读19世纪整个欧洲对中国的谈论，那种背着“白种人包袱”看不起中国的普世态度比过去中国

① 参见马克·吐温的《我是义和团》（*Mark Twain's I am a Boxer speech*）讲演，*www.chinapage.com/world/mark3e.html*，2016年2月4日查阅。

的夜郎自大有过之而无不及。欧洲对义和团运动那种强烈的憎恨正是由于全世界的殖民地中，只有被白人文明看不起的黄种中国人竟然胆敢如此“猖狂”（应该读为“如此勇敢地向背着包袱的白种人挑战”）。正是这一原因使中国变成世界公敌，引起八国联军攻打北京，于1901年9月7日订立中国历史上最丧权辱国的《辛丑条约》（Austria-Hungary, Belgium, France, Germany, Great Britain, Italy, Japan, Netherland, Russia, Spain, United States and China-Final Protocol for the Settlement of the Disturbances of 1900），曾被称为“九七国耻”。条约第六款规定：“中国共付各国战争赔偿四亿五千万两银，分三十九年付清，每年利息为四厘，由中国的关税和盐税来偿付。”这无异于趁火打劫。为什么要赔款“四亿五千万两银”呢？那是因为中国人口是这个数目，象征性地对每个中国人进行处罚。这项赔款不但使中国财富受到巨大损失，也是对中国文明的人格侮辱。

1842年，清朝政府遭到英帝国主义鸦片战争的冲击，怪罪于禁烟有功、极力主战的林则徐，把他流放到新疆。友人陈德培送行一程，并作诗相送。林则徐作《子茂簿君自兰泉送余至凉州且赋七律四章赠行次韵奉答》，其第二首写道：

……

高谈痛饮同西笑，切愤沉吟似北征。

小丑跳梁谁殄灭，中原揽辔望澄清。

关山万里残宵梦，犹听江东战鼓声。

诗中的“小丑跳梁”当然是指英伦三岛小小国家到偌大神州来耀武扬威。可惜清廷软弱而不能坚强应对，他就只能指望有朝一日局势得到“澄清”了。他自己被流放，发出“关山万里残宵梦”的嗟叹。但是，他能回忆起自己在广州担任钦差大臣时，不但没收并销毁英国鸦片，也督促过海战，把一艘英国船击翻的情景。

“关山万里残宵梦，犹听江东战鼓声”，1901年的《辛丑条约》是中国文明发展走到“关山万里残宵梦”的关头，可是中国的命运潜力还大着哩！表面上看，《辛丑条约》标志着中国“文明道路”走到了尽头。实际上，那个最黑暗的时刻正象征着黎明快要来到。海洋对中国文明的严峻挑战使得中国文明更坚定地继续“自强不息的奋斗”。

第五章
从醒狮到世界大家庭一员

法国大革命以来国际上的一个时髦词汇就是“旧世界”（ancien regime），人们喜欢在新旧之间划出鸿沟，“旧世界”的种种譬如昨日死，“新世界”的种种譬如今日生。天下哪有这样的发展规律呢？！西方研究中国的权威以20世纪的开端（或者辛亥革命的爆发）作为中国的所谓“现代转变”（modern transformation）的起点。恕我对此不敢苟同。

我的理由如下。一是发展就像“长江后浪推前浪”，今天的后浪就是明天的前浪，后浪永远变成前浪，试问你想把这一现象说成“现代转变为古代”（transformation of modernity into antiquity）吗？这就是你要表明的时代进化吗？二是以日历来区分“新”与“旧”、“现代”与“古代”是不符合逻辑的，就像我们评论好的文学作品不能以出版的日期为标准一样（按照我的看法，许多唐朝的诗歌就比中国许许多多白话新诗更现代）。三是中国文明数千年的发展好比在一条“文明”公路上旅行，是一个美好的风景接着一个美好的风景，从A到B是这样，从B到A也是这样。我们绝不能把中国文明割裂成“旧世界”与“新世界”，因此“现代转变”（modern transformation）是一个伪命题，必须把它抛诸脑后才能明了真相。

属于传说性的法国军事家、政治家拿破仑（1769—1821）讲的“中国睡狮觉醒将震撼全球”的话，近两百年来对中国的振兴是非常好的兴奋剂。我的印度友人——曾经于20世纪70年代当过印度驻华大使、对中国一直友好、非常了解中国的印度前总统纳拉亚南（K.R.Narayanan，1920—2005）于2000年访华时，曾经想在中国讲演时引拿破仑的话却找不到原文。[①] 2014年3月27日，习近平主席在巴黎出席中法建交50周年纪念大会讲演时引拿破仑的名言说：“中国是一头沉睡的狮子，当这头睡狮醒来时，世界都会为之发抖。”后来舆论对拿破仑是否讲过这样的话有些议论。[②]这个把中国比作“睡狮”及它醒后会“震撼全球”是不是拿破仑说的并不重要，重要的是这一预言已经实现，而且还会在未来的年月继续成为国际话题。

我在第四章最后说：“《辛丑条约》标志着中国文明走到了尽头。”《辛丑条约》是1901年9月签订的，但有“国父”之称的孙中山（1866—1925）却已经于1894年11月在美国檀香山建立了“兴中会”。真是东边不亮西边亮，当中国文明还没走到山穷水尽就出现柳暗花明了！

《辛丑条约》签订十年以后发生了1911年10月的辛亥革命，清王朝结束，神州地平线上出现了曙光。毛泽东在20世纪50年代说过，辛亥革命以后，谁要再想做皇帝是做不成的。从此大一统的中国命运共同体没有皇帝了，中国进入民国时期，虽然不是一帆风顺的，毕竟是新时代的开端。

辛亥革命是武昌一群新军士兵响应孙中山号召的自发行动。他们

① 那时我在美国，印度总统府到处打电话找我，想让我帮忙找拿破仑的话。事后我知道了还认真查询一番，仍然找不到拿破仑的原文。

② 拿破仑最早提出中国睡狮论吗？–纽约时报国际生活 *cn.nytstyle.com/books/20140403/tc03lion/zh-hant/*, *2016*年2月9日查阅。

胜利攻克湖广都督府以后无人领导，就把躲在朋友家的新军21旅（当时称“混成协”）长官黎元洪（1864—1928）拖出来（传说是从床下拖出）当临时湖北都督，宣布成立中华民国。这一行动马上得到全国各地的响应，1912年元旦，17个省都督府的代表在南京成立中华民国临时政府，孙中山当临时大总统。他后来与北洋新军统帅袁世凯（1859—1916）协商，袁世凯强迫清廷引退后，孙中山把大总统位置让给袁世凯。中华民国刚刚开始，政权就落到华北的军阀手中。

一、觉醒的“睡狮”

军阀的年代

1925年孙中山于北京去世时，在“总理遗嘱”中说“革命尚未成功”，认为帝制被推翻后，中国并没有成为一个理想的国家。中国在国际上还没有取得平等地位，国内还有军阀割据。这革命不彻底与军阀割据的现象都和孙中山在民国初年不竭尽全力与军阀势力作斗争有关。他自己后来也意识到1912年把大总统的位置让给军阀袁世凯的错误。

在名义上，孙中山只是中华民国的临时大总统，民国的第一位正式大总统是北洋军阀袁世凯，于1913年10月10日就职（任期5年）。他在1915年12月12日把中华民国改成中华帝国，但自己仍然是大总统而没有登上皇帝宝座。1915年12月，进步军政活动家蔡锷（1882—1916）在云南组织护国军讨伐袁世凯，迫使袁世凯于1916年3月取消帝制，其后不到3个月，袁世凯突然病逝。

袁世凯执政时的最大事件就是日本侵略者强迫他签订所谓的《二十一条》。这事件有一定的复杂性，我们可以从其复杂与曲折的过程中梳理出三点。第一，日本帝国主义早就对中国垂涎三尺。上一章谈到的义和团运动排“洋”不反日，日本也没有天主教、基督教传教士到中国活动（义和团运动没有威胁在中国的任何日本人的安全），它凭什么跟在欧美后面参加八国联军呢？欧美为了镇压义和团而向中国发动侵略战争已经理亏，日本加入八国联军攻打中国更是赤裸裸的强盗行径，这一笔账是算不清的。日本帝国主义永远怀着侵略中国的野心，这是明眼人绝对不会忘记的。讽刺的是，从19世纪末开始，中国知识精英中刮起一阵“师夷之长技以制夷”的风气，把日本当作这方面的良师益友。中国志士仁人纷纷去日本“取经”，孙中山就是典型。袁世凯当政时，正值德国崛起与英国争夺欧洲霸权，欧洲不安宁，欧美列强都把注意力转向欧洲，日本就想趁机独吞中国。

第二，孙中山对日本帝国主义的侵华野心警惕性很差。他寄希望于日本带头取消列强加在中国头上的领事裁判权（consular jurisdiction）（即治外法权/extraterritoriality），寄望于日本帮助中国恢复关税自主权等，以开放全中国市场，给予日本工商业优惠待遇为交换条件。日本《二十一条》的内容是日本黑龙会（是一群垂涎中国黑龙江地区的侵略者组成，故名）提供给日本军国主义集团的。孙中山和黑龙会的领袖头山满（Toyaama Mitsuru）、内田良平（Ryohei Uchida）等人都是好友，是他们帮助孙中山在日本设立同盟会总部的。1914年5月11日，孙中山写给日本内阁首相大隈重信（Okuma Shigenobu，1838—1922）的信中，更有与日本政府打统一战线来扳倒袁世凯，并以满足日本《二十一条》要求之嫌，说出“今日之日本，宜助中国革新，以救东亚危局，而中国之报酬，则开放全国之市场，以惠日本工商”这样极端“亲日”的话。①

第三，相比之下，素有屈膝于日本、出卖中国利益而签订《二十一条》骂名的袁世凯却在强敌压阵时设法与侵略者斗智。日本军国主义与袁世凯政府秘密协商，要求后者严守秘密。袁世凯对日本

---

① 参见《端木赐香：孙中山这是干吗呢？–腾讯·大家》*dajia.qq.com/blog/241593019691401.html*，2016年2月11日查阅。

阳奉阴违，把日本的要求透露给英美帝国主义。孙中山对日本军国主义有幻想，袁世凯对英美帝国主义有幻想，都落空了。日中谈判一次又一次而没有结果，日本军国主义最后露出狰狞面貌，于1915年5月7日对袁世凯政府发出最后通牒，勒令后者于5月9日下午6时前做出肯定答复（不然就不客气了）。一时，在中国的日本侨民纷纷离去，日本军舰却来到渤海湾示威。袁世凯走投无路，只好于5月9日乖乖地在《二十一条》文件上画押。日本这样横蛮地强迫中国签订不平等条约，比以前西方帝国主义的凶暴有过之无不及。日本是循着西方“民族国”侵略征服的轨道而后来居上的，真是“青出于蓝而胜于蓝”呀！中国虽然不再像以前那样故步自封，但这头睡狮刚刚睁开一只眼睛又遭人剐割而没起来反抗。

袁世凯也像清朝末年皇帝那样宁为瓦全，不为玉碎。倒是一位抱有实业救国理想的湖南学生彭超（1896—1915）听到政府忍辱签订不平等条约以后大声痛哭说：“国亡了！”长沙教育界成立“国耻会”，彭超切断手指，写下“立志不愿看到国破家亡”的血书，跳到湘江自杀。[①]北京20万学生集会抗议。当时只有17岁的天津南开学校学生周恩来（1898—1976）也上街讲演，唤起大众的爱国热情。袁世凯看到全国愤怒，就把5月9日定为“国耻日”，使后世永记不忘。其实含羞自杀的不应该是彭超，而应该是袁世凯。如果他真的不愿看到国破而于1915年自尽（也只是提早了几个月去阎王府报到），那他“卖国”的罪名就昭雪了。

袁世凯死后，年轻的中华民国政府仍然被北洋军阀控制，总统的名单上，先后有冯国璋（1859—1919）、徐世昌（1855—1939）、曹锟（1862—1938）、段祺瑞（1865—1936）等人。他们名义上是中国的元首，实际上只是统领华北自己势力范围的部队司令。他们的军队势力

① 参见《彭超–维基百科，自由的百科全书》*https://zh.wikipedia.org/zh.../*彭超，2016年2月11日查阅。

无法到达的中国各地区都有大大小小的军阀统治。这时的中华民国可谓史无前例的数十个军人统治的独立王国的混合集体。

读者可能要问：在这种军阀割据的情况下中国是不是仍然走着文明道路呢？回答是肯定的。帝制推翻了，中国社会进化呈腾飞现象。人们有了自由的感觉，主人翁意识提高。新型大中小学兴起，取代过去的私塾，知识与智慧迅速传播，邮政、交通、运输大大发展，报纸、杂志发行，这些都是文明发展。中国与世界开始对接、对话，时代进步的脉搏在神州大地跳动。袁世凯时代还出现了蔡锷、彭超等英雄，就是军阀时期中国文明闪现的火花。当然，我们不能忽视孙中山对建设民国的贡献。

孙中山与国民党

如果民国初期只有军阀统治而没有孙中山，那就是中国文明发展最黑暗的时期之一了。孙中山是中华民国的灵感，是中华民国的明星，是中国由帝制转化为民国的象征符号，但是他只做了几个月的临时大总统。他退居民间之后，即使是军阀当政时期民间最活跃的政治家，也难真正有所建树。

1917年军阀（兼总理）段祺瑞平定了“张勋复辟”（张勋在北京拥溥仪为皇帝）以后拒绝恢复国会，孙中山发起护法运动，到广州举行了国会“非常会议”，他被选为海陆空军总司令，筹备北伐。可是受到广东、广西军阀阻挠，他的总司令位置也被取消，被迫去到上海闲居。1923年1月，孙中山在上海与苏联的使者越飞（Adolf Abramovich Joffe，1883—1927）会谈，发表了《孙文越飞宣言》，这以后孙中山就开始在“赤都”广州轰轰烈烈地开展革命活动。中华民国得到新生。这中国历史的新页上写着两件大事：一是新的中国国民党成立；二是在广州建立黄埔军校，培养出一批思想进步又会作战的人才。这两件大事又贯彻了孙中山“联俄联共”的政策，国民党吸收中国共产党人入党，开创了第一次“国共合作”。

1923年10月，苏联顾问鲍罗廷（Mikhail Markovich Borodin）到达广州担任中国国民党组织的“训练员”，孙中山得到苏联帮助重建大元帅府。1924年1月，孙中山在广州召开中国国民党第一次全国代表大会。出席大会的正式代表165人，其中有陈独秀（1879—1942）、李大钊（1889—1927）、毛泽东（1893—1976）、林祖涵（林伯渠，1886—1960）、瞿秋白（1899—1935）、谭平山（1886—1956）等24位中国共产党人。孙中山以总理身份担任大会主席，大会主席团由胡汉民（1879—1936）、汪精卫（1883—1944）、林森（1868—1943）、谢持（1876—1939）、李大钊组成。由于苏联顾问鲍罗廷的设计（他也是出席大会的正式代表），这次大会的组织与程序完全按照苏联共产党代表大会的模式。大会通过了《组织国民政府之必要案》《中国国民党第一次全国代表大会宣言》《中国国民党章程草案》《出版及宣传问题案》等议案；选出了中央执行委员会和监察委员会。当选为中央执行委员和候补委员的41人中，有中国共产党员李大钊、谭平山、于树德（1894—1982）、毛泽东、瞿秋白、林祖涵等10人。大会以后，中央执行委员会任命了谭平山为组织部长，戴季陶（1891—1949）为宣传部长，廖仲恺（1877—1925）为工人部长，林祖涵（林伯渠）为农民部长，许崇智（1887—1965）为军事部长，邹鲁（1885—1954）为青年部长，曾醒（1882—？）为妇女部长，林森为海外部长。

我认为，1924年在广州召开中国国民党第一次全国代表大会象征着中国睡狮的觉醒，是四分之一世纪以后中华人民共和国成立的前奏曲。大会通过的《第一次全国代表大会宣言》喊出了“一切不平等条约，如外人租借地、领事裁判权、外人管理关税权以及外人在中国境内行使一切政治的权力侵害中国主权者，皆当取消，重订双方平等、互尊主权之条约。”这就是中国这头醒狮的第一次怒吼。当然，怒吼从中国南方差不多顶端的广州发出，离当时中国经济中心的京沪地区较远，离当时中国的政治中心北京更远，因此震动力度不大。孙中山也意识到这一点。恰巧那时候在苏联帮助下建立起一支强大的西北军的直系军阀冯玉祥（1882—1948）于1924年10月在北京发动政变，推翻北洋军阀政府，把军队改名为国民军，发电报邀请孙中山去北京商讨国家大事。孙中山立刻离开广州，经日本到北京，可惜马上病倒，于1925年3月逝世。

孙中山点燃了中国梦的火光，全中国都受到他的鼓舞。他在《遗嘱》中说："凡我同志，务须依照余所著《建国方略》《建国大纲》《三民主义》《第一次全国代表大会宣言》，继续努力，以求贯彻。"我念中小学时每周朝会上都念这句话，几十年都忘不掉。我从小一听见孙中山的名字就肃然起敬。我敬仰他是因为他的中国梦的火花点燃了我的中国梦。我小时候的中国梦很简单，只希望过太平日子。我相信如果孙中山不离开人世，一定会给中国带来太平日子的。

我从来没有好好看过《建国方略》和《建国大纲》（《三民主义》是读过的），现在看了，却和小时候对孙中山的敬仰对不上号了。比方说，《建国大纲》的"制定建国大纲宣言"中有这样一段：

> 辛亥之役，数月以内即推倒四千余年之君主专制政体，暨二百六十余年之满洲征服阶级，其破坏之力不可谓不巨。然至于今日，三民主义之实行犹茫乎未有端绪者，则以破坏之后，初未尝依预定之程序以为建设也。盖不经军政时代，则反革命之势力无由扫荡。而革命之主义亦无由宣传于群众，以得其同情与信仰。不经训政时代，则大多数之人民久经束缚，虽骤被解放，初不了知其活动之方式，非墨守其放弃责任之故习，即为人利用陷于反革命而不自知。前者之大病在革命之破坏不能了彻，后者之大病，在革命之建设不能进行。

我看不懂了！孙中山闹革命，究竟是革什么命？他要建国，究竟是建什么国？他要推翻中国“四千余年之君主专制政体”，这“四千余年”的文明还要不要呢？中国人民“被解放”了却仍然“墨守其放弃责任之故习”，或者受“反革命”利用，他眼中的“中国人民”也太差劲了。真是这样吗？孙中山崇拜日本，日本却是君主专制政体呀！近代那些没有君主专制政体的强国，个个都侵略中国，孙中山却希望争取它们的支持（对中国人民反而失望），急切地想把中国改造成西方那样的国家，他怎么能成功呢？

孙中山“三民主义”的三个有机部分是“民族主义”“民权主义”与“民生主义”。他在《民族主义》的末尾有这样一段话：

> 现在所剩的头等强国，只有英国、美国、法国、日本和意大利。英国、法国、俄国、美国，都是以民族主义立国。英国发达，所用民族的本位，是“盎格鲁—撒克逊”人，所用地方的本位，是英格兰和威尔斯，人数只有三千八百万，可以叫作纯粹英国的民族。这种民族，在现在世界上是最强盛的民族，所造成的国家，是世界上最强盛的国家。

刚才我想问孙中山：中国“四千余年”的文明还要不要呢？这段话似乎做了否定的回答。孙中山很明显地想把中国文明转变为英国、法国、俄国、美国（美国其实不是孙中山所说的“以民族主义立国”）那样的“民族国”。我认为这是使中国发展走上歧途。

写到这里，我又看到一则信息。1897年8月，孙中山写信给日本友人宫崎滔天（Tō ten Miyazaki，1871—1922）的信说：“清虏执政于兹三百年矣，以愚弄汉人为第一义，吸汉人之膏血，锢汉人之手足……方今世界文明日益增进，国皆自主，人尽独立，独我汉种，每况愈下……”[1]这封信是19世纪末写的，后来几十年间，孙中山的思想有很大发展，我们不能把这段话看成孙中山一成不变的思维。我想指出的是引语中很有代表性的几个错误观点。

第一，孙中山的思维中根本没有宏观的中国五千年文明进化的观点。引文中描写的三百年清朝统治和本书上一章从文明整体角度来评论清朝历史差别很大。亲爱的读者们，如果平心静气来看，能不能说“康乾盛世”统治者“以愚弄汉人为第一义”呢？显然是不符合事实的。

第二，引文中“方今世界文明日益增进，国皆自主，人尽独立，独我汉种，每况愈下”不是责怪剥夺了中国“自主”与“独立”权利的包括日本在内的西方列强，说明孙中山根本没有“海洋对中国文明的严峻挑战”的觉悟，只有对那深奥莫测、隐患潜伏的海洋“民族国”世界的幻想。我看这样的思维在今天的中国仍然是很普遍的。

第三，引文中的狭隘“汉种”（其实根本不存在）观念应该扬弃，前文已有阐述，此处就不必多谈了。

新思潮席卷全国

无论如何，辛亥革命与中华民国的出现是中国文明五千年来的里程碑，中国在思想上进入一个崭新的时代。刚才我们讨论孙中山还要不要中国“四千余年”的文明，其实这是一个伪命题。五千年的中国文明总是在那里的，你不要它，它也在那里，它总是继续发展的，任何人也阻挡不住。孙中山就是中国文明继续发展的具体表现，辛亥革命与中华民国就是中国文明继续发展的具体表现。中国的觉醒首先是睁开眼睛看世界，看自己与世界的差异，看自己过去对世界、对自己认识的差错。中国发现了自己与世界的差距，中国急切要与世界接轨，

① 姜义华：《中华文明的根柢》，2012年，上海：上海人民出版社，20页。

这就是觉醒。

首先，世界的科学精神感染了中国。陈独秀于1915年喊出欢迎“赛先生”（还欢迎“德先生”）来中国。这“赛先生”指的是科学（science）（“德先生”指的是“民主/democracy”）。提倡科学精神并不一定要进到实验室去做科学实验，而是追求真理，追求真实。其实中国文明早就懂得了要有科学精神，要追求真理，追求真实。“真善美/satyam, shivam, sundaram”是印度教徒每天祷告要念的。这三个梵文字出自《奥义书》（*Upanishads*）。它们最早的中文翻译可以从隋朝高僧智𫖮（538—597）写的《法华玄义》中找到，译成“真善妙色”。这“妙色”是古人对菩萨形象的形容。这样，这个汉译就符合《奥义书》的“真善美/Shantam, Sivam, Advaitam”的原意。

这“真”的概念首先由敬仰佛教的晋朝陶渊明（365?—427）根据《老子》的“见素抱朴，少私寡欲”而发展出来。他在第一首《劝农》诗中写道：“悠悠上古，厥初生民。傲然自足，抱朴含真。”这“含真”就是充满“科学精神”。科学精神已经蕴藏在中国文明中1600年了，陈独秀才来邀请西洋的“赛先生”到中国。与陶渊明同时的佛教高僧僧肇（384—414）在他的著作《肇论》中首次阐述“真谛”与“圣心”，可以说是对“真”与“善”的最早探讨。其实道教的“真人”也是与僧肇的“真谛”与“圣心”相呼应。人们把“真人”的起源追溯到《黄帝内经·素问》的“上古有真人者，提挈天地，把握阴阳，呼吸精气，独立守神，肌肉若一，故能寿敝天地，无有终时”。我们知道，《黄帝内经》是人们把古人不同时期的著作编辑成书的。这样看来，道教对“真人”的提倡可以视为一种响应印度的、对“真善美”精神的提倡。陈独秀三次留学日本，学习英文、法文和欧洲文学，他想要邀请的“赛先生”一定是长着蓝眼睛和高鼻子的，他对中国文明的固有优良传统知道得太少。我必须声明以上这些讨论毫无贬低陈独秀对中国现代觉醒贡献的动机。我想读者们会自行判断中国的现代觉醒是否有意识地继承了中国文明的开明传统遗产。

陈独秀带领胡适（1891—1962）、鲁迅（1881—1936）等进步思想家发起新文化运动，废除古文，提倡白话，等于在中国开展“文艺复兴”。这个新文化运动和中华民国初期新式学校在各地兴起以及报刊的发行结合起来，使得知识与文化普及穷乡僻壤，上亿的文盲与半文盲参加到知识分子的队伍中来。人们虽然不写文言文了，但仍然爱读好的古文文学作品（特别是古文诗歌），仍然写出好的古文诗词来。中国文明既输入新的血液，又发扬光大。

我想顺便指出，中国新思潮主要受到西方“民族国”的影响，本章一开始谈到的“旧世界”也从中作祟。我在第一章中说过，中国文字的非拼音图画（人称“方块字”），以及它在作为语言符号的视觉符号以外还有文化建设的功能，正是因为有这样特殊的文字，中国才避免受“民族国”发展旋律的干扰。可是从中华民国一成立，许多中国知识精英就提倡把中国文字彻底改造成拼音符号。1923年1月，《国语月刊》第七期“汉字改革”专刊号，收集了胡适、蔡元培（1868—1940）、钱玄同（1887—1939）、黎锦熙（1890—1978）、赵元任（1892—1982）、傅斯年（1896—1950）的文章，他们差不多异口同声地把中国的方块字当作所谓“封建文化”的遗产，主张废除或改革。进步的文化人大力提倡汉字“拉丁化”。这些建议都无法实行。20世纪50年代，中华人民共和国政府推行文字改革，简化了汉字，推行了横排横写，但没有把方块字废除。汉字简化虽然使得初学汉字的人得到一点方便，但也制造了读古书的困难及与仍然采用繁体字的地区沟通的障碍。在今天信息社会“数字化/digitalization”的文化环境中，中国文字的特殊地位得到了保护，文字改革失去意义了。

更为不幸的是，当时的新文化运动不但反文言，而且反传统，反儒教。这个反儒教运动思想混乱、无的放矢。孔子和孟子是儒教的象征符号，他们是两千多年前的思想家，和两千多年来中国社会发展出来的落后习俗没有关系，却变成斗争对象了。

写到这里，我想比较一下中国和印度知识精英应对西方侵略与挑战的迥然不同的反应。同是遭受西方蹂躏，印度加强了对传统文化的热爱而采纳西方文化的优点，中国却企图“全盘西化”，想完全抛弃五千年的文明传统（有学习日本“东施效颦”的趋势）。鲁迅要中国青年不读中国书，胡适说中国的革命是从美国大学生宿舍中开始的。这些话当然是戏剧性的夸张，但也可以看出中国知识精英头脑中那种“比洋人更洋”的基因。我这样说并不是对鲁迅、胡适等人的爱国心有所怀疑。他们和许许多多主张西方化的知识精英都是出于爱国热情来提出“文化革命”的。他们希望中国人民抛弃胡适说的“文化惰性”，在吸收外来新思想时不受历史传统的限制。这个理由无可非议。可是，正像孔子说的“君子之德风，小人之德草，草上之风必偃”（《论语·颜渊》），新文化风使得中国广大知识界向“崇洋媚外”一边倒（这就是“草上之风必偃”，广大群众跟着知识精英倒向“西化”），不是中国文明的健康发展。

西方文明有资产阶级提倡的自由主义和马克思提倡的社会主义两大潮流，中国当时是还没有完全摆脱西方帝国主义压迫的社会，自然而然会接受马克思主义思潮。我们看新文化运动的先锋，多半是“左”派文人，许多都成为1921年成立的中国共产党的成员（陈独秀更被选为中共中央局书记、中央局执行委员会委员长以及中央总书记）。1927年蒋介石（1887—1975）把中国共产党人从国民党清洗出去，他成为中华民国的统治者，但文化与文艺阵地却在中国共产党人与同情者的控制中，形成“失民心者失天下”的局面。

日本军国主义到睡狮头上拔毛

讨论日本军国主义，使我想起家父谭云山（1898—1983）常常向家人讲的、出自他的好友戴季陶的评语：“中国强，日本就是妾；中国弱，日本就是贼。”戴季陶早年留学日本，是孙中山的秘书（后来成为蒋介石的智囊），我认为戴季陶这番话是至理名言。中国本身欣欣向荣、坚强团结，日本就会老老实实、规规矩矩。反之，日本就变得不安分。说戴季陶的话是至理名言有两点。第一点，现在中国许多人担心日本军国主义复活，威胁中国长久安全。这其实是不必要的。中国不受日本军国主义复活威胁的最强大的保证在于中国把自己的事情办好，使中国永远以高度健康、安定、繁荣的文明国立足于世，日本的军国主义就不会抬头，日本对华的“妾”（这话太形象了，当然对日本朋友有点不恭）的表现就永远不会改变。第二点，在今天与未来世界越来越变得相辅相成的情况下，中国发展成高度健康、安定、繁荣的文明国将会帮助日本的文明与和平发展，使日本人的心理从“脱亚”变成“返亚”。反之，如果中国误入“民族国”歧途，到世界舞台上去演奏崛起—鼎盛—衰退三部曲，那就会不但害了自己，也害了日本的发展，日本肯定会在这一过程中再发展军国主义而最终遭受毁灭。如果日本朋友看了我这本书，同意我的意见，他们就会把中国今后文明国的发展当作决定日本本身命运的先决条件，就会和中国人民一同来建设东亚命运共同体。

前面谈到1915年日本军国主义露出狰狞面貌，逼迫袁世凯签订《二十一条》。这以后，它对中国的面貌变得更加狰狞，咄咄逼人，得寸进尺。1927年7月，内阁首相田中义一向天皇奏呈世界闻名（臭名远扬）的《田中奏折》说，要征服世界，先征服亚洲；要征服亚洲，先征服中国；要征服中国，先征服满蒙。

早在《辛丑条约》后，日本军国主义已在北京至天津一带驻扎重兵。1905年，日本强迫清朝政府签订《东三省事宜条约》。同年爆发日俄战争，日本把俄国打败。1907年《日俄协定》及《日俄密约》后，中国东北与内蒙古实际上变成日本军国主义的势力范围。1928年6月，日本派人在南满铁路皇姑屯车站埋下炸药，把乘坐专车的东北强人张作霖(1877—1928)炸死。张作霖的儿子张学良(1901—2001)率领东北军倒向蒋介石统领的国民革命军，换上青天白日旗。日本试图阻止无效，便于1931年发动九一八事变，占领东北三省，设立伪满洲政府，对中国东三省推行“亡国灭种”的政策(例如，把儿童运往日本，受日本教育，使他们与中国文化隔绝)。1937年7月7日晚，日本发动卢沟桥事变(又称七七事变)，以演习时一名士兵“失踪”为借口要进入北京附近的宛平县城搜查，被守城的国军第29军拒绝，这样全面侵华战争就打响了。从那时开始一直到1945年日本投降一共八年，称为“八年抗日战争时期”(简称“八年抗战”)[①]。中国遇到了历史上最凶恶、最无人性的敌人，也是最曲折、最悲惨，经受最艰苦考验的时期。我想一定有读者也像我一样，经历过这一阶段。

张作霖是奉系军阀，有30万海陆空精兵。张学良继承了父亲钱财、弹药充足的武装，被编为国民革命军东北边防军(简称东北军)。当时的国民革命军总司令蒋介石实行“攘外必先安内”(先消灭共产党再抵抗日本侵略)的战略。九一八事变时，张学良是要抵抗的，蒋介石却命令他把军队撤到热河及关内，正像民间歌曲唱的“恭恭敬敬让出了沈阳城”。

九一八事变后中国全国各地怒吼了。记得1935—1938年我在湖南长沙念初小，不久社会上就唱起了最流行的《松花江上》歌曲：“我的家在东北松花江上……”起初学校还没教，我就从社会上学会了，唱起来心情激动，特别唱到最后一句“爹娘啊，爹娘啊，什么时候才能欢聚在一堂”时心里一阵酸，眼泪夺眶而出。现在我从网上看到歌曲作者张寒晖(1902—1946)1936年在西安省立二中担任28级(1939年

① 近年来，中国史学界围绕着中国抗日战争的开端问题，展开了相当规模的讨论，主要是针对“八年抗战”的说法，提出了“十四年抗战”的概念。其实，八年抗战和十四年抗战，是与抗日战争从局部抗战到全国性抗战的过程相联系的两个概念。八年抗战是指从1937年开始的全国性抗战，十四年抗战是包含从1931年开始的局部抗战在内的整个反抗日本帝国主义侵略的斗争。——编者注

毕业）班主任和国文教员创作这首歌时他和学生们一起流泪的情景[①]，感觉到中国文明进入抗战时的悲情。

蒋介石把张学良的部队派到西安担任剿共主力，又于1936年12月7日到达西安催促张学良和西北军统领杨虎城（1893—1949）积极进攻共产党陕甘宁革命根据地。12月9日，西安学生集会纪念一二・九运动[②]，然后到蒋介石住所临潼请愿，要求他抗日，沉痛地唱起了《松花江上》。张学良奉命带兵赶来，本来是要驱散学生的，但学生唱《松花江上》句句都是他的心里话（他身边的东北军个个都被歌声感动），他内心激烈斗争。张学良没对抗议的学生施暴，却激动地对他们说："请大家相信我，我是要抗日的……我在一周之内，用事实来答复你们。"此后三天，张学良和杨虎城就发动了西安事变。一首《松花江上》竟能产生这么大的威力，怪不得后来毛泽东说：这首歌"抵得上两个师的兵力"[③]。这《松花江上》好像是悲伤的歌，其实是中国醒狮的怒吼呀！

我小时候还会唱一首歌："枪口对外，齐步向前；不伤老百姓，不打自己人……"现在才知道它叫《救国军歌》，歌谱作者是著名爱国音乐家冼星海（1905—1945），歌词是在东北参加过抗日游击队的上海文艺工作者陈凝秋（笔名"塞克"，1906—1988）于1935年所作，20世纪30年代中国中小学生都喜欢唱。那时候七七事变还没有发生，中国民间已经响起了越来越响亮的"别打内战"（"枪口对外"）的呼声。读者可以看出，先是1935年全中国响起"枪口对外"的歌声，然后是1936年唱出的《松花江上》感动了张学良，引发了西安事变，促成全国抗日。这是中国文明内在的力量使得中国克服了历史上最严重的危机。

---

① 参见《张寒晖含泪创作〈松花江上〉》，中国共产党新闻网–人民网 *cpc.people.com.cn*，中国共产党新闻，史海回眸，2016年2月21日查阅。

② 一二・九运动是1935年12月9日北京学生举行示威游行，要求当局停止内战，共同应对外来的日本侵略。

③ 参见《张寒晖含泪创作〈松花江上〉》，中国共产党新闻网–人民网 *cpc.people.com.cn*，中国共产党新闻，史海回眸，2016年2月21日查阅。

前面我引了戴季陶“中国强，日本就是妾；中国弱，日本就是贼”的话，得出中国本身衰弱不团结日本就不会老老实实、规规矩矩的结论。我们把这一逻辑反过来看中国，也可以得出相似的结论。如果没有人来侵犯中国，“今朝有酒今朝醉，明日愁来明日愁”的中国走“文明道路”不会成为什么“醒狮”，更不会怒吼。可以看出，上面说的中国醒狮的怒吼是日本侵略使得千千万万中国人家破人亡的结果。

西安事变是历史转折点

中国文明对“兵变”是不陌生的。唐朝“玄武门之变”变出一位英明的皇帝唐太宗，明朝“靖难之变”变出另一位中外闻名的明成祖。西安事变虽然没有达到那样的高度，性质却相同。它同样是一个历史转折点。这个发生在1936年年底的兵变（更准确地说是“兵谏”）中外闻名、说法不一，它的真相与实质被舆论烟雾缠绕着。

我对西安事变有三点看法。第一，在当时日本侵略者在中国得寸进尺的背景下，觉醒了的中国睡狮必然会有西安事变这样的转折点来纠正蒋介石“攘外必先安内”的战略。当时的蒋介石还没有觉醒到和中国醒狮共同怒吼的程度。他在西安事变前始终坚持“和平未到完全绝望之时期，决不放弃和平；牺牲未到最后关头，亦决不轻言牺牲”。他这里说的“和平”，指的是与日本侵略者和平，对共产党却要打到底。蒋介石这样的战略态度只能更鼓励日本军国主义得寸进尺。

西安事变是蒋介石作为国家最高领袖的生涯中最狼狈的时刻，在12月12日晚上，张学良手下的十七路军进攻蒋介石下榻的华清池招待所，击溃了蒋的警卫部队，在小山上（现在游览者看得到的兵谏亭，1986年以前叫作捉蒋亭）抓到了爬窗逃走的只穿了睡衣、在北风中发抖、假牙丢失、讲不出话来的蒋介石，然后送到西安张学良官邸被软禁起来。消息传出，全世界都震动。

当时中国共产党和张学良的关系很好，周恩来与叶剑英（1897—

1986）等于张学良的顾问。延安的共产党总部有人主张公审蒋介石，甚至把他枪毙。南京国民党方面也有参谋总长何应钦（1890—1987）主张出兵讨伐张学良（那就等于置蒋介石于死地了）。但是，觉醒了的中国醒狮不让这些主张干扰而使西安事变平稳渡过，停止了内战，促成了第二次国共合作，团结起来共同对付凶恶的日本侵略者。

第二，年纪轻轻继承了兵力众多、财源充实的东北军当起少帅的张学良当时没有好的口碑。他抽大烟，玩女人，据说九一八事变发生时他正在北京和电影明星胡蝶（1908—1989）跳舞。他那“不抵抗将军”的臭名，早已传遍全国。一方面，他当时在华北独一无二的地位是建筑在东北军的实力上的。他因此也不愿“以卵击石”去和日本侵略者拼自己的家当。另一方面，“不抵抗”是南京政府的政策，与张学良爱东北老家的感情抵触。为此，他已经请求蒋介石改变“攘外必先安内”的政策而遭拒绝。是满腔爱国热情驱使他发动“兵谏”。西安事变是他一手制造又一手结束的。是他命令士兵发难，在西安抓住蒋介石为人质而主持谈判，又是他亲自把蒋介石送回南京，恢复他中华民国首领的地位。如果西安事变成功，张学良就是功臣，谁也抢不走他的荣誉。如果西安事变失败，张学良就是罪人，谁也当不了他的替罪羊。张学良送蒋介石回到南京后，就受到军事法庭审判而被判处徒刑，蒋介石立刻对他特赦，改为软禁。他后来跟随蒋介石去了台湾，最后在美国去世，活了100岁。

蒋介石的夫人宋美龄（1897—2003）在西安事变中起了重要作用。可以说，西安事变圆满地画上句号是宋美龄的功劳。如果不是宋美龄介入，发展就不可能这么顺利。她所起的作用是消气。她消掉蒋介石的气，也消掉张学良的气。她化戾气为祥和，化冲突为协调。“兵谏”发生后，她立刻秘密派蒋介石的私人顾问、澳大利亚人威廉·端纳（William Henry Donald，1875—1946）去西安稳定蒋介石的情绪。她托端纳带给蒋介石的信说：“汉卿（张学良）等要求抗日，而我夫（蒋介石）予以当面拒绝，确属不该，现在果然闹出事来，希望能圆满解决。端纳先生到后，请予他多面谈，他还是有真知灼见的。我及子文（宋子文）等，不日也将离京飞秦，但应以端纳先生此行结果如何而定。至于南京，眼下南京是戏中有戏。”

12月14日，蒋介石见到端纳，心情就好多了，端纳立刻给宋美龄发电报说蒋介石平安无事。宋美龄趁机使南京情绪稳定下来，压住何应钦的嚣张气焰。12月22日，宋美龄和哥哥宋子文（1894—1971）到达蒋介石身边，蒋介石更喜出望外。这以后主要是宋氏兄妹与张、杨，以及周恩来等举行三方面会谈，大家同意联合抗日。蒋介石没有吭声，但已经默默表示顺从大家意见。蒋介石和宋美龄感情很好，又要靠宋美龄和外国领袖打交道，宋美龄在美国政界有一定威望。西安事变如何收场是宋美龄说了算。她还把姐姐宋庆龄（1893—1981）也拉进来了。宋庆龄是孙中山夫人，在苏联和国际左派都有威信，受到中国共产党人敬仰，与共产国际和中共都有联系。她虽然没有公开露面，暗地里也起了和解作用。[①]

西安事变的谈判是中国文明传统的“君子协定”方式，没有正式的协议及其他可以当作凭据的文件，是各方面诚意的汇合。在这样一种情况下，张学良使西安事变落下帷幕。周恩来听说张学良要送蒋介石回南京，立刻赶到西安劝阻，但飞机已经起飞，来不及了。张学良早已做好自我牺牲的准备。他安排好一切帮助蒋介石恢复并巩固了地位，蒋介石也心里感激，没有加害于他（有人说以后到了台湾蒋介石还想杀张学良，但宋美龄对张学良特别保护。张学良死后遗留的信札中，与宋美龄的通信最多就是证据）。蒋介石是记仇的，后来把杨虎城撤职，并囚禁于重庆，在1949年撤退到台湾前把杨虎城一家人都杀害了。

第三，西安事变发生在日本发动七七事变的六个月之前，在精神

---

① 参见王业：《1936年西安事变：宋美龄千里救夫》，中国改革网，*www.chinareform.net*，史话，改革史，2016年2月22日查阅。

上帮助中国全面抗日总动员。蒋介石毕竟是讲信用、以大局为重的。他主动改变了“攘外必先安内”的战略，举起了抗日的旗帜，成为抗日战争的最高领袖。日本军国主义一度疯狂，在侵略中国的战争中节节胜利，打到东南亚与南亚以后，于1941年发动珍珠港事件，迫使美国参战。在第二次世界大战中，蒋介石担任同盟军远东战区总司令，参加了1943年开罗“四巨头会议”，与罗斯福、丘吉尔、斯大林平起平坐。这不但是他个人事业登上极峰，也是中国有史以来国际地位最高的时刻。试想如果不是西安事变调整了中国内部的政治平衡，这一切能实现吗？！

一直有人认为西安事变救了危在旦夕的中共势力，甚至把中共说成西安事变的幕后操纵者。还有人认为，如果没有西安事变，蒋介石就能完成他“攘外必先安内”的战略计划，消灭中共武装，最终成为中华民国的伟大领袖。稍有头脑的人都会看到，这个“如果”是莫须有的。如果当时没有西安事变这个历史转折点，在凶恶的日本军国主义得寸进尺的情况下，中国的命运只会成为“攘外必先安内”的牺牲品，蒋介石只会成为中华民族的罪人而遗臭万年。说西安事变救了中共可能没错，但它实际上更救了蒋介石。总而言之，西安事变是近代中国发展的一大亮点。

抗日战争，凤凰涅槃

抗日战争是中国五千年历史上最悲壮的一首史诗。有人估计，抗日战争中国死伤的军民共有3500多万人（相当于澳大利亚、新西兰和太平洋岛国的人口总数），损失的财产无法估量。这种损失使中国的发展不知倒退了多少年。第二次世界大战同盟国欧洲战场上，法国只打了6个星期就投降了，其他小国像比利时、荷兰等，几天之间就成了德国的领土。日本军队那么强大，打了14年还没把脆弱的中国打垮，全世界都感到惊奇。从中国本身来看，从来没有哪个历史时期像抗日战争那样全国动员抵抗外来侵略的，也从来没有任何朝代像抗日战争那样展示出中国的坚韧不拔与奋勇御敌。民间组织大刀队、儿童举起红缨枪等都史无前例。日本军的凶残也是全人类少见的。他们的武器够凶了，还在中国试验并使用细菌武器（在东北设立731部队，用活人人体进行细菌试验，害死一万中国人、朝鲜人及盟军俘虏）。[①]南京大屠杀更是惨无人道的极点。1937年11月13日，日本兵攻占中华民国首都南京以后变成疯狂的魔鬼，见屋就烧，见人就杀，妇女不分老幼都被奸淫，奸完用刺刀杀死。30万无辜平民被杀，2万妇女遭强奸，南京城1/3变成废墟。这样灭绝人性地血洗中国名都，日本军国主义罪该万死，阴间阎王都不会饶恕他们。

今后中国要不使南京大屠杀重演，就一定要使自己欣欣向荣、坚强团结，这样日本军国主义才不会抬头。2014年开始，中国于每年12月13日的南京大屠杀死难者国家公祭日举行活动，对国耻永记不忘。这是既重要又必要的。

2015年，全世界纪念第二次世界大战胜利70周年，中国出了许多文章、书本、电视连续剧及电影，它们展示出的历史纠正了以往忽略蒋介石领导的抗战事迹的偏向。亲爱的读者们，1937年七七事变时我8岁在湖南长沙念初小，1945年日本投降时我16岁在湖南溆浦念高中，我有资格成为抗日战争的见证人。我可以根据自己的切身经验分三点来谈抗日战争的真实面貌与历史意义。

第一，回顾历史，宋朝歌舞升平对北方潜在的威胁丧失警惕而遭受蒙古族侵略。明朝又蹈宋朝覆辙招来满族侵略。民国时期也不接受历史教训而遭受日本侵略。日本侵略的严重性及它所暴露出的中国文明的弱点是前所未有的。中国如果不好好总结经验教训而回到宋朝与明朝时代的睡狮状态，以后很难保证不吃抗日战争二遍苦。

① 参见《日本国家意志下的日军细菌战资料选》，*news.xinhuanet.com/world/2015.../c_128095701.htm*，2016年2月26日查阅。

前面几章中我们讨论大一统中国命运共同体走过的“文明道路”已经显示出这个中国命运共同体在凶恶的“民族国”侵略者面前无法应对，必须经过一段折磨。20世纪30年代，侵略中国的日本军国主义比以往强大了不知多少倍。中国虽然像一头醒狮，却还没有具备狮子的雄威。再有，日本军国主义已经早早做好了准备。它占据了东北的铁矿、煤矿，发展了军火工业。它把占领的朝鲜、台湾、东北的壮丁编训成侵略军，再加上后来汪精卫（1883—1944）伪政府统帅的军队（中国人叫它“伪军”），为日本军（中国人叫它“鬼子”）打头阵开路。据估计，在抗日战争中和中国军队作战的“鬼子”日本军有200万，伪军也有200万，略多于“鬼子”日本军。这种大量中国人参加到毁灭祖国的战争中去的反动现象是国际军事史上极少的，是中国“文明道路”发展暴露出的致命弱点。

总的来说，抗日战争中国不是日本的对手。如果日本军国主义不犯挑战美国的错误，集中力量来征服中国，恐怕元朝、清朝的历史又会重演。即算犯了错误，日本也并不认为他们的投降是输在中国人手里，而是因为德国被打垮了，苏联可以腾出手来打日本，把日本侵华的满洲基地端掉。同时也因为美国开始了直接轰炸日本本土的行动（航空母舰把美国轰炸机送到日本近海起飞，在日本城市丢掉炸弹后飞到中国降落，飞行员在中国老百姓的帮助下回到美军队伍）。我小时候住在长沙差一点被日本飞机炸死（它对准一片绿色稻田中唯一的我家两层红砖楼房扔下一枚炸弹，炸偏了一百米）。爆炸时我和母亲及三个弟妹躲在屋后小山的防空洞里，顿时天昏地暗，好像世界毁灭了。我懂得吃炸弹的滋味，可以想象美国轰炸对日本的精神打击。最后，美国于1945年8月6日与9日在日本广岛与长崎扔下原子弹，日本不得不投降。在整个抗日战争中，日本侵略者是看不起中国人的，把中国人叫作“八格牙鲁”——“笨蛋”的意思。

我在国民政府统治时代看到中国抗战的情况是不敢恭维的。国民政府从来不讲实话。中国半边领土都丢掉了，报上从来没有报道过“失守”的消息。如果国民党军队从南京撤退，报上的新闻会是“我军从南京转进”。这种以“转进”来隐藏“失守”的文字天才，只有“精神胜利”阿Q精神的中国文明才能制造出来！前面已经谈到全世界哪里都没有的第二次世界大战中比侵略者“鬼子”人数更多的伪军（穿着日本军制服的中国人）站在太阳旗下打中国同胞的可耻现象。我的印象是：在国民政府统治下，汉奸的人数多于真正到战场英勇杀敌的将士人数。我小时候在长沙看见，每次空袭警报响了，远处的山头就出现拿着白旗的汉奸为日本飞机指点轰炸目标。我小时候听见也跟着别人传播的一个笑话是：日本兵向逃跑的国民党军队士兵说，请你们跑慢点，我们穿着军靴追不上你们呀！国民党军队从前线溃退，武器丢了，衣冠不整，经过市场，看见东西就抢，百姓哭笑不得。抗日战争时期，国民党军队长官虚领军饷（虚报人员数字）、扣押军饷（拿它去做生意、放高利贷）等贪污现象是普遍的，谎报战果更是家常便饭。很多时候日本侵略军主动的战略转移就会被国民党军队渲染为“大捷”。当军长的把自己的部队当作产业，要能为自己争取地位与荣誉才奋勇作战，援助友军替别人脸上贴金就不踊跃了。最典型的例子是1944年6—8月的湖南衡阳保卫战，被日本侵略军称为战争中最辛苦的一仗。抗日英雄方先觉（1903—1983）率领第10军守城，国民党军队派了大量援兵解围。这些解围的友军打到了火车站，但不进城协同防守。最后方先觉部队人都快死光了，弹药耗尽，他只得接受日本条件投降。

第二，话又得说回来，毕竟中国是个大一统的命运共同体，地方这么大，人口这么多，小小日本吞并不了，不能速战速决，陷入长期消耗的泥坑。日军战线拉长了就到处挨打，特别是共产党领导的八路军与新四军到日本统治地区内线作战，打游击，日本后方不得安宁。在日军侵华战争前方，越打到后面越是打硬战。国民党军队装备越来越好，又有了空军（外加美国，以及苏联与其他国家空军援助），日本失去空中优势。最后两年在湖南的常德会战、长沙会战与湘西会战，日本人都没占到便宜。日军始终无法跨越湖南去威胁陪都重庆。

第三，日本是个“民族国”，中国是个“文明国”。从文明的宏观角度来看，中国是站在文明的一面，日本是站在不文明的一面；中国是站在正义的一面，日本是站在非正义的一面。孟子说：“得道者多助，失道者寡助。”（《孟子·公孙丑下》）。国际舆论是支持中国，反对日本侵略的。印度大文豪泰戈尔与他的日本友人野口米茨朗（1875—1947）于1938年的一场公开辩论名扬全球。泰戈尔读过野口的诗，和野口是多年好友。野口曾经访问过泰戈尔在孟加拉国邦和平乡（San-tiniketan）的国际大学，受到泰戈尔的热情接待。日本军国主义想利用这番情谊，让野口争取曾经在20世纪初的日俄战争时热烈支持日本的东方大文豪泰戈尔。先是野口于1938年7月23日写信给泰戈尔，泰戈尔于9月1日回信。野口接到信后于10月2日写了第二封信给泰戈尔，泰戈尔又于10月（哪一天没注明）第二次回信。

泰戈尔在第一次回信中说日本“从西方学到所有的致死的方法”向“中国人类”（Chinese humanity）发动战争是“违背了文明的所有道德原则”。针对野口信上掩饰日本侵略行径的企图，泰戈尔幽默地说日本要“为了亚洲拯救中国就是朝妇婴扔炸弹，以及亵渎古庙与大学”。泰戈尔写道：“我为日本人民深切伤心，你的信刺伤我心灵深处。我知道有一天你们人民会彻底失望。在（未来）艰苦的世纪中他们必须清扫军阀疯狂制造的日本文明的废墟。”在第二封信中，泰戈尔沉痛地写道：“我深深感到痛苦，不仅因为关于中国人民受难的消息使我心灵痛楚，而且因为我再也不能骄傲地举出日本伟大的例子了！”①

泰戈尔是有远见的。今天日本侵略中国的历史已经超过一个世纪

---

① 参看谭中：*In the Footsteps of Xuanzang: Tan Yun-shan and India*（踏着玄奘脚印：谭云山与印度），1998年，新德里：英迪拉甘地国立艺术中心 Indira Gandhi National Centre for the Arts 与科学出版社Gyan Publishing House，207–215页。

了。那日本“军阀疯狂制造的日本文明的废墟”到现在还没有清扫完毕（看样子日本人民也不知道如何清扫）。

我在前面谈到中国文明由“自在”（in itself）转变为“自为”（for itself）。我认为日本民族是世界上最最“自为”的民族。它向心力强，纪律性强，人民“讲信修睦”。日本的传统建筑用滑动门，既没有门闩也没有上锁设备（因为没有盗窃），早已把《礼记·礼运·大同》的“故夜户而不闭，是谓大同”实现了。如果日本不走“民族国”的侵略道路，它简直是世界文明的榜样。这样好的日本文明怎么会到中国变成野兽般的侵略者呢？前面我引的戴季陶“中国强，日本就是妾；中国弱，日本就是贼”的话之所以中肯，是因为它把日本发展是好是坏和中国的发展联系起来了。我在第三章谈到唐朝把中国、印度、朝鲜、日本结成“文明共同体”，说明中国和日本在未来能够变成“命运共同体”，大前提是：两国都应该远离“民族国”发展的旋律。

我们纪念抗日战争，应该意识到中国对日本的发展（包括过去、现在与未来）负有道义上的领导作用。如果唐朝永远没有消失，鉴真法师在日本的“国师”地位永远保持，那就绝对不会有日本的对华侵略，不会有抗日战争，不会有日本丧失泰戈尔那样宝贵的对日本的敬仰，不会有今天日本在国际道义上翻不了身。现在中国已经凤凰涅槃、浴火重生，应该向日本伸出同情的手，两个同文同种的文明国共同走向“天下大同”的未来。

刚才谈到日本侵略中国使泰戈尔“深深感到痛苦”，因为他再也无法敬仰日本了。孙中山比泰戈尔更敬仰日本，如果在20世纪30—40年代他还活着，真不知会是怎样的感受。他在世时永远不会想到会有九一八事变、七七事变与南京大屠杀的。还有一个他意想不到的发展。他认为共产主义不适合中国。1923年发表的《孙文越飞宣言》特别强调了这一点。可是抗日战争打出了一个信仰共产主义的中华人民共和国来。中华人民共和国的主席与1949年10月1日主持中华人民共和国开国大典仪式的不是别人，正是1924年中国国民党第一次全国代表大会选出的中央执行委员毛泽东和林祖涵（林伯渠）。

二、中华人民共和国回归文明大道

“有帝国主义就有战争。”20世纪50年代我在中国时，人们差不多每时每刻都强调这样一个概念：第一次世界大战打出一个苏联，第二次世界大战打出一个中华人民共和国，如果第三次世界大战爆发，全世界都会走社会主义道路。最近20年来，美国及西方学界有人认为第二次世界大战后的“冷战”就是第三次世界大战，9·11事件，以及其后美国小布什总统发动的“全球打恐战争”（world war on terror）是第四次世界大战。这些发展越来越令人难以预料，也越来越远离中国了。根据这些发展，第三次世界大战什么也没有打出，苏联却消失了。我认为，说“有帝国主义就有战争”这话并不准确，应该是“有民族国就有战争”，现在战争离中国越来越远是中国发展离“民族国”发展旋律越来越远的缘故。

2014年3月，习近平在巴黎引拿破仑“醒狮怒吼”的名言是1949年10月1日毛泽东在天安门城楼上宣布中华人民共和国成立时说的“中国人民站起来了”的回响。从那一天开始一直到读者们读本书的60多个春秋，没有任何外来“民族国”侵略者敢敲中国的大门。中国过去那个“东亚病夫”的形象永远消失了。中国从2016年9月杭州G20峰会到2017年7月汉堡G20峰会，国际舆论大谈国际社会对美国失望，世界越来越期待中国引领全球走向经济稳定。中国本身的和平稳定、欣欣向荣和中国国际地位的不断提高都是有史以来的崭新现象，象征着中国回复到唐宋时期那样的文明道路的康庄大道。

从“一边倒”到不偏不倚

1949年中华人民共和国成立与1912年中华民国成立相比是两种截然不同的形势。

其一，中华民国建立时清皇帝并未退位，孙中山没有能力去逼清皇帝退位，只能把大总统的位置让给军阀袁世凯去达到这一目的。中华人民共和国的成立用毛泽东的名言来形容是“枪杆子”打出来的。毛泽东领导的中华人民共和国具有强大的军事力量。

其二，中华民国成立并没有废除一切不平等条约，外国列强在中国仍然保持“租界”，仍然享有“治外法权”，仍然控制中国海关；外国传教士在中国各地仍然势力很大。中华人民共和国成立后完全掌握了独立主权，完全废除了不平等条约和外国人在中国享受的任何特权。当时是西方列强（包括美国）都单独想和中华人民共和国建立往来与关系，是毛泽东要“打扫干净屋子再请客”（先肃清中国社会亲外国的势力再和外国建立关系）。总而言之，中华民国成立时中国还不是醒狮，要到中华人民共和国成立，中国才是真正的醒狮。

中华人民共和国的成立象征着中国走上了世界舞台。这世界是“民族国”世界，国际形势十分复杂，中国首次以醒狮的姿态闯入这“森林法则”的世界必然会迷失方向。比方说，毛泽东在1949年6月30日党的生日前夕发表《论人民民主专政》就提出“一边倒”（倒向社会主义这边，不倒向帝国主义那边），这个“一边倒”后来一度成为中华人民共和国外交政策的潜在规律。我父亲谭云山年轻时在长沙念书，是毛泽东的“粉丝”（毛泽东念第一师范，他也跟着念第一师范；毛泽东进船山书院，他也跟着进船山书院），1950年从印度写信给故友建议他不要“一边倒”。1956年毛泽东在北京中南海接见谭云山，详细分析了世界两大阵营的形势，说明中国非“一边倒”不可，别无选择。其实那时中国与“老大哥”苏联之间已经发展出裂痕，只是没有公开而已。

苏联是在国际无产阶级革命运动的摇篮中诞生的，但在斯大林的领导下走的是“民族国”的发展道路，最后奏完“民族国”的“崛起—鼎盛—衰亡”三部曲，于1991年年底从地球上消失。第二次世界大战后，苏联和美国想要主宰世界各国的命运，曾经打算以长江为界把中国分为南北两国（南中国归国民党，北中国归共产党）。毛泽东顶住了斯大林与共产国际的压力，喊出“将革命进行到底”。斯大林当时对毛泽东心怀不满，但毛泽东带领中国共产党打出偌大的一个社会主义新中国，斯大林权衡轻重，欢迎新中国加入世界两大阵营的共产主义集团去对付美国领导的西方资本主义集团（称为“自由主义集团”）。在当时的国际形势下，毛泽东提出“一边倒”无可厚非（言辞当然可以含蓄一些）。

可以说，“一边倒”是新生的中国文明共同体走进“民族国”世界时手持的护照。当时中国人民解放军人数有一千多万，是世界上最庞大的。当时的中国已经举足轻重。1950年，毛泽东出于对兄弟邻邦的关爱而见义勇为，决定抗美援朝。中国人民志愿军跨过鸭绿江进入朝鲜，一场中美军事较量在朝鲜国土上展开。美军在装备上占优势，还控制着制空权（中国请苏联派出空军援助，斯大林不敢答应）。中国在人数上与战略上占优势。这一仗基本上打成平手，也使美国朝野对新中国刮目相看。

美国在朝鲜战争中领教了中国军队的厉害，认为毛泽东继承了《孙子兵法》的遗产。五角大楼（美国国防部）翻译了《孙子兵法》发给全军学习——直到今天，《孙子兵法》仍然是美国军事训练的重要教科书。根据孙子说的“知己知彼”的精神，美国各大学纷纷开辟一门叫作“区域研究”（area studies）的学科（其中“东亚研究”压倒一切）。已故美籍华裔胡昌度（1920—2014）教授在20世纪60年代告诉我，中国抗美援朝以前，在美国留学的华裔即使成绩优异、学位累累也难找到好的工作（只能面向“三馆”，即图书馆、餐馆、洗衣馆）。朝鲜战争打完（1953年7月）后，美国“知己知彼”的中国研究有如雨后春笋，像他那样的学者走红，当上了大学教授。

毛泽东是个原则性强、作风刚强、深思熟虑后敢于冒险的领袖，为了维护中国的主权（反对苏联建议在中国领土上设军事长波电台及建立苏中“联合舰队”）而和苏联闹僵。1969年甚至发生珍宝岛之战。中国意识到战争的威胁。1972年毛泽东提出“深挖洞、广积粮、不称霸”，全国各城市都修筑地下防空设施，做好防备苏联或美国（或两家联合）突然袭击的准备。

与此同时，毛泽东又意识到同时向世界两个超级大国挑战，使中国背腹受敌，这是兵家之忌。当时“四人帮”极“左”思潮泛滥，毛泽东头脑清楚，1969年请陈毅（1901—1972）、叶剑英（1897—1986）、徐向前（1901—1990）、聂荣臻（1899—1992）四大元帅集体分析国际形势。这个元帅研究小组提出《对战争形势的初步估计》和《对目前形势的看法》两个报告，得出中苏矛盾大于中美矛盾，美苏矛盾大于中苏矛盾，以及美国、苏联（单独或联合）不大可能对中国发动大规模战争的结论，建议打开中美关系大门。毛泽东就趁美国尼克松（1913—1994）总统和国家安全顾问（后来成为国务卿）基辛格（1923—　）改变对华政策的机会而退下了“反美”台阶。

毛主席逝世以后，中国采取了独立自主的外交政策。里根总统执政时期，美国想把中国当作“亚洲的北大西洋公约盟友”，中国没有同意。中国的态度是：在国际交往中，“我们不打美国牌，也不希望美国打中国牌”。后来苏联领袖戈尔巴乔夫主动表示愿和中国亲善，中苏关系和缓下来。

长期闭关自守的中国在中华人民共和国成立以后突然站到世界舞台前列和世界强国平起平坐而不受诡计多端的列强任意摆布，掀开了数千年中国文明历史新的一页。周恩来、陈毅都是在欧洲学习过的政治家，主掌外交部门不像清朝及军阀时代那样幼稚无能。中国也有了许多像冀朝鼎、乔冠华等熟悉外国、精通外语的共产党知识分子为建立中国外交本领做出贡献。20世纪50年代，作为世界两大共产主义国家之一的中国（曾经一度喊出“苏联的今天就是我们的明天”的中国）在80年代末苏联解体消失以后仍然能高举社会主义的旗帜而在西方国家占统治地位的全球化世界举足轻重，这也是中国走文明道路的一大亮点。

中国社会改造

历史悠久的中国文明在中国共产党的领导下继续前行，政府利用行政力量，发动群众性运动，对两千年传统社会结构进行改造。毛泽东认为中华人民共和国的成立不是“改朝换代”，而是“天翻地覆”。他立志要走出中国两千多年来“改朝换代”的怪圈而使中国进入一个新的时代。因此他专心致志于改造中国社会的结构。国际学术界研究毛泽东的专家都认为毛泽东虽然以马列主义的阶级思维来看中国社会的结构，却是从农村的“贫雇农”（后来叫作“贫下中农”）出发——马克思的基本群众是城市的无产阶级，毛泽东的基本群众是贫下中农。这贫下中农的概念就是把农村人口分成属于剥削者的地主与富农，以及属于被剥削群体的贫农与下中农（其余的上中农处于中间地带）。20世纪50年代全国各地的土地改革运动消灭了农村的剥削层（地主与富农），使得农村的被剥削层（贫农与下中农）翻身做主人。

亲爱的读者们，我们前面几章谈到的两千多年来破坏力强大的农民起义就是中国贫下中农受尽压迫剥削的反弹。如果这个问题不解决，中国就走不好文明道路。我们看到中华民国时期，虽然帝制推翻了，贫下中农仍然受到残酷剥削，因此新的社会不能建立。中国经过了50年代的“天翻地覆”的土地改革，虽然经过一场阵痛，一个新的社会呱呱落地了。这样就把中国几千年发展的一大难题解决了！中国不再会发生农民起义了！应该给毛泽东记一大功。

毛泽东时代这一社会改造“天翻地覆”的重要性被国际评论家忽

略（现在已经遗忘）。很多人不懂得“翻身”的意义。我小时候看到湖南小孩打架，都是在地上打滚，赢家趴在上边，输家压在下边。毛泽东用“翻身”形容被压在下面的人趴到上面来了。20世纪50年代中国贫下中农有三亿之多，他们经过毛泽东时代的土地改革和其他各种各样的社会运动，从几千年被人压在下边的情况“翻身”站到社会的主人位置，那是何等巨大的社会改造呀！印度也有过土地改革，但没有引起这样巨大的社会底层农民翻身。

毛泽东时代雷厉风行进行的社会改造（当时叫作“社会主义改造”）有一系列的狂风暴雨式的大运动。和当时世界上其他共产主义国家相比，中国的改革最剧烈、最彻底。改革的结果，除了刚刚谈到的彻底消除两千年历史上农民武装起义的祸根以外，还使得中国社会出现三种新情况。第一，中国人民内部矛盾减弱，传统的阶级矛盾缓和（甚至溶化）。从某种意义上说，中国已经有了社会主义的生产关系，没了地主、资本家的阶级（企业绝大多数是国营的）。换句话说，中国命运共同体成员之间的紧密团结比历史上任何时期都大。看清楚这一点对读懂中国发展至为重要。第二，在政治体制上，决策者与决策受益者同心同德。换句话说，政治统治精英和社会统治精英趋同，共产党组织空前扩大，共产党的支持基地空前扩大。这就是中国发展与苏联及东欧其他共产国家的巨大区别，是后者消失而中国共产党领导的政权越来越巩固的主要原因。第三，社会底层人民的束缚解除了，社会流动的频率必然增加，社会开放的程度必然增加，随之出现了全国各地“农转工”的普遍现象。换句话说，各行各业生产者的来源大大增加。20世纪50年代亿万“翻身”农民的后代今天成为中国财富创造大军。为什么印度、日本、欧盟国家，甚至美国，都在经济发展上竞争不过中国呢？主要因为它们没有中国五亿以上的“翻身”农民后代组成的财富创造大军。

我们从另外一个角度来看，这数亿“翻身”农民后代组成的财富创造大军使中国的蛋糕越做越大，他们也越来越积极地参加到分享蛋糕的大众中来。他们做官了，进大学拿学位了，去外国留学了，成为富裕起来的人了！他们买了房子，买了汽车，买了股票。现在中国把大城市交通阻塞的，几乎要把大医院挤垮的，把重点学校门槛踏平的，深夜在幼稚园门前排长队想送孩子进去的，坐飞机到外国抢购奢侈品、奶粉、马桶盖的，在黄金周假期蜂拥到著名旅游景点造成人山人海现象（结果没有达到度假目的）的，把著名饭店挤得无法正常营业的……绝大多数是“翻身”农民的后代。这是中国史无前例的，也是外国闻所未闻的。

从“政治挂帅”到“经济挂帅”

从1949年中华人民共和国成立到1976年毛泽东逝世是不折不扣的毛泽东时代。毛泽东时代的两大主流，一是前面谈到的社会主义改造，另一是聚焦于经济发展的社会主义建设。毛泽东时代的社会主义改造是数千年中国文明共同体与命运共同体的“立人之道”的继承、发扬与创新。毛泽东时代的社会主义建设是数千年中国文明共同体与命运共同体的“立天之道”和“立地之道”的继承、发扬与创新。中国在这一时期不仅是“天翻地覆”，而且在各个方面的发展都使全球刮目相看。小的方面，中国不再是“东亚病夫”，而开始到国际体育竞技场上争得冠军、金牌；大的方面，中国自力更生地掌握了核武器与导弹，再加一枚在太空中翱翔、高唱《东方红》歌曲的人造卫星。在苏联的帮助下，中国建立了重工业基地，轻工业与农业靠自己努力向前发展，比苏联发达得多。1975年1月举行的第四届人民代表大会第一次全体会议上，周恩来总理正式提出已经酝酿了许多年的中国分两步实现“四个现代化”（农业现代化、工业现代化、科技现代化、国防现代化）目标的发展方案。第一步是建成一个比较完整的中国本土工业体系，1980年完成；第二步是到20世纪末使得中国在工农业、国防与科技上都“走在世界的前列”。这个毛泽东时代交给后人的目标不但完全实现，而且有所超越。

毛泽东时代重启了中国文明传统“精益求精”、追求最高境界（但不同于西方的所谓“maximization of power/使强力变得无穷大”）。中国政府懂得：在20世纪下半叶要“走在世界的前列”没有核武器是不行的。在这个问题上，毛泽东的认识逐渐发展。早在1946年，毛泽东在延安对美国记者安娜·刘易斯·斯特朗（Anna Louise Strong，1885—1970）说：“原子弹是纸老虎。”可是到了50年代，他说如果没有原子弹中国说话就不算数（用现在的术语就是“没有话语权”）。虽然这是强调掌握核武器的政治功能，也代表了攀登科技顶峰的意思。100多年来，西方世界毫不隐讳地宣传中国人“无能”，只有把核武器掌握在手才能纠正这一看法。当时中国领导的思维是要争口气，搞出“争气弹”来。1955年，国务院成立了科学规划委员会，调集了几百名科学家并请了16名苏联著名科学家来华，制订出《十二年（1956—1967）科技规划》，提出了57项重大科技发展任务，其中就有原子弹的项目。1960年以前，苏联1000多名专家（还带来图纸）大多集中在国防工业方面，赫鲁晓夫还答应提供真的原子弹给中国当模型。后来中苏交恶，苏联不但没有把真的原子弹送（或卖）给中国，还于1960年从中国撤走所有专家，带走了重要的图纸资料，使得200多个科学技术合作项目停顿。在中国核工业系统工作的233名苏联专家（如北京核工程设计院的8名苏联专家、兰州浓缩铀厂现场负责安装工作的5名苏联专家）突然撤离后，苏联政府认准了中国人不行，搞不出原子弹来。他们说：“看你们收拾这一堆废铜烂铁吧！没有我们，你们20年也干不出来。”赫鲁晓夫甚至嘲笑说，中国人搞原子弹会搞到“连裤子都没得穿的”。对此，中国外交部部长陈毅说：“就是脱了裤子当了，也要把原子弹搞上去！”①

① 参见《哼！一定要搞出“争气弹”》，*dangshi.people.com.cn*，中国共产党新闻网，党史频道，2016年3月2日查阅。

由此看出，是中国文明的尊严与荣誉受到挑战而让“毛泽东时代”不畏艰险。1964年，中国自力更生地产出第一颗原子弹，中国进入世界“核俱乐部”。毛泽东说，应该感谢赫鲁晓夫，要给他一个一吨重的勋章。

发展中国家如果要发展成发达国家有两种办法：一种是向发达国家购买先进技术与机械，甚至高价雇聘国外专家来掌管科技部门。中东有些石油富国就是这样做的；另一种办法就是自力更生，要花大力气，时间也会长些。20世纪50年代中国采用前一种办法，大力依靠苏联援助。苏联撤走专家后就花大力气自力更生，等于因祸得福。时间也并不太长。从客观上说，赫鲁晓夫变成推动中国自力更生的强大助力。当然，只有助力而没有主力是成不了事的。当时中国已经有了世界一流的原子能专家钱三强（1913—1992）和火箭专家钱学森（1911—2009），还有许多从国外留学回来以及在国内土生土长的科技人员。他们都为中国的“两弹一星”做出了贡献。

毛泽东时代社会主义建设的自力更生有口皆碑，但也有不切实际“冒进”的例子。“大跃进”时期（1958—1960）的两大战略是农业“以粮为纲”，工业“以钢为纲”。这“以钢为纲”的思维是受到斯大林时代苏联发展战略的误导。苏联当时认为经济发达的标志是重工业发达，特别是钢铁工业发达。美国钢铁产量1亿吨，因此经济最发达。现在中国钢铁产量接近7亿吨，占世界产量一半，没有任何其他国家达到1亿吨。但是这个比例不能反映世界经济发展的形势，也折射出当初苏联的理论有很大缺点。在这一错误理论指引下，毛泽东时代发动“大跃进”，发动全民大炼钢的运动。

毛泽东当时的意图是：“全民炼钢铁，钢铁炼全民。”这后面半句是一种政治战略，想通过这个运动使得全国人民团结得更紧。意图虽好，但方法大错。我想，我们不应冷淡地以旁观者的态度来平心静气地谈论当时中国热火朝天大炼钢铁的轰轰烈烈。当时全国人民的确是万众一心，全心全意、惊天动地地改造着世界。有一首歌谣可以说明问题：

小高炉，像宝泉，铁水源源汇成川。
小高炉，像笔杆，蘸着铁水画乐园。
小高炉，真好看，吞下矿山吐铁山。
小高炉，全民办，全国竖起千千万。

想象力丰富的最高领袖毛泽东号召全国人民万众一心创造奇迹，全国人民用更丰富的想象力把“小高炉”土法炼钢形容为“蘸着铁水画乐园”。中国文明真是中国文明！

炼钢是要由科学精神指导，按照物理的原则产生化学作用才能得出结果的。当时全国1/6的人口共1亿人（绝大多数是“科学盲”），一窝蜂投入这一运动，想要在几个月时间内把中国400万吨产量的钢铁工业提高到1000多万吨的水平。好几百万个“土高炉”像雨后春笋一样冒出。许多群众找不到铁矿原料，就把家用的铁锅和其他铁器皿投入熔炉（使好好的器皿变成废铁），还赔掉大量燃料。最后，1958年12月，全国的钢铁产量是800万吨（其中300多万吨是废品）。这全民炼出的废铁使得全民的热情烧成灰烬。

当然，不是说所有毛泽东时代的经济建设都是这样进行的。开店开厂是中国几千年行之有效的。毛泽东时代建立的钢铁、机械、化工厂都还是循规蹈矩，而且办得不错的。还开辟了大庆油田。但是毛泽东时代一切从政治考虑，所以叫作“政治挂帅”。经济建设在“政治挂帅”的大气候中也有很大发展。到了毛泽东时代末期，中国工业所用的机床、交通运输所用的火车头和船只都是本国制造的，很少进口。毛泽东时代的的确确是“政治挂帅”的时代。

接下来的“邓小平时代”（从20世纪80年代开始一直到1997年邓

小平去世）大转变为“经济挂帅”。邓小平强调经济发展，他说：“发展是硬道理。”国际上最欣赏的邓小平语录就是：“不管是白猫黑猫，能逮住老鼠就是好猫。”在他的思维指引下，中国建设进入深水区，“摸着石头过河”。

毛泽东时代与邓小平时代中间隔着一个4年多的华国锋主政时期。拥有毛泽东手谕“你办事我放心”的毛泽东临时接班人华国锋抱着“两个凡是”（“凡是毛主席作出的决策，我们都坚决维护；凡是毛主席的指示，我们都始终不渝地遵循。”）的盾牌来巩固自己的领导地位，结果在“实践是检验真理的唯一标准”的理论面前瓦解。华国锋时期出现了“洋跃进”，牵涉上海宝山钢铁厂（简称宝钢）的建立。

一直到现在仍然有人认为那时建立的上海宝山钢铁厂不靠近国内的铁矿与煤矿，设在海边专门依靠进口原料是个缺点。从现代发展的眼光来看，这并没有大错。因为运输成本大大降低，企业离原料基地远一点并无妨碍。现代企业的威力主要来自先进的生产技术与管理方法，要能与市场来往通畅。宝钢地处交通运输要道，在国际交通大动脉上反倒是优点。宝钢设在中国工商业中心上海更增加了它的优势。宝钢一建立就引起各方面的反对仍然能继续发展下去而且成为中国钢铁工业的一面旗帜，就说明它的位置有优势。宝钢建立以后，中国能像日本那样冷轧出纸一样薄的钢板，为汽车、飞机、电子产品、微型产品提供原料，填补了中国现代化发展的一大缺口。

宝钢的建设一度引起全国各地钢铁生产重复建设，各大钢铁基地相互竞争（现在开始联合），象征着毛泽东时代“以钢为纲”发展战略的延续。从全球的发展来看，中国现在虽然成为钢铁生产巨人，但钢铁工业早已被认为是夕阳工业，没有别国与中国来争冠军宝座。现在中国生产一般粗糙钢铁的能力过剩，特殊的高级钢铁仍然需要进口，因此必须减少产量、提高质量。钢铁工业又是环境污染的罪魁，当地人民都不欢迎。今后中国钢铁工业如何克服缺点来为国家社会造福是一个很大的问题。

三、中国改革开放的新局面

“毛泽东时代”的27年可以说使中国“天翻地覆”。如果把1949年10月1日成立的中华人民共和国看成一个有希望的文明巨人，那毛泽东和他的领导集体的政绩表现则可以比喻为一个颇不平凡的既天真又老成的儿童。新中国从这样的一个童年时代后又有了30多年的进步。再也听不到“大跃进”“冒进”这样的形容，却是举世公认的在“快速道”上的发展。我记得90年代参加过印度外交部在新德里举行的交谊晚会，会上有中国来访的政府官员谈及中国在“快速道”上发展，我把他的话翻译给一位印度政府的经济顾问听，他（我记得名字叫“Arjun Sengupta”）一方面大为惊讶，另一方面又带着仰慕的神情想打听个详细。现在回过头来看，中国改革开放时期所创造的经济快速增长似乎一鸣惊人，实际上是各方面不同因素的逐渐积累而水到渠成。

从1980年开始到现在的37年更可以说使中国“脱胎换骨”。这两个时期中国的变化都是空前的。后一时期的变化不是另起炉灶、从头开始，而是建筑在前一时期的基础上，汲取了前一时期经验教训的。总的来说，过去这60多年里，中国发展的形势不是跳跃，而是一个跟斗接着一个跟斗向前翻滚。现在不再翻跟斗了，而是性格成熟、脚步稳重，对发展前景乐观而充满信心了。

中国融入国际发展大潮流

“邓小平时代”推进改革开放，“改革”是对国内而言，“开放”是对国际而言。所谓“改革”也不像前一时期那样汹涌澎湃，而是和风细雨地把“毛泽东时代”的人民公社废除（但仍有个别农村自觉地保持公社或大队的组织形式，政府也不反对）。广大农民一方面享有土地使用权（农村土地所有权归集体），另一方面又可以自由选择生产活动与工作地点（不再像前一时期那样头上有人民公社、生产大队与生产队三层领导）。

“邓小平时代”的主调是“致富”。早在“毛泽东时代”邓小平接替周恩来负责党政日常事务时，他就与极“左”的“四人帮”针锋相对。“四人帮”认为贫穷不可怕，但绝对不搞资本主义致富。张春桥说：“宁要社会主义的草，不要资本主义的苗。”邓小平回答说：“贫穷不是社会主义。”他指出，社会主义的目的是致富，是“共同致富”。邓小平又说，社会主义就是快速发展经济，经济缓慢发展也算不得社会主义。

中国开始借鉴从20世纪60年代就已开始的东亚发展模式。最早是日本大力投入海外贸易，将产品向世界推销，很快富了起来。然后就有“四小龙/虎”（中国台湾、韩国、新加坡、中国香港）崛起。20世纪80年代正是美国和其他发达国家经济转型，搞资本与工业输出（叫作“outsourcing/外包”），中国伸出双手欢迎。国内掀起“筑巢引凤”的运动。“凤”就是外资，“筑巢”就是建设起现代化的基础设施。当时有句话：“要致富，先修路。”

邓小平对外开放很有针对性，首先在中国香港、澳门与台湾的对面建立起四个经济特区（深圳对着香港，珠海对着澳门，厦门与汕头对着台湾），以后又在海南岛设省，把它变成经济特区。政府对这些特区给予优惠政策，鼓励企业发展，欢迎外资。

“邓小平时代”的对外开放经济是从无到有、从小到大。最初用“三来一补”的形式。“三来”是来料加工、来样加工与来件装配，“一补”是补偿贸易（先用借贷方式引进资本、装备与技术，生产后以产品或现款偿还借贷、本上加息）。这样建立起来的企业就像寓言中的金鹅下蛋。中国在自己的土地上把金鹅请来，得到金蛋，但也付出建厂与劳工的代价。20世纪80年代为美国耐克/Nike公司加工一双在美国市场上以数十美元出售的运动鞋，中国工厂只得到一元美金。这使人们想起20世纪50年代中国用一吨黄豆来偿还一吨苏联的重型机器。苏联那笨重的重型机器一部就有1000吨，中国要生产1000吨黄豆却不知需要多少千万农民的辛苦劳动？！中国为美国耐克公司制造一双运动鞋，想必也需要中国工人许多小时的劳动，中国劳动力太便宜了！但是中国向美国买一架波音客机至少得花两三亿美元。由此看出，中国致富的道路是十分艰难的。

30多年来，美国及世界所有国家（包括发达国家与发展中国家）市场上出现了商品上有“中国制造/Made in China”标志的现象，颇引起一阵震惊。许多美国名牌货物价格大大降低，美国消费者受益。几年前，美国ABC电视台发起让美国人不买有“中国制造/Made in China”标志的商品，结果形不成气候。其实，美国人渲染的“中国制造/Made in China”现象，绝大多数不是中国的“国产”，而是中国用廉价劳动加工的美国名牌货物。其中许多商品已经没有美国工厂制造了，不让中国造还得找个别的发展中国家加工。对中国来说，当今的“中国制造”并不是中国的荣耀。2015年，中国总理李克强反复强调“中国创造”。据新华社新华视点微博消息，李克强5月7日在中科院物理研究所强调，要把一个个“中国制造/Made in China”的商品都变成“中国创造/Created in China”。

2016年开始的中国“第十三个五年规划”（2016—2020）对中国发展具有极端重要的象征意义，因为它将实现中国第一个“百年中国梦”（2021年将是中国共产党建立一百周年）。在“十三五”期间，中国启动了一个“中国制造2025”计划，分三步走。第一步是到2020年中国成为制造大国并且到2025年进一步具有工业强国的竞争能力，第二步是到2035年中国达到世界工业强国阵营的中等水平，第三步是到中华人民共和国成立一百周年（2049）时中国进入世界工业制造强国的前列。那也就是实现第二个“百年中国梦”。

“海内存知己，天涯若比邻”（王勃：《送杜少府之任蜀州》）是中国文明几千年处于“天下”的情操，不过这“天下”（“海内”）并未大力跨越长江黄河划下的轮廓。是改革开放30多年来中国才拥抱地球的天涯海角。随着“中国制造”的商品普及，中国人也逐渐结识与接触世界各国。和中国来往比较密切而在国际上步调比较一致、谋求共同发展的“金砖/BRICS五国”[B（巴西）、R（俄国）、I（印度）、C（中国）、S（南非）]，北边连接北冰洋，南边到了南美洲和非洲的南部。这金砖五国和上海合作组织更把“天造地设”的喜马拉雅圈重新巩固起来。2015年12月，上合组织总理会议在河南省省会郑州召开，象征着改革开放万花齐放的花瓣又飞回中国文明发迹的中原了。中国发展的“文明道路”和全世界的发展接轨，免不了遭受“民族国”发展旋律的干扰。可是这只是一种消极的观点。我们从金砖五国和上合组织的良性发展的经验来看，国家之间为了共同利益团结合作不但可能，而且路子越走越宽，很有可能朝向命运共同体的方向发展，可能起改造“民族国”世界秩序的作用。

中国融入世界发展大潮流一方面是经济上融入，另一方面是外交上采取联合手段。经济上融入不但靠“中国制造”，而且靠金融手段。中国和日本现在是世界两大债权国。中国政府手里钱多，企业手里钱也多。中国向外投资的势头越来越强劲。中国还可以起帮助其他国家经济稳定的作用。作为世界最大的贸易国，中国对与它有密切贸易关系的国家起着举足轻重的作用。还有，人民币即将成为世界自由汇兑的货币，更使中国经济对世界的影响增加。2016年9月4—5日，中国第一次作为东道主组织并举办二十国集团领导人第十一次峰会，两天峰会的进程也显示出中国由于经济力量强大，在大会上的话语权也充分。

社会主义与资本主义界线模糊化

20世纪70年代我在印度德里大学的同事、80年代转到美国加利福尼亚大学伯克利分校的国际著名的印裔经济学家普拉纳姆·巴丹（Pranab Bardhan，他的英文名著《觉醒的泥足巨人：中印经济崛起评估/*Awakening Giants, Feet of Clay: Assessing the Economic Rise of China and India*》为中国学术界所熟悉）道出一个有趣的国际现象：他生长的印度西孟加拉邦信仰马列主义的知识分子很多。他说他在印度的时候，人们都称赞中国的社会主义成就高于印度。后来他在美国，人们又称赞中国的资本主义成就高于印度。在国际上，中国改革开放以来的突飞猛进被看成是"社会主义中国走资本主义道路"的奇特成绩。我在网上看到，很多美国华裔也说，中国社会现在只认钱，有钱能使鬼推磨，无钱寸步难行，甚至无法生存。这些反映都有现实根据，都有道理。

把资本主义和社会主义当作两个水火不相容的对立面是19世纪的概念。从20世纪中叶开始，欧洲许多国家出现社会民主党（包括英国工党）执政，但仍然发展资本主义式的经济。欧洲许多国家的社会福利胜过标榜社会主义的苏联。这一切都说明，马克思、列宁等心目中的那种惨无人道地压迫剥削工人阶级的资本主义时代已渐渐成为历史。

人们谈论现代经济发展，提出了"第四次工业革命"（或称"工业4.0/ Industry 4.0"）的概念，这是新世纪的思维，是马克思、列宁等革命前辈所无法理解的。这四次工业革命是按照不同的生产技术水平来区别的。英国人瓦特（1736—1819）发现蒸汽动力引起第一次工业革命，美国人爱迪生（1847—1931）发明电气引起第二次工业革命，20世纪末的电子设备与信息技术结合使得世界进入第三次工业革命。现在这第四次工业革命的概念是要建立"智慧工厂"（Smart Factory），把机器、人员、流程与资料结合到一起以降低工业应用与流程的人力、时间和操作的重复性与复杂性。按照这种思维，人类发展的趋势是大联合：科学实验与机械操作联合、工业与商业服务业联合、生产与消费联合、脑力劳动与体力劳动联合、信息与行动联合、个人与群体联合、工作与休息联合、在家与旅行联合等，不一而足。将来在这种联合中，资本家与工人的区别就会消失，资本主义和社会主义等都变成毫无意义的概念。当然，这还是未来的理想境界，和今天的现实还对不上号。

在今天的现实中，中国文明已经开始抛弃旧有思维。比方说，2002年中国共产党新《党章》写道："中国共产党是中国工人阶级的先锋队，同时是中国人民和中华民族的先锋队，是中国特色社会主义事业的领导核心，代表中国先进生产力的发展要求，代表中国先进文化的前进方向，代表中国最广大人民的根本利益。""中国工人阶级的先锋队"是传统的定义，"同时是中国人民和中华民族的先锋队"却是创新。就是说，加入中国共产党不再论阶级成分，党向社会各界敞开大门了！现在中国共产党有8700多万党员，只有中国人口的6%。据说中国民营企业家中间，40%是中共党员，这个比重还在不断增加。

中国共产党员中有一部分人是因为带领群众"奔小康"而进入民营企业家行列的，他们基本上是为改革开放做出贡献的社会主义活动家，使得一大片地区与人民富了起来，他们自己也富了起来。江苏的吴仁宝（1928—2013）就是典型例子。他1954年成为国家干部并且入党，1961年开始担任江苏省江阴县华士公社华西大队党支部书记。改革开放后，全国绝大多数的人民公社都关闭了，吴仁宝领导的华西村大队仍然团结一致，共同致富，取得成功。1987年成立华西集团公司，他担任领导职务而成为新兴企业家。实际上他一直是村级与县级的党的领导人物。

2010年，华西村人均收入8.5万元（比当时的上海高出一倍）。吴仁宝与华西村创造了把本村与周边的村庄从贫困带入小康的典型，引起全国各地效法。山东省龙口市南山村是仿效华西村发展集体经济而集体致富的另一个成功例子，当地农民说出了"一夜之间由小农变小康"及"一步登上了天堂"的豪言壮语。还有史来贺（1930—2003）领导的河南省新乡县刘庄村也是著名的“走社会主义道路集体致富”的范例。中国现在有8000—10000个这样的集体致富的“红色农村”，它们致富的方法多种多样，主要是投入全国经济发展的大潮流，用辛勤的劳动，发挥本村的潜力，在农业、工业、园林、旅游上取得成绩。这些农村使社会主义与资本主义之间的界限模糊了。

现在，我们再回过头来看普拉纳姆·巴丹反映的中国擅长走社会主义与资本主义道路的群众反应，这里面明显有个“民族国”思维关于社会主义与资本主义水火不相容的错误认识。“民族国”思维只看到横向发展，看不到纵向发展。马克思主义找资本主义的差错得出资本家剥削工人“剩余价值”的理论。这个理论只看到资本家横向夺取别人的剩余劳动价值而看不到文明纵向发展的能力。爱迪生是个使人类创造财富的能力大大提高的企业家，而不是剥削剩余价值的资本家。比尔·盖茨是个改善类生产能力与生活方式的企业家，而不是剥削剩余价值的资本家。中国出现的五花八门的致富方式和剥削剩余价值的资本主义毫不相关，因此社会主义的集体经济可以采用。换句话说，中国走文明道路正在而且将继续不断地消除传统思维中把社会主义与资本主义看作水火不相容的错误认识。

如果我们的思维能够跳出西方文明过去两个多世纪在经济领域划分“资本主义”与“社会主义”的楚河汉界而回到中国几千年强调的“天地之大德曰生”(语出《易经·大序》)的高度，对出计、出钱、出力等不同态度与方式集合起来创造社会财富一视同仁，予以肯定，上面探讨的现象值得嘉许，说明中国文明道路越走越宽。当然，正像孟子激励反对“上下交征利”所指出的：“利”必须与“义”结合才是正道。一切必须是大力继承与发扬“立天”“立地”“立人”之道。“我”有“大我”与“小我”两种内容。中国民间的“对我生财”是一种强大的创造力量。前面谈到的吴仁宝、史来贺的例子也是“对我生财”，是对“大我”生财，因此成为榜样。我们应该从中国文明发展的角度来看这一问题。

调剂中国人口增长

由于世界独一无二的长江、黄河划出中国广袤领土的轮廓，以及从秦汉开始形成的大一统中国命运共同体，几千年来中国一直是世界人口超级大国，从不少于人类人口总数的1/6（最多达到人类1/3）。我们讨论中国发展模式时必须强调这一点，这是除印度以外的任何国家无法模仿的。人口超级大国有其优势。财富是人创造的，人多力量大，财富的创造力强。中国人口不但多，而且聪明、勤劳，团结一致，所谓“众志成城”。历史上只有中国这种人口超级大国才能建造出万里长城。2008年北京举办奥运会，有100多万志愿者（志愿者报名人数207万）。奥运期间北京夜晚到处灯火明亮，因为全国每个县都派来电工分段负责，不让任何路灯熄灭。这样的现象在世界其他人口大国都是不可想象的。

孙中山阐述“民族主义”理论时曾经担忧中国人口逐渐减少而在“民族国”优胜劣汰的激烈竞争中被淘汰。中华人民共和国建立初期，著名人口学家、北京大学校长马寅初（1882—1982）认为中国人口增长太快，建议计划生育，毛泽东批评他宣扬马尔萨斯（Thomas Malthus，1766—1834）的人口论。中国人口出生率于1973年达到每千人增加27.93人。从20世纪80年代开始，政府实行计划生育，1982年将计划生育写入修改的《宪法》中。2000年中国人口出生率降到每千人增加13.18人。2001年全国人民代表大会通过《中华人民共和国人口与计划生育法》。

中国计划生育推行一对夫妇生一个孩子的独生政策，一般（在城市与城市的郊区）严格执行，但特殊情况稍微宽松。如果夫妻双方都是独生子女，允许生第二个孩子。还有一个政策，照顾有困难的农村夫妇，即第一胎生下女孩以后，允许生第二胎。这个政策覆盖了53.6%的人口。在云南与青海，农村困难户允许生二胎。在海南、宁夏、新疆，普遍允许生二胎。在新疆与西藏的上述民族农牧区更为宽松，按规定一般不超过三胎。

中国有《孝经》为古典，有所谓“不孝有三，无后为大”（《孟子・离娄上》）。每个家庭都要传宗接代。女儿是要嫁到别人家的，没有儿子就断子绝孙，背骂名了。因此中国的独生计划生育政策与文化传统发生了冲突。这个政策虽然对控制人口立竿见影，还是有许多负面影响。小孩生下来没有兄弟姐妹作玩伴，却有父母两人兼祖辈四人（祖父母与外祖父母）的宠爱，变成“小皇帝”。有钱的家庭更是溺爱，孩子贪乐享受，吃不得苦，不好好学习，使人们担心中国的未来。

中国“重男轻女”的思想根深蒂固。许多人在怀孕期间发现是女婴就打胎。按照法律，中国不允许胎儿的性别鉴定。可是有些医生贪钱缺德而透露信息。还有一种叫作“寄血验子”的途径。通过私人诊所，抽了孕妇的血冷藏起来，运到香港或外国鉴定婴儿性别。这就叫作“有钱能使鬼推磨”。以哈佛大学印籍教授、诺贝尔奖金获得者阿马蒂亚・森（Amartya Sen）为首的国际评论家呼吁中国应该认真革除“重男轻女”的传统，避免造成人口中的性别失衡。但过去中国农村实行的“一胎半”政策（第一胎是女孩可申请再生）偏偏迁就了这一传统。2012年世界银行统计，中国新生婴儿男女性别比例是119∶100，是全世界差异最大的。有些地区这种差异达到177∶100。怪不得阿马蒂亚・森等人要大声呼吁了！

美国威斯康辛大学华裔研究员易富贤大力研究中国人口与经济发展的问题。他出了《大国空巢》一书，于2007年在香港出版，书的全名是《大国空巢：走入歧途的中国计划生育》。2013年，国务院发展研究中心直属的中国发展出版社在国内以《大国空巢：反思中国计划生育政策》的新书名出版，书的内容也有所修改，受到热烈欢迎。易富贤一方面向国内各界大量赠送书本，另一方面又回国举行讲座。他对中国反思“一胎”生育政策起了很大的推动作用。易富贤认为，“一胎”生育政策对中国社会发展非常不利。

还有一个“一胎”生育政策造成的“人口红利”消失的问题。很多比较中印两国发展的专家指出，中国的计划生育政策使得人口很快老化。人们公认的劳动人口是15—64岁。2010年中国劳动年龄人口占72%，达到顶峰。如果继续实行“一胎”计划生育，这个比重就会下降。印度2010年劳动年龄人口占65%，将会在2030年达到68%而超过中国，将会比中国享有更多“人口红利”，在发展的人口生态上占优势。

应该看到，中国社会特别是知识精英对政府大力控制人口猛增的决心积极支持。在城市中，“一胎”生育政策的执行是顺利的。很多独女家庭都很快活，把女儿当宝，“望女成凤”不亚于“望子成龙”。最近数十年来，中国出现“阴盛阳衰”，“一胎”生育政策加强了它的后劲。这“阴盛阳衰”的说法，其实也有“重男轻女”的思想作怪。男女应该平等。中国出现女法官、女歌手、女影星、女博士、女外交官、女强人、女企业家、女富豪……应该是正常现象，不能说是“阳衰”。2014年，在上海胡润研究院发布的拥有10亿美元以上的“全球白手起家女富豪榜”中，中国人数最多并包揽前三名。在国际体育竞赛中，中国女运动员的成绩突出，夺得的奖牌比男运动员多。这些现象也折射出中国妇女在国际上比许多国家妇女的地位高、解放的程度高。妇女在中国顶起“半边天”是事实，这在许多发展中国家是办不到的。

中国女性还有一大优点，她们家庭观念重（除了印度以外别国无法相比），虽然男女平等为她们创造了远走高飞的条件，但她们绝大多数仍然保持传统的贤妻良母本色。有的女性一方面自己努力于事业发展，另一方面也当好贤内助，帮助丈夫事业腾飞。中国母亲对孩子的培养也是很投入的。

2015年10月，中国共产党十八届五中全会提出促进人口均衡发展，坚持计划生育的基本国策，完善人口发展战略，全面实施一对夫妇可生育两个孩子政策，积极开展应对人口老龄化行动。同年12月，人大常委会批准了国务院《中华人民共和国人口与计划生育法修正案（草案）》，2016年开始全国普遍允许“二胎”生育。这一改革受到广大人民的欢迎。很多中青年母亲都积极筹划生第二胎，过了40岁的妇女自叹“来不及”了。估计在今后两三年内会出现生育高潮。

农业改造与城市建设

工业化和城镇化是现代经济发展的孪生姐妹。中国在改革开放时期狠抓城镇化，农业人口迅速向非农业产业转移。与此同时，中国发展自然而然地出现超大城市，形成城市群的趋向。最典型的是以上海、南京、杭州为核心的城市群，成为中国最繁荣、最发达、最超前的地区。这一地区的交通运输最发达（上海到南京乘高铁快车只需要一个半小时，上海到杭州乘高铁快车只需要一个小时），和世界各地的连接也最紧密。上海不但是中国最大的工商业中心，还正在向世界经济高地的目标发展，将来要在“上海质量”、科研实验、工业创新各方面成为世界的旗帜。到2050年，上海将发展成“全球文明城市”，那就意味着它将像19世纪的伦敦、20世纪的纽约那样在21世纪下半叶（2050年以后）成为世界城市的领袖与模范。可是我们还得回过头来看到中国几千年来走文明道路发展出的黄河长江流域内外一大片“以农为本”的空间，在新中国、新时代、新经济、新文化的总形势下受到相对的忽略。

几十年来，每年元月一日中共中央与国务院联合颁发的第一个文件总是免不了讨论如何解决“三农”问题，说明“三农”问题解决一直是个难题。所谓“三农”，指的是农业、农村、农民。美国是世界上最发达的农产品国家，农业生产规模最大、水平最高、产量最多，农业人口却很少。美国没有中国这样的“农民”（peasants）。美国的所谓

“farmer/农人”实际上是农场的主人，在农忙的季节有从拉丁美洲非法入境的劳工临时帮忙。美国也没有“农村”，没有中国式的“乡镇”。这就衬托出中国农村问题的特殊。中国的农村是几千年来农民世世代代群居的地方，他们在农田旁边建起土墙茅屋，中华人民共和国成立以后，农民的土墙茅屋多半改成砖墙瓦屋。改革开放以后，农民生活进一步改善，农村出现楼房。前面谈到的华西村、南山村等农民住的是花园洋房，等于美国富裕中产阶级的住所。

从整体来看，中华人民共和国60余年来在消除农村贫困现象上成绩显著，最为国际评论者所称道。1981年中国农村贫困人口（每天的平均收入低于1美元）共有7.3亿人，2008年降到1亿人以下，27年中减少了6.3亿人，许多人认为是奇迹。这和中国政府认真解决“三农”问题、不断提高投入是分不开的。2003年政府的扶贫开支是2144亿元（人民币），2004年增加到2626亿元，2005年增加到2975亿元，2006年增加到3397亿元，2007年增加到3917亿元（相当于600多亿美元）。这些年来，政府在贫困的农村地区兴建了许多移民村、文明村、旅游村等试点村，推行科学养猪（改煮熟饲料为生饲料）、建立沼气池、开发土特产外销等。同时，在这些试点地区发展农村基础建设，接通现代化公路，农民住宅里既有卫生猪圈，又有配套浴室与厕所的卧房，甚至还有车库。政府提出的新农村建设方针是“生产发展、生活宽裕、乡风文明、村容整洁、管理民主”。这种试点村是以华西村为模式的。它们与华西村的不同之处是：华西村是村民自己发展的，这些试验村却是政府加到农民头上的模式，缺乏农民的自发创造，因此效果不怎么好，不容易推广。

改革开放以来中国飞跃发展主要是在东部，由于沿海城市大力改善基础设施与建设制造工业，把邻近农村的经济发展也带动了。华西村、南山村及东部许多农村都得益于这种发展。可是在中部与西部（尤其是西部）的广大地区还没有进入中国发展的主流。

这种集中发展东部与沿海而忽略中西部的大趋势还造成中西部年轻力壮的男女农民组成农民工大军涌进东部城市，中西部许多农村只有老人、妇女与儿童留守，勉强把农业生产维持下来。许多地方，留守老人的健康无人照顾，留守儿童的教育无人关心。这样就出现中国全面发展的贫富差距加大，东部城市越来越富足、越来越现代化，中西部许多农村都停滞于贫穷落后的状况。有人形容说，中国许多城市已经变成欧洲，中国许多农村却变成非洲。

"中国农村教育是短板"，政府正在设法挽救。2015年国务院颁发了《乡村教师支持计划》，内容很全面，正在各地区农村推行。这些措施包括加强农村师资培养（对师范学校的学生免费等），提高农村教师待遇，农村教师由县级政府聘任再分配到农村学校，农村教师与学生人数比例要和城市学校同样标准，实行城镇优秀教师向农村轮岗交流等。在政府与社会的大力支持下，农村文化与教育水平一定会逐渐提高的。

2015年10月，中共十八届五中全会决定到2020年摘掉全国所有"贫困县"的帽子，使全国7000多万人口脱贫。具体地说，就是贫困人口都要能不愁吃、不愁穿，义务教育和基本医疗有保障，每天生活费用能有人民币8元。每个贫困家庭都不遗漏，要建立并健全农村留守儿童和妇女、老人关爱服务体系，普及高中阶段教育等。这样从上到下把精神的关怀与物质的援助对准"贫困县"的发展，相信在五年内会出成果的。

中国改革开放集中发展东部与沿海城市造成来自中西部农村的农民工蜂拥到东部城市的现象是世界其他国家没有的。农民工一共有1.5亿人，其中60%是20世纪末与21世纪以来进入城市打工的，被称为"新生代农民工"。他们除了也有老一代农民工出外挣钱寄回老家的动机，还想要在城市定居。在其他国家这是不成问题的，但在千余年来具有户口管理制度的中国却成问题。中华人民共和国成立以后，地方户口管理更加严格（1958年全国人大常务委员会颁布《中华人民共和国户口管理条例》）。有户口，本地的就业机会、开业手续及福利享受都不成问题。没有户口的居民就不能享有这些福利。2015年住在中国城市的人口达到全国的56.1%，但是他们中间只有占全国总人口37.5%的人具有城市户口，大量城市居民的户口仍在农村。蜂拥到城市的农民工不能把农村的户口带去，他们在城市中被“边缘化”，找住房、购置产业、医疗保健都遇到困难。老一代农民工对此多半忍受，“新生代农民工”却不能忍受，社会矛盾不断加大。

从2014年开始，中国进行户籍制度改革，各地逐步放宽限制，针对条件好、奉公守法的外来人口发放居民证，让他们和家属能融入城市社会。不同城市制定出不同的“落户门槛”，但大门已经打开。户籍改革的最终目的是实行全国统一的城乡户口登记制度，取消农业与非农业户口性质区分，把中国建设成像欧美国家那样人口可以自由流动的国家。

从中国历史发展来看，上面谈到的中国在改革开放时期的城乡发展很富新意。可以分四点来分析。

第一点，从历史上看，中国是城市发展的老前辈，比欧洲大陆和英格兰早了许多世纪。城市在中国历史上起了带动全国经济发展的枢纽作用，中国在这方面早已积累了经验与智慧，现在也注意学习国外的先进事例。2017年，中国决定在北京与天津旁边建立一座未来式的新型城市——雄安，五年、十年以后将显示其先进性。更重要的，现在是中国雾霾重灾区的北京、天津与河北一带将会在蔚蓝天空的光辉照耀下显出地球的绿色真面貌。雄安新区建成之日将是北京、天津旧貌换新颜之时，是中国回到文明康庄大道的灿烂前景。当然，要完成这一理想是要花费大量财力、人力、物力、智力的。雄安只能是中国的一个点而不可能变成整个中国的面。但是，它的成功经验，对未来中国城市的发展会起积极作用的。现在国外有一种想象，即植物的生长只需要阳光、水分与肥料，不需要泥土，那就可能在城市的建筑物上发展农业。雄安或者中国哪个城市能使这一概念成为现实，那将是人类发展史上的一大革命。

第二点，中国已经不是历史上的中国，而是英国大文豪莎士比亚形容的“勇敢新世界”（brave new world）。研究中国历史文化的印度朋友初次访问中国，在上海或者北京下飞机后穿过市区，简直不敢相信自己的眼睛，感叹说：“这是美国呀！”有人说上海35层以上的高楼数目超过美国全国。一个成天在上海高楼大厦写字间生活的作家，如果从来不去外地旅游是绝对写不出唐朝诗人王之涣（688—742）的“黄河远上白云间，一片孤城万仞山”那样的情怀的。中国建设现在集中在大城市狭窄的空间朝天发展，不会是当初长江黄河在地球上刻画中国轮廓的目的，与中国地大物博的国情也不相称。

第三点，可以这么说，当今中国这种以集中发展大城市来带动农村的特点是中国自己的选择。然而也可以说，当今中国这种发展是别无选择的。这是当前世界形势逼出来的。应该根据中国国情适可而止，把发展精力逐渐转移到西部最需要的黄土高原、农田、沙漠中去。

第四点，从长远来看，中国发展的“广阔天地”是在农村而不是在城市。英国和欧洲大陆是城市发展的典范，它们现在已经走到顶头，很难进一步开拓，因此处于半停滞状况。它们没有农村，无法转型。中国在不遗余力发展城市的同时，应该以欧洲为鉴。中国发展如果忽略了农村，就会产生偏向，应该在适当的时机大力转回头来，应该在“黄河远上白云间，一片孤城万仞山”的诗境中开展“立天”“立地”“立人”之道，持久地走“文明道路”。

中国政体的独特性

亲爱的读者们，你们已经清楚地看出我认为“文明国”比“民族国”更文明，也就等于把中国摆到一定的高度而看透当今世界一些声名赫赫的国家的不应赞扬、不敢恭维的短板。你们一定觉得这个人是不盲目崇洋媚外的。是的，正是这样，我身在国外半个多世纪而不盲目崇洋媚外，但我也不盲目宣扬中国文明如何如何灿烂辉煌。中国知识精英从20世纪开始至今，看到了西方国家体制中有许多优点折射出中国文明传统的缺点。中国政治家不断针对这点改革中国的体制。这一切都有目共睹。现在中国选择的政治体制相对地符合中国国情，参照国外经验而迎新辞旧，取得了相当的稳定性。当然还不是十全十美，不能尽如人意。事实上，中国这么大，人口这么多，版图这么宽广，问题这么复杂，再加上信息时代中国普通老百姓个个眼明耳聪，这种种因素使得“十全十美”的政治体制简直没有可能。

俗话说：“不怕不识货，就怕货比货。”有个比较就能显现中国政治体制的长短板。西方democracy的概念：demo的意思是“人民大众”，cracy的意思是“权力”，是指大众夺取执政权力。孙中山把这“demo/人民大众+cracy/权力”翻译成“民权”（而不是“民主”），这是再恰当不过的。西方民主的主要旋律就是夺取执政权力，不是人民当国家主人。美国总统大选就充分说明了这点。奥巴马是非裔，但他执政七年来并没有提高美国非裔的地位。英文有句俗话：“凯撒夫人必须避嫌。/Ceasar’s wife must be above suspicion.”奥巴马只顾自己的地位而避嫌，使90%以上投票给他的美国非裔失望。

中国传统政治理想是“选贤与能，讲信修睦”，中国改革开放以后建立起党代表大会选举中共中央政治局常委会并产生党和国家的最高领导，任期五年（可以连任一次），然后由同样程序选出接班领导，创造了中国有史以来最模范的“选贤与能”机制，才使得中国飞速发展，和谐稳定。如果盲目模仿西方民主，为“民主”而制造出“反对党”，搭台唱双簧戏，一定不会有这样快的发展与团结稳定的局面的。

中国政体与美国和印度的差异并不是什么自由与专制的区别，而是中国独特的在中国共产党领导下的多党合作和政治协商制度有别于美国的两党制与印度的多党制。表面上看，美国的两党制比中国更民主，实际上美国两党轮流坐庄并不意味着重大改变。民主党总统执政与共和党总统执政下的美国没有很大的不同，美国依然是世界霸权的美国、干涉别国内政的美国、发动战争的美国、“不能有匹敌”（peerless）的美国、把中国当作竞争对手与潜在敌人的美国。美国的两党好比中国的“换脸”表演，好比一个人喜欢换衣服。相比之下，中国的一党执政却不断顺应时代潮流而改变政策、改革体制。

印度最近几十年执政党联盟执政，虽然是多党制，却以一个核心的政党（不是国大党就是印度人民党）为主，和中国的情况相似。在开国总理尼赫鲁的时代（1947—1964），印度也是国大党一党执政。后来国大党衰落才出现多党执政的现象。那就是说，如果执政党能够永葆青春活力，印度的政体不一定会产生多党执政（即使民主体制允许它）。与印度国大党相比，中国共产党具有自我更新与自我健全的机能。自从江泽民领导党政事务以来经过了两次换班（胡锦涛班子接替江泽民班子，习近平班子接替胡锦涛班子），中共执政的水平越来越高，在越来越复杂的国内与国际形势面前表现得越来越成熟。李克强总理在2016年3月5日第十二届全国人民代表大会第四次会议上的政府工作报告中说，各级政府要“把万家忧乐放在心头，建设人民满意的法治政府、创新政府、廉洁政府和服务型政府”，“要依法接受同级人大及其常委会的监督，自觉接受人民政协的民主监督，接受社会和舆论监督，让权力在阳光下运行”。这番话很有本书第三章谈到的唐太宗的治国理论的风味。

“邓小平时代”实行改革开放的国内改革，主要是从人治到法治的转变，经过20多年的改革，2004年国务院颁布《全面推进依法行政实施纲要》，全面推行依法行政，规定“公权力”（政府权力）受法律控制。这样一来，社会政治秩序就变得井井有条，利于人民安居乐业。政府机关力求对群众信息开放，办事公正，保持诚信。

现在是信息技术时代，最近10多年来，中国民间拥有电脑及上网的人数已经上升到全球第一。今天中国13亿多人口的城乡分布大致是一半一半。农村人口少于6.5亿，城市人口7亿。中国城市3/4的人口都用电脑或手机使用互联网（那就等于拥有5亿多网民），农村网民大约占全体人口的1/4（也有1.5亿以上）。一个有6亿多网民的中国再加上中国人民积极关心国家大事，形成了一个空前未有的民意网络。中国政治传统一贯顺从“得民心者得天下”的规律，现在民意如此强大，迫使各个层次的“治人者”面向人民大众。孔子说过的“民可使由之，不可使知之”（《论语·泰伯》）的那种社会秩序已经一去不复返了。

现在回到前面提到的中国政府权力强大，中国发展的主要动力是自上而下，这既是中国政治的缺点，又是中国的亮点与优势。中国是两千多年来大一统的命运共同体，人口与土地都是世界的1/5。这就决定了强大政府的必要性。有意思的是：世界两个10亿人口以上的大国——中国与印度——中国是强大的政府，印度恰恰相反；印度是自下而上的动力强大，中国恰恰相反。要是两国互相取长补短，那就最理想了。

怎样平衡自上而下与自下而上的动力一直是中国两千年发展的关注点。宋儒范仲淹的“居庙堂之高则忧其民，处江湖之远则忧其君”总括了高高在上的少数统治者与广大草根群众之间的有机互动关系。早在两千多年前，孟子就道出中国政治的对立的统一。他说：“劳心者治人，劳力者治于人。治于人者食人，治人者食于人。”（《孟子·滕文公章句上》）用现代的话来说，“治人者”就是当官的，“治于人者”就是老百姓。“治人者食于人”就是当官的由老百姓来供养。唐太宗进一步提倡“民乐则官苦，官乐则民劳”，要求当领导与当官的像范仲淹说的“先天下之忧而忧，后天下之乐而乐”。中华人民共和国60多年来的确有这样的领导与这样的官。当今的习近平领导班子（以习近平为核心的党中央）也特别强调这一点，并且花大力气整治贪污腐败。大的贪官叫“老虎”，小的贪官叫“苍蝇”。过去政府反贪，群众普遍反映说：“只打苍蝇不打老虎。”现在的反贪口号是“老虎苍蝇一起打”，既要切实清除人民群众身边的贪污现象与不正之风，又要把隐藏得很深的贪污保护伞揪出来。关于贪污现象，印度也很严重，民间流传一些领导人贪污的笑话（多半是谣言）。2011—2012年由安纳·哈扎列（Anna Hazare）领导的反贪污群众运动使印度全国震惊，还因此产生了一个新兴的“普通人民党/Aam Aadmi Party”。可是这种强大的自下而上的反贪并没有取得有效的成果。这就间接显示出中国强大的自上而下的发展动力能够出成绩。

在欧美民主体制成熟的国家都有一套政府日常工作运转的制度，普通民众跟这一制度打交道而不和操作制度的人拉关系、讲“人情”。凡是应该办的，制度一定会办，没有任何“走后门”的必要。凡是不合法的，制度当然拒绝，没有“后门”可走。在中国和印度，因为没有这样成熟的制度，“人情”的因素依然存在，这也是贪污现象不能杜绝的一大原因。至于重大的政策决定，中国也好，美国也好，都要靠参加决定的当事人的个人意向。举个例子，台湾从蒋介石时代开始就采取大力贿赂美国国会议员的做法，受贿的美国参议员与众议员不但自己，就连家小、秘书访问台湾都享受热情招待。美国对这种变相贪污是不禁止的。当前美国司法机关调查俄国干扰2016年美国总统大选案件，更发现许多“里通外国”的问题。

人们讨论中国政治体制问题往往触及直接选举。直接选举当然有优点，领袖由全国选民投票产生就会在广大人民中间增加亲热感。问题是中国如何才能妥善实行直接选举制度。美国大吹特吹的总统选举越来越成为中国的负面榜样，不能效法。特别是美国2016年的总统大选更是一团糟。现在美国许多政论家形容美国不是“United States of America美利坚合众国”，而是“Divided States of America美利坚离众国”。美国新选出的总统在国内和国际上都不得人心，难以为继。美国许多政治评论家认为美国的“大选民主”失败。

西方（特别是美国）还喜欢揪中国的“人权”小辫。美国每年发表有关中国人权的白皮书，中国以牙还牙，也发表《美国人权白皮书》。美国在道义上讨不到便宜，那些一贯热心以人权名目搞反华活动的人们（其中包括一些华人）自讨没趣了。人权应该包括幸福生活权与人身安全权。美国是当今世界所有大国中人身安全最没有保证的国家。纽约、芝加哥等大城市晚上就是罪犯作案的天堂。根据英国国际监狱研究中心（International Centre for Prison Studies）调查：美国每千人有7.37人关在监狱，俄罗斯每千人有6.15人关在监狱，南非每千人有3.34人关在监狱。这三个国家（特别是美国）是社会安全最差的。中国每千人也有1.18人关在监狱，和英国（每千人的1.48人）与澳大利亚（每千人的1.25人）差不多。澳大利亚是居世界第8位的最有人身安全的国家，中国不久也可以达到那种境界。至于美国，何时能使人有人身安全的感觉就很难说了！

从上面这些讨论看出，只要从文明发展的角度来看问题，扬弃西方那一贯高人一等的成见，中国并没有“独裁”的政治体制。我们也看出：西方的民主体制并不是值得中国仿效的模式。半个多世纪以来，我一直认为中国最理想的社会政治环境是像毛泽东在20世纪50年代说过的、已经写入中国共产党新《党章》的“又有集中，又有民主；又有纪律，又有自由；又有统一意志，又有个人心情舒畅”的话。今天，日本在这方面做得最好，中国应该学习。有五千年“文明道路”发展经验的中国在这方面一定会后来居上的。

中国就是中国，也只能是中国。中国人经常用“中国特色”的形容在国际辩论中为自己辩护，也带点自豪情绪。外国朋友应该能够体谅中国的这种自豪，因为它是为了回应西方对中国的我行我素进行咄咄逼人的批评。中国仍然是中国而没有变成到世界上逞强称霸的西方大国。这一点应该使得西方世界高兴。与此同时，中国要完全融入世界，变成国际大家庭（comity of nations）的一员也需要时间。国际大家庭的特点是大家互相尊重彼此的价值观念与制度。如果国际大家庭能够进一步尊重中国的独特性，中国融入国际大家庭的步伐就会加快。

四、中国发展前景

亲爱的读者们，我的历史导游讲解完结了，我们大家从过去的浏览返回现在的实际，面向未来。当今国际评论的一个时髦课题是："Whither China中国何去何从？"外国朋友议论中国，经常产生两大忧虑，一是中国不断强大会不会威胁别国安全或者伤害别人幸福；二是中国会不会从半空掉到地上，跌个粉碎。这些议论中有读不懂中国的因素，掺杂着杞人忧天与莫须有的胡思乱想，也有人唯恐中国不乱，故意耸人听闻，误导舆论。一般人的通病是"文明盲"，他们那"民族国"的鼠目寸光看不到中国现在是回到几千年的文明康庄大道。

如果我们把鸦片战争和《南京条约》看成海洋对中国走文明道路的严重挑战的开始（实际上挑战早就开始了），经过整整一个世纪日本于1945年投降，1949年中华人民共和国成立、废除一切不平等条约，结束了这场挑战。拿破仑描写的中国这头睡狮醒了，怒吼了几声，然后安排自己的新发展。本章讨论了60多年来中国发展的经过，可以总结为两点。

第一点，经过国际形势的大变化（冷战结束，世界以和平与发展为主旨）和中国不断加深的知己知彼（对照世界来了解自己的优缺点），中国选择了不放弃自己的文明道路而融入"民族国"主流的国际大家庭。

第二点，在这一过程中，中国显示出本身的发展潜力，也学会与世界各国（特别是以美国为首的发达资本主义国家）磨合而使得经济快速发展。中国几千年来都是世界经济最发达的国家，中国作为人口超级大国现在经济总量发展到世界第二，成为世界最大的制造业国，在许多生产领域产量第一（如钢铁、水泥、家用电气、纺织品服装、大米、茶叶、猪肉等）。在消费方面，中国是世界最大的汽车、智能手机和石油市场。这些现象从中国地大、物博、人多、历史长的背景来看，应该说是理所当然的，而不是什么奇迹。人们估计到2025年中国经济总量就超过美国了。那也没什么稀奇。中国人口是美国人口的4倍，如果中国经济总量也是美国的4倍，那才算真正的第一。

我说没什么稀奇，不是贬低中国这些年的成就，也不是故意表示谦虚，而是从第二章引的刘延东说的“中国5000多年的文明史，是自强不息的奋斗史、追求和平的发展史、互学互鉴的交流史”这个角度出发、总结性地看问题。可是我们讨论当前中国发展，免不了受到西方思维的干扰。比方说，中国现在的一些“第二”兼“第一”是“拼命三郎”式的，也不知道经过多少艰辛，付出多少代价，有些代价（例如环境污染及城市的雾霾）仍然困扰着中国。可是西方某些人信口开河，说中国“崛起”，我们不必当真。中国现在是回复到唐宋时期那种歌舞升平式的文明大道上，也注意保卫自己的安全，同时又与全世界的友好国家“天涯若比邻”“千里共婵娟”。“崛起”这种“民族国”世界的高帽子不适合于中国。

关于“修昔底德陷阱”的恐惧

向世界介绍中国，我们要先弄清楚现在的中国究竟是怎么回事，然后向国际朋友介绍。现在中国作为“民族国”世界大家庭的一员，把“文明国”的因素带进了世界，就像玄奘、李白说的“朗月之明”照亮黑夜。中国虽然走“文明国”道路走了两千多年，现在也依然处于实践追求理想的阶段。我们好好总结中国实践追求“文明国”理想的经过告诉外国朋友，很多人会欣赏而参加到这一追求中来的。

20世纪的两次世界大战主要是德国和英国争演这三部曲，结果两败俱伤，美国成为渔人得利。苏联和美国争演这三部曲，没到鼎盛就寿终正寝，最后不是衰退而是衰亡。要说中国崛起，那是黄河长江在地球上划下中国轮廓以后距今四千年以前的现象。在罗马帝国崛起以前，汉武帝就在欧亚大陆留下了深深的足迹。从汉武帝到现在，中国走文明道路已经走了两千多年，中国作为一个大国已经存在两千多年，说中国现在"崛起"是违反历史的。

20世纪末叶，随着中国经济快速发展出现一阵"中国威胁"的舆论，最近10多年来自生自灭。中国不威胁别人，你叫"狼来了"而没有狼，当然叫不响。但是"民族国"世界自身有不相信"和平共处"的盲点，对中国这样一个千年文明大国一时是很难认识清楚的。最使西方人士容易担心的是西方政治传统的"修昔底德陷阱"（Thucydides Trap）理论。修昔底德是古希腊历史学家，他撰写了《伯罗奔尼撒战争史》这本历史名著。书中记述了公元前431年开始的正在崛起的雅典和当时的守成大国斯巴达之间长达10年的战争。这场战争最终导致了这两个国家的灭亡。因此修昔底德关于守成大国与新兴大国必然冲突的观点就被称为"修昔底德陷阱"。哈佛大学贝尔弗科学与国际事务中心（the Harvard Belfer Center for Science and International Affairs）研究了过去500年16起新兴大国挑战守成大国之间的关系，发现其中12起导致战争。这种理论就是中国人说的"一山不容二虎"。现在，"修昔底德陷阱"的忧虑被牵扯到中国崛起威胁美国超级大国的形势上来。2012年，美国哈佛大学教授格林汉姆·阿里森（Graham T. Allison）明确地指出，"修昔底德陷阱"有可能成为中国和美国之间的形势，希望两国不蹈斯巴达和雅典的覆辙。

所谓"修昔底德陷阱"的恐惧就是怕今后中美两国争夺超级大国地位而发生战争。古希腊修昔底德形容斯巴达和雅典掉入陷阱而两败俱伤。现在中美两国掉入陷阱而两败俱伤，中国近几十年的建设成就就会前功尽弃。针对这一危险，2013年6月，习近平主席在美国加利福尼亚州安纳伯格庄园和奥巴马总统达成建立“新型大国关系”的共识，就是针对“修昔底德陷阱”恐惧心理的。最近不幸逝世的著名中国外交理论家吴建民（1939—2016）于2012年5月和上述的格林汉姆·阿里森一同出席在柏林举行的一个国际会议，吴建民在会上介绍了中国和平发展战略，阿里森随后发言说：“如果吴大使所介绍的和平发展战略是中国主流社会的主张的话，那是让人放心的。中国奉行和平发展战略对中国、对世界都是好消息。”[①] 中国应该想尽办法使美国“放心”，使美国觉得中国不断发展而呈后来居上之势并不威胁美国现在的地位，那就不会有“修昔底德陷阱”了。这些年来中美关系相当融洽。奥巴马总统再三表示两点：第一，中国稳定对全世界都有好处，中国出了差错对世界不利；第二，美国尽力帮助中国和平崛起。中国领导人很注意和美国搞好关系。

在“民族国”世界，对潜在“威胁”的惧怕是一种很危险的心理。在第一次世界大战前，英国国王和德国国王是亲戚，德国并没有挑衅英国的行动，但是它大力扩展海军与陆军促成了“修昔底德陷阱”的形成，也是第一次世界大战的远因。这一点应该引起中国重视。国际上有一种观点，就是中国人喜欢虚报数字，夸大成绩。如果属实，应该立刻纠正。从“修昔底德陷阱”的角度来看，中国越是夸大自己的成就就会越发引起美国恐惧。中国应该牢记《老子》说的“一曰慈、二曰俭、三曰不敢为天下先”。“慈”就是温柔、和气，“俭”就是韬光养晦，是锋芒毕露的反面。邓小平执政时的国际政策就是这三句话，度过了“冷战”结束阶段（苏联解体前后）中国面临的难关，得到了西方国家的谅解。

“修昔底德陷阱”理论反映出“民族国”思维中的横向发展成见。所谓“零和游戏”就是把世界看成一个有限的空间，你扩展了地盘，

---

① 吴建民：中美如何避免落入修昔底德陷阱，《今日中国》2016年4月28日，www.chinatoday.com.cn，2016年8月22日查阅。

别人就少掉发展的余地，冲突了。事实上，世界发展的空间是无限的。过去30年来，美国集中发展信息技术，让出很大的制造业空间，“中国制造”支持美国名牌，使它们仍然占领世界市场，这样中美双方都受益。中国现在集中力量发展“中国创造”就是纵向发展的新趋势。中国现在提出的“创新、协调、绿色、开放、共享”的新发展理念是对头的，可以帮助避免“修昔底德陷阱”。

要使得中美两国不掉入“修昔底德陷阱”的绝对保证就是中国走文明道路。孔夫子说过：“性相近也，习相远也。”（按照人们的本性大家都是相亲相爱的，人世上人们疏远是社会行为习惯在作祟。）我们把孔夫子的话改动一下说：“中美两国性相近也，民族国习俗使其远之（甚或有“修昔底德陷阱”之危）。”“性相近也”就是世界不同国家、人种、语言、宗教的人们都是相亲相爱的。最好的例子就是美国核科学家寒春（1921—2010）。她的美国名字是Joan Hinton。她是20世纪40年代初美国研制原子弹工程中唯一的女科学家。1945年美国在广岛、长崎投下原子弹以后她很生气，退出了美国国家机关。1948年寒春受她哥哥韩丁（William Hinton，1919—2003，是长期在中国工作的国际社会主义友人，发表了《翻身——中国一个村庄的革命纪实》）影响来到中国，一直到2010年在中国去世。1949年她到延安农场工作，和美国人阳早（Erwin Engst，1919—2003）结婚。寒春和阳早夫妇积极参加了毛泽东时代的政治运动，变成坚定的社会主义信仰者。他们为了旅行方便保持了美国国籍，却是在中国获得“绿卡”的最早的外国友人。他们对中国轰轰烈烈进行“社会主义改造”的时代十分怀念，对改革开放的一些措施不满。可是他们仍然在中国积极工作，度过终生。可以这样说，他们比许多中国人更爱中国，他们比中国大多数人更爱中国的社会主义。“怀念阳早，怀念寒春，一对伟大而平凡的夫妇，一种理想主义的谢幕，他们为信仰而来，在平静中告别。”这是中国民间对他们的评价。今天，寒春和阳早夫妇在中国出生并长大的大儿子“阳和平”（这名字是宋庆龄给他取的，他的美国名字是Fred Engst）又成为中国的最热情的美国友人。他们的榜样说明“修昔底德陷阱”的恐惧是胡思乱想。

我不禁想起1843年7月12日美国总统泰勒（John Tyler，1790—1862）写信给中国的道光皇帝，信上这样说：

> 日出的时候，太阳照耀着中国的高山大河。日落的时候，太阳照耀着同样的高山大河。……我现在要说，我们这两个伟大国家的政府应该和平共处。我们顺从天意，应该彼此尊重，举措明智……[1]

有趣的是：泰勒总统迎合中国心理而说出“顺从天意”（according to the will of Heaven），要中美两国政府“举措明智”（act wisely），“彼此尊重”（respect each other）以确保和平。可惜这封信没有送到，美国总统和中国皇帝之间没有展开对话。

今天，中美领导人之间正在认真对话。现在让我引2015年9月22日习近平主席在西雅图华盛顿州政府及友好团体欢迎晚会上致词所说的话：

> ……正确判断彼此战略意图。同美方一道构建新型大国关系，实现双方不冲突不对抗、相互尊重、合作共赢，是中国外交政策优先方向。我们愿同美方加深对彼此战略走向、发展道路的了解，多一些理解、少一些隔阂，多一些信任、少一些猜忌，防止战略误解误判。我们要坚持以事实为依据，防止三人成虎，也不疑邻盗斧，不能戴着有色眼镜观察对方。世界上本

① 参见谭中Tan Chung：海神与龙（*Triton and Dragon*），368页，引美国费尔棱 Rober J. Ferren编：美国外交基本文件（Foundations of American Diplomacy, 1775-1872），1968年，美国南卡罗来纳州大学出版社，219-220页。

无“修昔底德陷阱”，但大国之间一再发生战略误判，就可能自己给自己造成“修昔底德陷阱”。[①]

我们可以把习近平的评语当作对一个半世纪以前美国总统的来信所做出的回应。更重要的是：习近平把中美对话，特别是用泰勒提出的“举措明智”（act wisely），“彼此尊重”（respect each other）来保证和平突出，使得“修昔底德陷阱”没有可能在中美之间出现。

中国未来的文明道路

中国的“文明道路”究竟有什么特点呢？我们可以用孟子说过的“君子有所为而有所不为”（《孟子》卷八·离娄章句下）来诠释。中国“文明道路”的“有所为”可以以“合”“生”“和”三个字来概括。“合”就是中国“命运共同体”，如果没有“共同体”就不是中国的“文明道路”。“生”就是《易经·系辞》说的“天地之大德曰生”和“生生之谓易”。如果我们不钻牛角尖，这“生生”就是对“生”的强调与概括，包括生命、生活、生产及起死回生，是中国文明的特殊精神。“和”就是和谐、和平、大同的概念。历史上隋唐宋时期的主流及现在的改革开放都充满了这“合”“生”“和”三个字的动力。中国“文明道路”的“有所不为”就是不逞强、不称霸、不搞横向发展去侵害别国的利益。

我认为这个“不搞横向发展去侵害别国的利益”是很重要的。前面已经谈到：搞横向发展就是玩“零和游戏”，搞纵向发展才能双赢。绝对不应该把中国发展成和别国争夺原料与市场，中国受挫自己难过，中国占上风别人日子不好过。这是应该避免的。中国在发展工业的初期，不可避免先模仿别国、造出同样的产品，然后以价廉物美的方式

① 参见新华社、中国新闻社、《人民日报》2015年9月23日报道。

把别国的产品挤出国际市场。这样的发展不是上策。中国应该不断推出新产品去开拓国际市场。

创新可大可小，平凡细小的地方也可以创新。比方说，现在有一种水管，平常缩成一小团，轻便而不占地方，接上水龙头以后可以伸延到几十丈。还有一种同样原理的紧缩鞋带，扯着它就可以使皮鞋系紧，不用打结。这种创新也能帮助改善生活而受顾客欢迎。更重要的是，我们必须从中国文明几千年来的“立天”“立地”“立人”之道来制定创新的方向与目标。创新的目的是使人民生活得更完美、更合理、更方便、更富裕。一方面，应该想出高超的办法防止并消除水灾、旱灾、虫灾，减少地震的破坏与杀伤。另一方面，要使广大人民生活的需要无所缺乏。比方说，现在医疗保健所需要的器械与药物越来越多、越来越复杂，可是中国现今的生产差距很大，必须花大力来填补这一空白。中国文明道路的工业发展应该是先发明并生产中国本身所需要的产品，使得中国人民生活改善，然后推广到国际市场。这样就可以避免中国当前面临国际市场不景气而使中国制造业减产裁员。目前中国急需的是价格低廉而效果好的医药与保健品，这是一个研制与生产周期长的产业，应该多投资并大大增加科学与临床试验，也应该鼓励私人及外国投资。开发新能源对中国十分重要，应该是今后中国工业发展的重点。中国版图这么辽阔，日照这么丰富，应该把太阳能的利用变成重中之重。中国山多，山水交错，气流活跃，是风能的富国，取之不尽。发展太阳能与风能也可以使几千年来的“立天之道”与“立地之道”增加新内容。

2016年9月在中国杭州举行的二十国集团领导人峰会由东道主中国提出的“构建创新、活力、联动、包容的世界经济”主题引起了各国领袖的共鸣，还通过了《二十国集团创新增长蓝图》，其中有两句话是中国领导人的意思而得到其他国家政府赞同的：“我们需要抓住技术突破为全球经济增长带来的历史性机遇。我们决心通过创新增长提升中长期增长潜力。”该蓝图只是一幅杭州织锦。会后其他国家不一定回去认真贯彻。但真正提出这些意见的中国是认真的，而且会以身作则做出点成绩来的。全世界应该静待佳音。

杭州峰会“抓住技术突破”来求得经济增长的精神和上面谈到的纵向发展经济是一致的。这个新思维应该和中国实际国情紧密结合。要使传统“立天之道”“立地之道”与“立人之道”与时俱进，在现代的环境下改善天时、地利、人和，就应该大力发展广大辽阔的中西部山区与空地。现在有些地方把肥沃的农田改成行政区与文教区的发展是不可取的。昆明市新添的卫星城呈贡（包括云南大学特别宽敞的新校园）毁掉大片良田，是我亲眼所见的。

在中国辽阔的土地上只有12%是平原。现代机械化的地面交通工具都有轮子，并须有平坦的道路才能便利交通运输。这种轮式的、依靠平坦道路的现代交通运输方式对绝大地区是平原、拥有全世界十分之一的平原的美国最最合适。因此美国公路多、汽车多。中国现在模仿美国，大力建设公路（大量消耗中国的元气），大力发展汽车工业，又变成世界最大的汽车市场。每天在中国马路上奔跑的等于世界汽车的流动博物馆。可是谁也不欣赏这样的博物馆。因为它造成中国大中城市的污染、塞车。由于塞车必须限制汽车行驶。中国城市的亿万辆汽车一年有许多的时间关在车库内。这是天大的浪费。要是能把浪费的资金、资源用去开发那无人问津的穷乡僻壤就好了。应该指出，中国当代城市车满之祸，而在中西部，越远离城市，汽车就越少，甚至有偏僻的农村看不到汽车影子，这种景象是背离了几千年的传统的“立天之道”“立地之道”“立人之道”的。

中国要坚持走并且拓宽自己的文明道路就应该搞一个现代交通运输工具的革命。我想，机动车不是非用轮子不可。可以改成人的或者狗的或爬虫的脚形，那样就可以爬山，可以行驶于崎岖山路，至少对公路的要求不会很高，可以节省大量资金、人力与资源而能使山地的穷乡僻壤交通运输发达。还有，建造房屋也不一定要先巩固地基，使用钢筋水泥砖瓦。可以建成火车厢的形式而能搬运，或者改进中国亭式建筑，夏天凉快，冬天加个套子变成蒙古包。这样就可以在山区大量建造居民点与市镇。有了可以爬山的现代交通运输工具和简便而容易搬迁的房屋，中国就会把现代化发展到辽阔广大的穷乡僻壤，使现代化经济与城市文化在辽阔的山清水秀新天地中星罗棋布而大大减少对沿海大城市的压力。到了下一次二十国集团领导人又在中国举行峰会时，中国就可以请外国朋友们到中国“乡下”参观，证明这次杭州峰会通过的《二十国集团创新增长蓝图》不是纸上谈兵。

我不久前过世的印度友人、外交官文克（A. P. Venkateshwar，1930—2014），曾在20世纪80年代担任印度驻华大使及外交秘书（相当于外交部常务副部长），经常讲中国当年的一句口号“我们的朋友遍天下”只从中国本身着想，如果能改成“我们是天下人的朋友”那就好了。我们都知道，中国小乘佛教修道的最终目的是成为罗汉，大乘佛教修道的最终目的是成为菩萨。“地狱未空誓不成佛，众生普渡方证菩提”是“菩萨精神”，是传播印度文明传统的“我愿做世界的仆人、世界的朋友；我愿为人类的解放而入地狱”的精神。文克大使就是以这种精神劝告中国朋友着眼于世界，不要只是从自己出发。其实“我字当头”是“民族国”的文明精神，不是“文明国”的文明精神。希望在未来的年月，我们听到的中国声音是：“我们是全世界的朋友。”这才是真正的走文明道路的中国拥抱世界，成为世界大家庭一员的精神。

中国发展的时间表就是到2021年（中国共产党成立一百周年）实现第一个“百年梦”，完成全面建设“小康社会”。可是，中国文明的理想不是变成“小康社会”，而是建立“大同社会”。“大同社会”是什么样子呢？我们可以从《礼记·礼运·大同篇》中找到其轮廓：

故人不独亲其亲，不独子其子。使老有所终，壮有所用，幼有所长，鳏、寡、孤、独、废疾者皆有所养，男有分，女有归。货恶其弃于地也，不必藏于己；力恶其不出于身也，不必为己。是故谋闭而不兴，盗窃乱贼而不作，故外户而不闭，是谓大同。

这样的理想“大同社会”有三个方面。第一方面，中国文明理想中的“大同社会”是使所有人民都能幸福生活，使世上不再有痛苦，用西方文明的形容就是擦干全人类的眼泪（wipe away all tears from the human eyes）。第二方面，“大同社会”不但物质生活丰富，而且精神高尚。“货恶其弃于地也”是地上都可以捡到钱，但人们没有私人家藏万贯的念头。大家努力（“力恶其不出于身也”）为大众的幸福辛勤工作。第三方面，“大同社会”没有坏人干坏事，没有偷窃，晚上大家敞开门睡觉。这虽然是长远理想，但不是空洞的奢望，是可以实现的。

中国与其他国家结成“命运共同体”的前景

和秦汉与隋唐宋时期中国在世界的生存与发展比较，现在的形势大变样了。前面几章的有些形容探讨必须改变。比方说，把中国比作一个旁边有馋嘴的猫守候的大鱼缸不能正确描写今天中国以“文明国”的身份成为“民族国”世界大家庭一员的形势了。一方面，中国有了铜墙铁壁的国防，不再是玻璃大鱼缸了。另一方面，只要中国外交工作做得好就不会再有历史上那样的守候在中国边境伺机骚扰或长驱直入打进中国的凶猛邻邦了。国防和外交是相辅相成的。国防巩固，别国也不敢轻举妄动，那就不会有别国对中国不尊重的问题。中国的主权受到尊重，外交工作就容易。外交关系好，中国就不必把太多的钱财、人力、物力花到备战上去。中国几千年都是不喜欢打仗的。“醉卧沙场君莫笑，古来征战几人回。”西方文明有战神，中国文明的弥勒未来佛却笑容满面，全身都是脂肪，外国朋友绝对不必害怕。中国传统也没有“武士道”的精神。中国人练拳术，主要为了锻炼身体（有时可以上台表演），不是要打架。不管怎么苦练，中国要想在运动员必须与对方进行人身接触的球赛（如足球、篮球、曲棍球、水球、冰球）中是很难打到世界前列的，因为中国球员刚性不足，和中国文明几千年来重文轻武、“君子动口不动手”的传统有关。中国发明火药也是为了表演。现在全世界放焰火都到中国来买。这些都是中国“文明国”的特点。

中国加入“民族国”世界大家庭以后，中国的外交政策是和所有国家保持和平共处的友好关系，有选择地进行联合，但不结盟。联合有两种方式。一种是和某些国家（如巴基斯坦）发展成亲密的伙伴关系。另一种是建立像“上海合作组织”和“金砖五国”这样的联合体。这样的联合体定期举行首脑峰会以及部长级的磋商，外加具体的联合行动项目。可以说，它们慢慢形成一种共同体。有了这些雏形的共同体，就不再会有守候在中国大鱼缸旁边的馋嘴的猫了。

前面谈到的杭州二十国峰会。这20个国家的人口占世界三分之二，领土占世界60%，GDP占世界85%。从当前世界团结与联结的总趋势来看，一个庞大的世界“共同体”有可能在未来出现。中国也会在其中起越来越积极的作用。中国主动提出“构建创新、活力、联动、包容的世界经济”的意向，说明中国开始向世界推销“中国制造”的“命运共同体”观念。其他的19个国家当然不会马上加入中国提倡的“命运共同体”的，但是它们并没有与此对抗的情绪。万事开头难，中国只要执着地从思维上、感情上、具体国际关系上、经济与文化交往上不断宣传与劝说，可以有进展的。如果中国能和其他国家结成“命运共同体”，前面说的馋嘴的猫守候大鱼缸的形势就会一去不复返了。

中国文明几千年来积累了一种“命运共同体”的文化。“天下大同”就是这种“命运共同体”文化的招牌。“天下”和“四海”是一码事。孔子说："四海之内皆兄弟也。"（《论语·颜渊》）那就是说，孔子是把"天下/四海"看成一个大家庭。孔子这是提倡"天下一家"。中国"同胞"（同一个包衣）的概念狭义是兄弟姐妹，广义是所有的中国人。所有的中国人都是同一包衣中生下来，这"同胞"的概念就是"命运共同体"的概念。中国还有"同生共死""同甘苦、共患难""同心相印，同气相求""万众一心""众志成城""志同道合"……中国有"鸳鸯"文化。鸳鸯原来是神话中的鸟，现在变成一种动物界中属于鸭子的鸟类。传说这种鸟雌雄之间感情特别深，达到"同生共死"的程度。"鸳鸯"变成男女相亲相爱的象征符号。中国夫妻之间有白头偕老、相依为命（不限于夫妻）的文化传统。可以说，中国文化是一种大力提倡"命运共同体"的文化。中国夫妻成为终生伴侣的感情也伸延到中外通婚。新中国成立前，有些住在中国的印度锡克人讨了中国老婆，新中国成立后这些锡克人返回印度老家，中国眷属也跟着去了。1962年中印边境战争以后，许多住在印度的华侨被遣返回到中国，遣返者中也有华侨的印度眷属。这些都是"命运共同体"文化造成的国际交往佳话，把"民族国"的界限打破。

读者还记得我在第三章谈到"中国、印度、日本、高丽的文明共同体"其覆盖的范围就是今天的中、朝、韩、日"东亚"与印度半岛的"南亚"。从现今的形势来看，这一地带的地缘亲属关系仍然很浓，我们还可以把这个带共同性的地带扩大到东南亚。在这一地带中，中国和巴基斯坦已经结成半个"命运共同体"了。中国和朝鲜早就是半个"命运共同体"。中韩关系近年来发展得快，历史文化的纽带根深蒂固，现在经济上虽然有些竞争，但共同繁荣的形势已经形成。中国和越南也曾经是半个"命运共同体"。20世纪80年代打了一仗，伤了感情。越南素来是个坚强而自为的"民族国"，对庞大的中国一直保持着自卫性的距离，怕被中国吞并。可是它对其他邻国却有点领袖欲。从另一方面来看，中越两国都由共产党领导。从胡志明开始越共就学习中共榜样一直至今。中国和缅甸靠近，从古以来只有交往，很少冲突。“二战”时期有滇缅公路那段佳话，现在中缅两国经济建设的合作很好。中国和新加坡是有特殊感情的。新加坡开国总理李光耀（1923—2015）把一个小小城市国发展成西方发达国家大家庭中的一员是很了不起的。但是他也不忘记中国文明这个“本”，在国际上、特别在东盟国家中、帮助中国拓宽友谊与合作地带。这样看来，中国和上述国家结成半个“命运共同体”是很有希望的。

中国和印度的关系，不仅是我研究的重点，也是我毕生的事业，我在别处写了很多，关心中印关系的读者想必看到。我在本书前面几章也涉及印度文明对中国文明发展的影响。我很赞同季羡林说的，如果没有几千年中印两大文明的交往中国社会就不会是今天这样。

现在的年轻中国人对当代的信息掌握得多，对历史可能淡忘，应该对历史的认识补课，看清中印两国关系的来龙去脉。我在这里简略地做点概括性的分析，供大家参考。

第一，中印之间有强大的文化亲属关系。没有一种文化亲属关系就难使不同民族之间结成亲密友谊。马来半岛的华裔与马来裔相处了几百年仍然有些格格不入就是例子。从父亲一代开始，我和家人有将近一个世纪的“中印一家亲”的情感，深有感触。这主要因为印度教和佛教有紧密的亲属关系。印度国旗上的法轮标榜佛教精神。2015年印度总理莫迪访华，强调“佛教是中国的DNA”，这是他倾向于中印团结的内在心态。这一点是中国和印度容易结成“命运共同体”的基础。在20世纪50年代，印度民间自发地唱出“Hindi-Chini Bhai Bhai印度人和中国人是兄弟”的歌，是国际文明交往历史上少见的。

第二，我在书中已经埋下了伏笔，现在要正式向全球读者宣布这个结论——这是明摆在那里但无人注意的历史事实：当今中国的国际名字“China”是公元前4世纪印度政治家考底利耶/昌纳琪亚（Kautilya/Chanakya）取的（我在第二章提到，他在*Arthashastra*《政事论》文中创造了“Cina至那”和“Cinabhumi至那国”。这个“Cina”就是现代“China”的来源）。当今印度的国际名字“India”是7世纪中国“西天取经”的高僧玄奘取的（我在第三章提到，他在《大唐西域记》中以梵文“indu月亮”创造了“印度”的名字。这个“indu”就是现代“India”的来源）。印度人和中国人互相创造彼此国家的名字也是世界交往历史上的佳话。

第三，中国文明几千年都没有“边界”的概念。中国就是“天下”，“天下”就是中国。只有“天涯海角”，没有“天下”的边界。印度古时也一样。要在中印之间确定“边界”是英国殖民者玩出来的花样。如果说现代世界必须要有国界，那就可以参照美国和加拿大的边界。我是在美国“汽车城”底特律写这段话的，从我住的十楼房间窗户望出去，有一条河，那就是美加边界。每天也不知有多少人从河中或桥上跨越这条边界，通行无阻。根本不存在“边防军”，更不必说“边防军”对峙了！再有，中国和印度的边界在喜马拉雅山上，很多地段是海拔5000公尺以上的“生命禁区”。要到那种地方勘察划界，除了浪费国家经费与生命财产以外，根本没有意义。中国和印度这两个文明国应该看到今后50—100年内根本没有必要与可能去那种寸草不生的地带去从事开发。只要大致上有个“中印边界”的概念也就够了。如今两国派那么多军队去“守”或“争”那不毛之地，不时闹出争执而影响几十亿人安稳睡觉是不明智的。早日解决“边界”纠纷，中印签订和平、友好、合作、伙伴关系与共同致富的万年条约才是上策。这个条约的签订与两国人民“命运共同体”的思维是相辅相成、鸡与蛋的逻辑关系。

第四，老子提出的“既以为人己愈有，既以与人己愈多”的聪智恕道教诲，中国知识分子都熟悉，应该把它应用到当今中印贸易上来。改革开放以来中印贸易交往，差距越来越大。从20世纪90年代开始，中国家用电器大量输入印度，使印度家用电器工业受到沉重打击。现在中国在化学纤维工业的发展又全面压倒这一印度的明星工业，使得许多对中国一贯友好的印度朋友也参加到“抵制中国货”的潮流中。这不是上策。我想两国应该有办法发展互惠互利的贸易关系，促进中印“命运共同体”早日实现。

最后，关于“一带一路”，本书第二章提到最早的“丝绸之路”是从四川三星堆文明（或者其后人）把丝绸通过云南、缅甸运到孟加拉、再运到恒河流域，一直到达阿富汗市场被张骞发现，这个丝绸之路的建设者主要是印度商人，中国商人没起多大作用。另一方面，从印度发展出来的法宝之路造成跨地区的贸易与文明交往大动脉，就是现在大家看到的丝绸之路。因此我说法宝之路就是丝绸之路。如果我们从历史的发展来认识“一带一路”，承认印度在古代的“一带一路”发展中的重要贡献，我想印度朋友是不会有抵触情绪的。唐朝许多高僧及政府官员都是越过喜马拉雅山去印度的。现在中国和印度的铁路很容易通过尼泊尔或者乃堆拉山口连接起来，可以成为中印关系发展的重点，这一连接和进一步解决中印边界纠纷是相辅相成的。这就是发展“一带一路”的捷径。这条捷径通了，中印成为“命运共同体”的前景就出现在地平线了。

现在的主要问题是中印两国之间有很多人（特别是民族主义思维严重的人）形成了一种中印对立的心态，中国应该积极主动并有耐心来消除这种心态，使对立与竞争的戾气化为兄弟情谊的祥和（就像20世纪50年代那样），把喜马拉雅山的障碍变成“一带一路”的通途。中国在印度推广基础建设以及高铁的经验和技术。云南水电潜力很大。中印电网连接，解决印度缺电的老大难问题。两国摸索出一条共同致富的道路。印度实际上已经或者即将成为世界第三大经济体（就像中国实际上已经或者即将成为世界第一大经济体一样），将来全世界三个最大经济实体（中、美、印）团结合作，对世界持续发展一本万利。

中国和日本的关系，本书前面着重谈了。如果未来中日之间不发生战争，中国的和平就大有保障了。历史上的中日关系，既有像唐朝那样极端友好的例子，又有20世纪日本侵略的惨痛教训。从近代开始，日本崇拜西方，但西方远离日本。中国是日本的近邻，但日本看不起中国。欧亚大陆的亚洲部分横在日本面前，日本却蔑视它。日本曾经做过“出亚入欧”的梦，现在还做不做就不知道了。日本现在很多方面都超过欧洲水平，再要执着地“东施效颦”就会令人费解。日本做“出亚入欧”的梦，却又在第二次世界大战中成为西方世界的头号敌人，岂不奇怪？！这就是受“民族国”思维毒化的恶果。“民族国”的致命缺点就是只想自己的国家民族爬到金字塔的顶端，把自己的幸福建筑在别人的痛苦之上。印度诗人泰戈尔及一大群知识精英原来非常钦佩日本，钦佩日本人的发愤图强、社会和谐、文化温柔等。可是日本发动对中国的侵略战争暴露了日本把自己的幸福构筑在中国人的痛苦之上的妖怪原形，使得泰戈尔痛苦难言，也使日本的太阳形象坠海，这件事应该特别受到中国注意，把它当作前车之鉴。

我在前面再三重复戴季陶关于中日关系的精辟言论，认为日本军国主义是否会复活的关键在于中国。许多读者可能不同意（或者不满意）我这种提法，但它是从惨痛的历史中总结出来的结论。过去中国发展落后，日本在唐朝对中国的敬仰消失，使得日本做“出亚入欧”梦，发动对中国的侵略。现在中国虽然军事上强大，但在文化上还有许多缺点，在文明社会的发展上也不及日本，引不起日本敬仰。再有，“二战”后日本投降同盟国，实际上是投降美国。战后美国一方面对日本进行管制，另一方面也在经济上扶持日本，日美变成紧密的盟国。日本象征性地派军队参加伊拉克战争，有人评论说，日本想搭美军战车在全球练兵。美军在太平洋地区进行以中国为假想敌人的军事演习，日本都积极参加。虽然不是什么大不了的动作，但也反映出日本未来发展的意向。当然，日本成为美国的盟国只是充当配角，一切按美国的意旨行事。如果中国和美国进一步发展关系，美国让中国在国际舞台上平起平坐，日本就只能靠边站了。日本想要依靠美国扶持而在“民族国”世界讨个显著地位的梦想是难以实现的。日本如果和中国友好而脱离美国的摆布反倒会有光明前途的。这一点日本统治精英暂时还看不到，中国也不急于和日本增进友谊。中国民间反日的情绪也太强烈。总之，日本参加到中国提倡的“命运共同体”中来还不会立刻成为现实，需要耐心等待。

从中国方面来看，这个问题具有长远的头等意义。在“文明冲突论”始作俑者美国亨廷顿的假想世界“断层战争”中，日本会和中国并肩作战，因为两国属于同一个文明共同体。我是最不赞成亨廷顿的观点的。但是他得出这样的结论也值得中国参考。一个“同文同种”的中日“命运共同体”一旦出现，中国大鱼缸旁边就不会再有馋嘴的猫守候了。那是多么美好的地平线上的曙光呀！中国长远发展计划应该看得到这一曙光。

结论

谢谢读者们和我一道乘坐太空飞船在中国文明走过的五千年道路上进行了一次鸟瞰巡礼。中国历史舞台那么大，人物那么多，事件那么频繁，问题那么复杂，我这本书用近300页概括中国五千年的发展只能抓住西瓜、丢掉芝麻。我的探讨，不仅是宏观的，而且是整体观的。西方文化着重解剖。把人体分为头部、四肢、躯体、内脏。解剖只能在死尸上进行，如果把活人切割生命就丧失，再拼接起来也不会复活。西方现代历史研究就犯了解剖式的毛病。专家找个别时期、人物、问题纵深探讨以后就抓了芝麻、丢了西瓜，迷失了整体发展的大趋势，常常把历史的总性质扭曲。东方文化强调整体观念。印度文明认为生命只有一个，但分散体现在亿万人、动植物（甚至矿物）身上。印度“不杀生”（ahimsa）的观念就是建立在这种整体观上（你伤害了猪的生命就等于伤害你自己），《老子》的“道生一、一生二、二生三、三生万物”就是同样的整体观念。我们这本书就是通过整体观念透镜来看中国五千年的发展，只能突出某些人物和事件，不能详细与全面地画出中国五千年的《清明上河图》。

历史评论是件难事。当今马路上出了事故，往往会出现不同的见证人反映出不同的看法，打起官司来。几百几千年前发生的事，是非更难分辨。因此，我们在抓芝麻的时候不能丢掉西瓜，就是说微观的探讨要能和宏观与整体的结论对得上号。读者可能认为本书对秦始皇、汉武帝、唐太宗等过于赞赏，掩盖了他们的阴暗面。读者如果有这种看法是中肯的。我的基本观点是“金无足赤，人无完人”。但我们不采用西方解剖式的历史研究方法，就必须突出主流与主体，放开支流、忽视细微末节。从主体来看，秦始皇、汉武帝、唐太宗是伟大人物，没有他们就不会有中国五千年的持续发展。

还有一个历史偏见使得人们看不清中国发展的问题。例如，武则天，一个弱小女性变成了实现世界神话理想“转轮王”的唯一事例，是值得大书特书的。她对盛唐的贡献是很大的，她留在中国文化领域的足迹是很深的。中国历史书不承认她是皇帝，以及人们喜欢翻她的“淫乱”账，是很不公平的、反历史观的。中国历来皇帝哪个不“淫”？哪个是严格的“正人君子”？武则天那种对爱情的执着及对异性的吸引，如果放在当今社会那还了得？不变成“明星”的“明星”才怪？可是今天，在西方大学教中国历史的人却突出她“淫乱”（她和“后宫佳丽三千人”相比，怎么算“乱”？）那就是对中国文明进行歪曲了！

亲爱的读者们，我们在这条道路上看到的是黄河长江两河流域内外的独特天时、地利、人和，是中国风格照耀的中国道路，是在别的社会生态环境中看不到的。中国人不会以这种独特性而洋洋得意，外国朋友却必须从中国的独特性来理解中国才不致陷入茫然大雾。亲爱的读者们，我说得对吗？

在这次巡礼中，凸显在我们眼前的有三个不同阶段。第一阶段集中于秦汉到隋唐宋的一千五百年中，本书形容这一阶段的中国是个大鱼缸，鱼儿在缸中悠哉游哉，鱼缸旁边有馋嘴的猫守候。到了宋朝，馋嘴的猫就开始跳进鱼缸，结束了这一阶段中国的享乐主义的歌舞升平。第二阶段主要是元朝与清朝的故事，中国一方面是“文明国”受到“民族国”发展的干扰，另一方面中国继续走文明道路向前发展。这个现象有点难以解读，然而却是事实。第三阶段是辛亥革命以后的民国时期，这一时期最重大的事件是日本侵略中国和抗战以后中华人民共和国呱呱落地。一方面，中国国内天翻地覆，中国政治社会面貌完全改变；另一方面，中国打破了传统的闭关自守，先是像睡狮觉醒怒吼了一阵，然后以“文明国”的身份加入“民族国”世界大家庭。要读懂这一现象也需要新的思维。

过去的历史是历史，现在的现实是现实，两者之间有斩不断的联系却不是同一回事。我举个小小例子。我在第五章提到中国“白头偕老”的文化传统，现在这“白头偕老”的精神还在，可是现象慢慢消失，因为中国老年人（特别是妇女）染发，“白头”变“黑头”了。李白的《将进酒》诗说“高堂明镜悲白发，朝如青丝暮成雪”，以此来形容生命短暂。今天的中国，这种形容不行了。满头发亮黑发的是五十岁以上的老年人，比四五十岁的成年更“青丝”。古时的“朝如青丝暮成雪”现在成了“朝如枯草暮成墨”。染头发不是中国传统，是“洋派”，现在的中国人比“洋人”更“洋派”。有人说，中国人现在过中秋节除了吃月饼，没有一点传统文化气息，不如说是过“月饼节”。中国人过生日，吃蛋糕、吹蜡烛、唱洋歌倒特别认真。年轻人热衷过的美国情人节，欧洲都没有的。中国人现在的物质生活方式（包括头发、衣着、饮料）洋化的程度可以和任何国家相比了。从这一角度来看，现在的中国和古代的中国如同隔世。

现在来看本书中突出的中国大鱼缸的形容也得因时制宜。中国已经加入“民族国”大家庭，当然不能以大鱼缸的面貌和世界打交道。中国现在开放，大量外国朋友来旅游、参观、开会、对话，中国社会越来越广泛交际，英语也普及起来，中国人的外国朋友越来越多，中国文化中的外国因素也多起来了。和中国打交道的世界也是复杂的。

有亲华的老外，也有反华的老外；有态度傲慢、高人一等的老外，也有佩服敬仰、亲切友好的老外。本书中历史上像匈奴、女真金、蒙古建立的元和满洲建立的清那样馋嘴的猫现在还看不见，将来会不会出现是个大问号。纵观世界形势，十分复杂。“民族国”之间的竞争与冲突是严峻的。我在导论中谈到的“笑里藏刀”的“威斯特伐利亚统治/Westphalian Regime”实际上仍然存在。不可掉以轻心。

20世纪60年代，西方有人恶毒地形容中国是个“蓝蚂蚁”王国。当时人们身穿清一色的蓝中山装（女同志穿蓝色列宁装），当然使人觉得太单调。改革开放以后，中国到处五彩缤纷，现在中国人穿着的考究超过欧美国家了。中国商店中货物琳琅满目，也向美国看齐了。中国餐馆桌上那种丰盛的色香味的合奏是世界上所有国家都望尘莫及的。

今天中国买房、开私家车、坐飞机旅行、出国游览、上餐馆吃喝的人数越来越多，他们消费性的享受已经超过日本与欧洲的水平，正在向美国看齐。中国相互竞争的企业越来越多，大学办企业，设立高级宾馆，国家出版社和其他文化事业也组成企业集团，利润的考虑多了，商业的气氛浓了。中国社会越来越回复到隋唐宋时期吃喝玩乐、歌舞升平的“暖风熏得游人醉”的情调。中国的蛋糕做得越来越大，商业的气氛与吃喝玩乐结成的重利轻义因素越来越强，使人担忧。中国的“酒文化”与贪污浪费挂钩，借不同名义利用公款大吃大喝。几十年来喝掉的茅台、五粮液等名酒有西湖的水那么多。当今以习近平为核心的党中央严禁用公款大吃大喝，浪费现象稍有收敛。

我在回忆唐宋文化黄金时代时，特别凸显出宋朝灭亡后那十多天中广东沿海十多万死尸浮现海面的悲惨镜头，这并不是因为我想贬抑唐宋两朝的成就，而是希望本书的读者正视历史现实，不要陶醉在中国历史的辉煌之中而忘却惨痛的历史教训。过去我几十年最喜欢罗隐的《自遣》诗，现在我认为它对中国发展起过不利的副作用，应该修改如下：

自勉：和罗隐《自遣》诗

谭中

得失相兼永不休，戒骄戒馁亦悠悠；

莫忘前朝伤心事，明日有忧今日愁。

这么一修改，会不会把中国数千年的乐观情调改掉呢？我看不会。中国的乐观主义根深蒂固，把“明日愁来明日愁”改成“明日有忧今日愁”只是在乐观情调上增加一点忧患意识，这也符合孔子说的“人无远虑必有近忧”（《论语·卫灵公》）。

我在导论中说，写这本书的目的是要使“中国中心论”（Sinocentrism）不再统治世界人们的思维，使全世界明白中国超越“民族国”发展的“文明道路”不会使它成为新的世界霸权。中国是“睡狮”，这是拿破仑的想象。虽然拿破仑的话鼓舞过中国的觉醒，中国在毛泽东时代的确也像是“醒狮怒吼”，但最近三十余年的改革开放，中国已经融入全球和平与发展的主流，以“和为贵”与“世界大同”的中国传统精神与别的国家结成“你中有我、我中有你”的友好关系，不再“怒吼”了。

本书一再谈到中国大一统命运共同体的两大克星：一是农民起义战争，毁灭性太强，使中国元气大大损伤；二是外来“民族国”侵略。现在中国农民翻身了，农村没有压迫阶层了，而且传统式的农村与农民正在消失。农村变成城镇，农民变成新时代的财富创造者。按照中国政府的发展计划，2020年全面建设小康社会的理想实现以后，中国农村将不会有严重的贫困现象。历史上那种大规模农民起义战争可能永远成为历史。可是我们仍然不能麻痹大意，不能过早地下结论说中国命运共同体的这一大克星消除。我们应该看到，造成中国历史上“四海无闲田，农夫犹饿死”的根源主要在于分配不均以及贫富差距现象日益加大。许多年前，我在芝加哥大学听到一位来自中国的专家谈中国改革开放的成就，他认为贫富悬殊的现象对中国发展的前途没有害处。我想这样的思维在中国的知识精英中是带普遍性的，这是很危险的。

我们再回到孔子说的“齐一变至于鲁，鲁一变至于道”的真知灼见。可以这么说，“民族国”是“齐”的阶段，命运共同体是“鲁”的阶段。当今世界，不但有了中国命运共同体，还有了欧洲命运共同体。东南亚联盟、上海合作组织等都具有命运共同体的性质与目标。这一切说明，全世界进化是朝着孔子所说“齐一变至于鲁，鲁一变至于道”的进程发展的。世界上有了命运共同体就出现绿洲，就会把“民族国”的沙漠绿化。我们借用毛泽东说过的“一条线、一大片”的话来形容当今世界形势，中国命运共同体与欧洲命运共同体是“一条线”，在这条线上逐渐发展成命运共同体的上海合作组织将会巩固这“一条线”而把它扩展为“一大片”。将来这一大片又和东南亚联盟结成更大的一片。这些“一大片”就是把“民族国”沙漠绿化的绿洲。

我们把“民族国”形容为沙漠并没有看到“民族国”旋律在当今世界所造成的危机。这个危机起源于亨廷顿的“文明冲突论”，被美国全球“反恐战争”推向毁灭的深渊。亨廷顿的“文明冲突论”和美国全球“反恐战争”制造出一个伊斯兰反美“圣战”恐怖运动，原来只针对美国本土及美国在海外的机构与人员，后来波及巴基斯坦、印度和阿富汗，现在扩大到英国、法国和比利时，受害的绝大多数是无辜平民。中国已经成为这一恐怖运动的目标，只是由于中国防范严密还没有发生严重事故。很明显，“民族国”世界的领袖美国只能给这一伊斯兰反美“圣战”恐怖运动火上加油，欧洲各国也处于难以招架的境地。怎么办呢?

很有可能，这伊斯兰反美“圣战”恐怖运动是“民族国”发展旋律彻底破产的征兆，为“民族国”世界敲起丧钟。但是应该看到，那些领导伊斯兰反美“圣战”恐怖运动的人们都是思想保守、容不得异己及沉醉于杀害生命的。现在的难题是：伊斯兰反美“圣战”恐怖运动剥夺了整个伊斯兰世界开明进步人士的话语权。这个现象当然不会长久，但是美国从中搅局，无法釜底抽薪。美国只相信炸弹的威力。数十年来无坚不摧的美国炸弹引发出它的反面。伊斯兰反美“圣战”恐怖运动的人们学会了“简易爆炸装置”（improvised explosive device，简称IED），用它来袭击美国或美国人（以及非美国的无辜人民），这样来以暴还暴、以怨报怨。

从整体来看当今世界，美国虽然仍然是世界思维、信息、智慧、文化的领头羊，却发动不了能够引领全球走出“民族国”世界危机的新运动。我们的世界需要一种超越“民族国”发展旋律的“文艺复兴”。我认为这样的“文艺复兴”运动可以使全球走出美国炸弹与伊斯兰反美“圣战”恐怖运动的“简易爆炸装置”的对地球人类诅咒的怪圈。可是，这样的“文艺复兴”运动应该由什么人来提倡与发动呢？亲爱的读者们，你们想过这个问题没有？我在导论中建议，中国五千年“文明道路”今后要继续走下去，应该试点建立“上合命运共同体”“中印命运共同体”“中国—南亚命运共同体”“中国—东南亚命运共同体”“东亚命运共同体”“金砖五国命运共同体”等这样的机制，这样才会使人类文明从黑夜进入黎明。

我必须与读者告别了。最后，我想再把另一首著名唐诗修改一番作为我对读者的告别礼物：

和崔护《题都城南庄》

谭中

诸君今日此书中，中国文明相映红；

人类前程何处去？回看桃花笑春风。

亲爱的读者们，以上是一个中国人对自己熟悉的国家的发展的整体性评价，其中不可避免有爱自己国家的因素，却不是井蛙式的自夸，是以海蛙的见识尽量争取客观与公正。我认为不应该把中国说得天花乱坠。中国是应该受到世界敬爱的国家，但是也有许多缺点，犯过很多错误。现在国际上对中国有很多批评，这是好事。中国应该虚心倾听，有则改之，无则加勉。中国人应该首先读懂自己的国家，对它的优点与缺点有全面的认识，才能向外国朋友讲好中国的故事。

附录一
作者有关中国文明论述书目选录

编者按：

本书作者谭中（英文名："Tan Chung"）半个世纪的著述都是从中国文明透镜折射出的言论。可是他毕生中英文著述较多，有20多本书籍与数百篇收入他人编的书籍或登载在学术杂志以及大众报刊上的文章。我们只能抽样介绍于下，供读者参考。

中文

一、书籍

1.谭中与耿引曾合著：《印度与中国——两大文明的交往和激荡》

2006年北京商务印书馆出版

2.谭中与刘朝华、黄蓉合编：《CHINDIA中印大同：理想与实现》

2007年银川宁夏人民出版社出版

3.谭中著：《文明透镜看万花筒世界》

2006年台北海峡学术出版社出版

4.谭中著：《从世界窗口看神州返老还童》

2008年新加坡青年书局出版

5.谭中与王邦维、魏丽明合编:《泰戈尔与中国》
2011年北京中央编译出版社出版

二、文章

1.谭中:《认清中国文明大国模式,发扬中国文明内功》,吴敬琏、俞可平、谭中等著:《中国未来30年》,2011年北京中央编译出版社出版

2.谭中:《中国发展的大陆与海洋成分》,新加坡《联合早报》"天下事"版,2015年10月28日

3.谭中:《"一带一路"应实现"命运共同体"理想》,《联合早报》"天下事"版,2015年9月8日

4.谭中:《文明道路照耀中国前途》,香港《镜报》月刊,2004年7月号

5.谭中:《试论中国的"可持续性文明"》,香港《中国评论》月刊,2004年8月号

6.谭中:《与时俱进地建设小康》,《联合早报》"天下事"版2003年8月13日

7.谭中:《看"中国"符号:桃李无言花自红》,台北《海峡评论》,2005年4月号

8.谭中:《"中国梦"须朗月秋霜方能建大功》,《联合早报》"天下事"版2013年12月17日

9.谭中:《中国超载快车式发展有喜有忧》,《联合早报》"天下事"版,2015年7月10日

10.谭中:《中国不要被繁荣冲昏头脑》,《联合早报》"天下事"版,2002年8月15日

11.谭中:《和谐世界的三个立足点+》,《中国评论》,2006年1月号

12. 谭中：《中国进入二十一世纪的机遇与挑战》，《中国评论》，2000年5月号

13. 谭中（包菁萍译）：《中国佛教石窟艺术的历史透视》，《敦煌研究》（敦煌研究院期刊），1995年第4期

英文

一、书籍

1. Tan Chung, *Himalaya Calling: The Origins of China and India*（喜马拉雅的召唤：中国与印度的起源），2015，Singapore：World Science Publication Company

2. Tan Chung and Geng Yinzeng耿引曾，*India and China: Twenty Centuries of Civilizational Interaction and Vibrations*（印度与中国：两千年文明交往和激荡），2005，New Delhi：Centre for Studies in civilizations.

3. Tan Chung（ed编），*Across the Himalayan Gap: An Indian Quest for Understanding China*（跨越喜马拉雅鸿沟：印度试求了解中国），1998，New Delhi：Indira Gandhi National Centre for the Arts & Gyan Publication House.

4. Tan Chung, Zhang Minqiu张敏秋 & Ravni Thakur（eds编），*Across the Himalayan Gap: A Chinese Quest for Understanding India*（跨越喜马拉雅鸿沟：中国试求了解印度），2013，New Delhi：India International Centre & Knoark Publishers.

5. Tan Chung（ed编），*Dunhuang Art: Through the Eyes of Duan Wenjie*（敦煌艺术：段文杰的理解），1994，New Delhi：Indira Gandhi National Centre for the Arts & Abhinav Publications.

6. Tan Chung, *China and the Brave New World: A Study of the Origins of the Opium War*（1840—42）（中国与勇敢新世界：鸦片战争起因探讨），1978，Delhi：Allied Publishers & Durham：Carolina Academic Press。

7.Tan Chung, *Triton and Dragon*: *Studies on Nineteenth Century China and Imperialism*（海神与龙：十九世纪中国对抗帝国主义探讨），1986，Delhi：Gian Publishing House

二、文章

1.Tan Chung，“Chinese Cosmogony：Man-Nature Synthesis”（中国风水：天人合一），in Kapila Vatsyanyan（ed），*Prakriti*：*The Integral Vision*，1995，New Delhi：Indira Gandhi National Centre for the Arts & D.K.Printworld.

2.Tan Chung，“Time in the Cultural Frame of China”（中国文化框架的时间观），in Kapila Vatsyanyan（ed），*Concepts of Time*：*Ancient and Modern*，1996，New Delhi：Indira Gandhi National Centre for the Arts & Sterling Publishers.

3.Tan Chung，“Chinese Concept of Sound”（中国对声音的思维），in S.C.Malik（ed），*Dhvani*：*Nature and Culture of Sound*，1999，New Delhi：Indira Gandhi National Centre for the Arts & D.K.Printworld.

4.Tan Chung，“Chinese Civilization：Resilience and Challenges”（中国文明：持续力与挑战），*China Report*（Quarterly journal of the Indian Institute of Chinese Studies，Delhi），vol.41，no.2（2005）.

5.Tan Chung，“The Textual Tradition of China”（中国的书本传统），in H.S.Gill（ed），*Structures of Signification*，vol.I，1990，New Delhi：Wiley EasternLtd.

6.Tan Chung，“The Britain-China-India Trade Triangle（1771—1840）”（英—中—印贸易三角 1771—1840），*Indian Economic and Social Review*（Delhi），vol.xi，no.4（December，1974）.

7.Tan Chung，“Oh No，No Clash but Clinging Together of Civilization”（不，不，不，文明只抱团，不冲突），*Visva-Bharati Quarterly*

(Santiniketan), New Series, vol.8, no.3 (December, 1999)

8.Tan Chung, "China Under the Impact of Modern Civilization: Problems for an Endogenous Developmental Model" (现代文明对中国的影响：内生性发展模型面临的问题), in Baidyanath Saraswati (ed), *Integration of Endogenous Cultural Dimension into Development*, 1997, New Delhi: Indira Gandhi National Centre for the Arts & D.K.Printworld.

9.Tan Chung, "Sakyamuni Pollen in the Golden Lotus of Tang Poetry" (释迦牟尼花粉撒入唐诗金莲), in Ayyappa Paniker & Bernard Fenn (eds), *Studies in Comparative Literature*, 1985, Bombay: Blackie & Son Publishers.

10.Tan Chung, "Indian Source of Tang Golden Culture" (唐朝黄金文化的印度投入), *China Report*, vol.23, no.2 (1987) .

11.Tan Chung, "Education in China Through Indian Eyes" (从印度看中国教育), in Sabyasachi Bhattacharya (ed), *The Contested Terrain: Perspectives on Education in India*, 1998, New Delhi: Orient Longmans.

附录二
其他学者关于中国文明著述选录

中文

袁行霈、严文明、张传玺、楼宇烈编：《中华文明史》，2006年，北京：北京大学出版社

范文澜：《中国通史简编》（修订本），1978年，北京：人民出版社

范文澜、蔡美彪：《中国通史》，1994年，北京：人民出版社

钱穆：《中国史大纲》，1940年，上海：商务印书馆

翦伯赞：

1.《中国史纲要》，1961年初版，2006年新版，北京：北京大学出版社

2.《中国史论集》，2008年新版，北京：中华书局

白寿彝：《中国通史》，1999年，上海：上海人民出版社

吕思勉：《中国通史》，1992年，上海：华东师范大学出版社

《中国断代史系列》丛书，2003-2004年，上海：上海人民出版社

1.王仲荦：《隋唐五代史》

2.陈振：《宋史》

任继愈主编:《中国佛教史》, 1997年, 北京: 中国社会科学出版社

姜义华:《中华文明的根柢——民族复兴的核心价值》, 2012年, 上海: 上海人民出版社

英文

Allan, Sarah (ed), *The Formation of Chinese Civilization: An Archaeological Perspective* 中国文明的形成, *New Haven: Yale University Press, 2005*

Brook, Timothy, *The Troubled Empire: China in the Yuan and Ming Dynasties* 元明时代：受困的帝国, Cambridge, Massachusetts: Belknap Press of Harvard University, 2013

Cambridge History of China series 剑桥中国史系列: General Editors: John K.Fairbank and Denis Twitchett, (published by Cambridge University Press)

Volume 1:

The Ch'in and Han Empires, 221 BC–AD 220 秦汉帝国, (editors: Denis Twitchett and Michael Loewe), 1986

Volume 3, Part 1:

Sui and T'ang China, 589–906 AD 唐代中国, (editor: Denis C. Twitchett), 1979

Volume 5, Part 1:

The Sung Dynasty and its Precursors, 907–1279 宋朝及前代, (editors: Denis Twitchett and Paul Jakov Smith), 2009

Volume 5, Part 2:

Sung China, 960–1279 AD 宋代中国, (editors: John W.Chaffee and Denis Twitchett), 2015

Volume 6：

Alien Regimes and Border States, 907–1368,（editors：Herbert Franke and Denis C.Twitchett），1994

Volume 7, Part 1：

*The Ming Dynasty, 1368–1644*明朝,（editors：Frederick W.Mote and Denis Twitchett），1988

Volume 8, Part 2：

*The Ming Dynasty, 1368–1644*明朝,（editors：Denis C.Twitchett and Frederick W.Mote），1998

Volume 9, Part 1,

*The Ch'ing Empire to 1800*满清帝国,（editor：Willard J.Peterson），2002

Volume 9, Part 2

*The Ch'ing Dynasty to 1800*满清帝国,（editor：Willard J.Peterson），2016

Volume 10, Part 1：

*Late Ch'ing 1800–1911*晚清,（editor：John K.Fairbank），1978

Volume 11, Part 2：

*Late Ch'ing, 1800–1911*晚清,（editors：John K.Fairbank and Kwang-Ching Liu），1980

Volume 12, Part 1：

*Republican China, 1912–1949*中华民国,（editor：John K.Fairbank），1983

Volume 13, Part 2：

*Republican China 1912–1949*中华民国,（editors：John K.Fairbank and Albert Feuerwerker），1986

Volume 14, Part 1：

*The People's Republic, , The Emergence of Revolutionary China, 1949–1965*中华人民共和国：革命中国涌现,（editors：Roderick

MacFarquhar and John K.Fairbank), 1987

Volume 15, Part 2:

The People's Republic, Revolutions within the Chinese Revolution, 1966–1982 中华人民共和国：中国革命中的革命，(editors: Roderick MacFarquhar and John K.Fairbank), 1991

City University of Hong Kong, *China: Five Thousand Years of History & Civilization* 中国五千年历史文明, Hong Kong: City University Press, 2007

Cosmo, Nicola Di, *Ancient China and Its Enemies: The Rise of Nomadic Power in East Asian History* 古代中国宿敌：东亚游牧势力, New Zealand, 2002

Ebrey, Patricia Buckley, *The Cambridge Illustrated History of China*, Cambridge, U.K.: Cambridge University Press, 1996

Fairbank, John King 费正清

Trade and Diplomacy on the China Coast: The Opening of Treaty Ports (1842-18540) 中国沿海贸易与外交, Cambridge, Massachusetts: Harvard University Press, 1953

The Chinese World Order: Traditional China's Foreign Relations 中国世界秩序, Cambridge, MA: Harvard University Press, 1968

China: A New History 中国新史 (Fairbank & Merle Goldman), Cambridge, Massachusetts: Belknap Press of Harvard University, 1992

Gernet, Jacques, *A History of Chinese Civilization* 中国文明史, Cambridge, U.K.: Cambridge University Press, 1996

Goodrich, L.Carrington, *A Short History of the Chinese People* 中国人民简史, New York: Harper & brothers, 1943

Keay, John, *China: A History* 中国史, London: Harper Press, 2009

Lewis, Mark Edward,

The Early Chinese Empires: Qin and Han (*History of Imperial China* 秦汉帝国史, Cambridge, Massachusetts: Belknap Press of Harvard University, 2007

China Between Empires: The Northern and Southern Dynasties 中国南北朝, Cambridge, Massachusetts: Belknap Press of Harvard University, 2008

China's Cosmopolitan Empire: The Tang Dynasty 唐朝都会帝国, Cambridge, Massachusetts: Belknap Press of Harvard University, 2009

Li Feng李峰, *Early China: A Social and Cultural History* 早期中国社会文化史, Cambridge, U.K.: Cambridge University Press, 2013

Mote, Frederick W., *Imperial China 900-1800* 中国帝国时代, Cambridge, Massachusetts: Harvard University Press, 2003

Murowchick, Robert E.(ed), *China: Ancient Culture, Modern Land* 中国：现代国土古代文化, Norman: University of Oklahoma Press, 1994

Pomeranz, Kenneth, *The Great Divergence: China, Europe, and the Making of the Modern World* 中国和欧洲形成当今世界异端, Princeton, New Jersey: Princeton University Press, 2000

Westad, Odd Arne, *Restless Empire: China and the World Since 1750* 一七五零年开始的中国与世界不得安静, New York: Basic Books, 2012

Williams, Samuel Wells, *The Middle Kingdom: a survey of the geography, government, education, social life, arts, and history of the Chinese Empire and its inhabitants* 中央之国, London: W.H.Allen, 1883

后 记

这本书能够与读者见面，首先要感谢新世界出版社。要感谢新世界出版社，首先又得感谢忘年之交、中国人民大学国际关系学院王义桅教授穿针引线，介绍出版社编辑李晨曦女士和我认识。李晨曦雷厉风行，仅看了目录、前言和样章就跟我签了有关出版中英文书的合约。我好像清朝洋务大臣李鸿章那样，也没仔细看合约的内容就白纸黑字画了押。李晨曦是个急性子，我也一样。我们两人都有一个共同目的，就是把我所写的书尽快送到广大读者面前，不管书是美是丑，让读者来审议、观察。

我长期住在国外，是个平庸的学人，没有足以吸引人们来读我的著作的名气。我的另一位忘年之交、中国人民大学重阳金融研究院执行院长王文教授看了我的文稿，觉得言之有物，就从百忙中抽出时间写了长序，为本书招徕读者。我对此特别感激。俗话说："画虎画皮难画骨，知人知面不知心。"从一个作者的角度出发，能够使得千万素不相识的人读我书、知我心，那是人生最大的乐趣。王文、李晨曦、王义桅和新世界出版社许多我叫不出名字的友人共同建立起的机制促成了本书和广大读者见面，我受宠若惊，我三生有幸，我终生难忘。亲爱的读者们，我和你们是不知面而知心的“海内存知己”了。

说起来谁也不会相信，我开始动笔写这本书，并没有发表它的意图。我是2015年11月在上海举行的第6届“世界中国学论坛”上挑战与会的数百位中国学者专家，要他们以实际行动到全世界为中国人争取话语权，要他们用外语出书讲好中国故事，要他们改变“在国外研究俄国的人看俄国人写的书，研究印度的人看印度人写的书，只有研究中国的人不看中国人写的书”的不正常、不公平、不合理、不利于中国形象的普遍现象。我当时即兴说的话，一言既出，驷马难追。我的挑战当时在论坛内外引起了震动。事后我扪心自问，自己也应该是被挑战者呀，也应该用英文写书、出书讲好中国故事呀！

我以前也写过、出过英文书（数量还不少），但都是跟自己长期的研究课题有关，动笔时直接用英文写。现在要讲好中国五千年的故事，题材超越自己研究的范围，耄耋之年动作迟钝，必须随时查阅中文资料，所以决定先用中文起草，然后把它变成英文。可是在用中文撰写的过程中，我发现自己的观点和国内知识精英对中国历史的认识有很大的区别。最主要的区别在于：国内不但学风、文风总是跟着西方走，就连检视中国自身的来龙去脉也用“美国造”“英国造”的透镜。西方人作“朦胧诗”，中国人就作“朦胧诗”；西方人写“意识流”，中国人就写“意识流”；西方人讲“流行哲学”，中国人就讲“流行哲学”；西方人谈论“后现代主义”，中国人就谈论“后现代主义”。约瑟夫·奈提倡“soft power”，中国人就提倡“soft power”，而且把本应该翻译成“软强力”的英文误译为“软实力”。发现了这些问题以后，我就觉得应该把自己对中国文明发展的看法也和中国读者分享。就这样，我本来应该是个外行，现在却以内行自居了。

当然，也不能说我对中国五千年历史完全外行。我在印度45年，印度朋友一直把我当作中国文明的使者。我在大大小小和印度朋友对话的场合中，无数次在中国文明课题上略抒己见，展开争论，经常得到印度朋友的赞赏。在这样的环境中，我被迫对不同时期的中国历史课题自习、补课。我毕生研究中印文化交流，经常得到印度文明的一些皮毛而与中国文明联系起来，也会有些心得，在这本书中也有反映。我写这本书，也是自习与补课的过程。我在许多细微末节上查看中国专家提供的信息与观点，一方面长了知识，另一方面也发现些问题。

我感觉到的最主要问题是中国知识精英需要对自己的文明传统加强“自知之明”。很多人对中国文明的认识并不是清晰而客观的。正像苏东坡《题西林壁》诗所说：“不识庐山真面目，只缘身在此山中。”但是我并不认为身入其境就一定会陷入认识盲区，必须跳出圈外才能客观。不，这不是事物的规律。相反地，如果不身入其境就很难认识透彻。很多人对中国自己的文明“不识庐山真面目”，主要有两大原因：一是犯了井蛙“坐井观天”的毛病，二是像刚才提到的用了外国透镜来窥探中国历史传统。许多人认为要达到高深的研究水平必须采用所谓的“现代观点”——说白了，就是非中国的西方观点。费正清等人把中国历史分为“伟大的传统”（great tradition）与“现代的改造”（modern transformation）两大阶段。费正清对当代中国事物的看法是：凡是好的都是从西方学到的，凡是坏的都是传统遗留下的。既然如此，怎么可能有“伟大的传统”呢？！他们说“现代的改造”等于说中国传统并不伟大，但是他们议论中国历史时又不得不用“伟大的传统”来形容，因为谁都知道西方古代文明和中国文明相比差距很大。

全世界都公认中国具有“伟大的传统”是因为中国文明是个不倒翁。用当代的术语来说，就是它举世无双的“持续性发展”。虽然宋朝最后的皇帝和子民们尸体浮出海面，蒙古征服者把“汉人”和“南人”踩在脚下，但中国文明没有灭亡。宋朝时中国是世界上唯一的火药生产国。成吉思汗组成中国工兵部队用火药炮打得欧洲人魂不附体，同时也使得欧洲得到了无坚不摧的战神。读者们想想，如果宋朝人们用火药去加强国防，那就根本不会有“靖康耻”，不会受蒙古统治。几百年后欧洲用火药在海洋上开发出“炮舰之路”，中国（清朝）水师仍然用弓箭和石头作武器。这一点正是黑格尔和欧洲人蔑视中国人的原因。可是我们回过头去看问题，如果宋朝中国真正热衷于把用到歌舞升平娱乐目的上的火药变成战争武器，把自己的“文明国家”变成穷兵黩武、侵略成性的“民族国家”，不但不受草原铁骑的蹂躏，而且有能力去征服欧亚大草原，建立地跨欧亚的中华大帝国。如果真是那样的发展，中国文明可能早就寿终正寝，今天的黄河长江流域就会像欧洲一样分裂成许多难以团结起来的民族国家，我们也写不出这本书了。这就是《老子》所说的“天下莫柔弱于水，而攻坚强者莫之能胜，以其无以易之。弱之胜强，柔之胜刚，天下莫不知，莫能行。”老子善用象征符号。他并不是反对中国“自强不息”。可是“自强”并不等于“逞强”。现在许多外国人对中国只“敬畏”，不“敬爱”，外国人认为中国“逞强assertive”，部分原因是中国人的言论所致。

印度大文豪泰戈尔说，他兼有印度文明“家园主”与“云游僧”两大气质。佛陀和他的菩萨弟子及数百名历代来华的印度高僧都是印度文明“云游僧”气质的标兵。中国文明只有“家园主”，没有“云游僧”气质。唐朝两大西天取经高僧玄奘、义净出生入死、万里跋涉、劳苦功高“云游”以后，又回到西安当大雁塔与小雁塔的“家园主”。世界第一大佛庙国家中国建了那么多佛庙，又开发了普陀、五台、峨嵋、九华四大名山把印度文明“云游僧”气质改变为“家园主”气质。印度八大菩萨之一、又高又瘦的弥勒现在变成脂肪过多、大腹翩翩的中国“未来佛”形象。这实际上是中国在国际舞台上的确切形象。中国根本就没有过那张牙舞爪的凶恶火龙形象，那是国外“以小人之心度君子之腹”的心理想入非非搞出来的。真正以弥勒形象为代表的中国文明绝对不会到全世界征服压迫其他国家、搞殖民主义与霸权主义。

亲爱的读者们，以上就是我写就本书的经过。上面我说了这本书不在我毕生研究范围以内，书中的史实人所共知，只是观点大不相同。

我认为自己对中国文明是有感情的（因为我的脑袋就是中国文明创造的），可是我并不认为中国文明怎么完美，并不认为中国样样伟大。特别是宋朝被蒙古灭亡，清朝统治时期中国遭受海洋的挑战与蹂躏是个天大的悲剧。讽刺的是："草原"的民族国家那么伤害中国，美国的中国友人仍然谴责中国狂妄自大。英帝国主义搞国际贩毒、那么伤害中国，美国的中国通却只批评中国而不谴责英国。这笔账是算不清的，我们也不必去算。中国自己有志气，不需要外国同情、怜悯。只请外国友人不要害怕中国就行。

所谓"知己知彼"，中国人自己对中国认识不清楚，当然无法"知彼"了。出这本书的最大愿望就是希望中国亿万人民、网民、知识精英先好好认识自己的国家与自己的文明是怎么一回事，然后集中精力向外国朋友把中国的故事讲好。写书是个"任笔所之"的过程，事后再检阅就觉得有加工与修改的必要，只能日后补课，或者靠年轻朋友来弥补本书的种种缺陷。王文在序言中说我的尝试有如探险，我只想抛砖引玉而已。

2017年3月12日写于美国汽车城底特律